DIGITIZATION AND
CREATIVITY

数字和创意的融会

文化产业的
前沿突进与高质量发展

金元浦 主编

中国工人出版社

图书在版编目（CIP）数据

数字和创意的融会：文化产业的前沿突进与高质量发展 / 金元浦主编.
-- 北京：中国工人出版社，2020.12
ISBN 978-7-5008-7587-1

Ⅰ. ①数… Ⅱ. ①金… Ⅲ. ①文化产业－产业发展－研究－中国 Ⅳ. ①G124

中国版本图书馆CIP数据核字（2021）第010371号

数字和创意的融会：文化产业的前沿突进与高质量发展

出 版 人 王娇萍
责任编辑 傅 娉 宋 杨
责任印制 黄 丽
出版发行 中国工人出版社
地　　址 北京市东城区鼓楼外大街45号 邮编：100120
网　　址 http://www.wp-china.com
电　　话 （010）62005043（总编室） （010）62005039（印制管理中心）
（010）62379038（社科文艺分社）
发行热线 （010）62005996 82029051
经　　销 各地书店
印　　刷 北京盛通印刷股份有限公司
开　　本 710毫米×1000毫米 1/16
印　　张 25.75
字　　数 379千字
版　　次 2021年7月第1版 2025年11月第2次印刷
定　　价 78.00元

我国文化产业进入高质量发展新阶段

金元浦

什么是高质量发展？2021年3月7日习近平总书记在参加十三届全国人大四次会议青海代表团审议时指出："高质量发展是'十四五'乃至更长时期我国经济社会发展的主题，关系我国社会主义现代化建设全局。高质量发展不只是一个经济要求，而是对经济社会发展方方面面的总要求；不是只对经济发达地区的要求，而是所有地区发展都必须贯彻的要求；不是一时一事的要求，而是必须长期坚持的要求。"他强调："立足新发展阶段、贯彻新发展理念、构建新发展格局，推动高质量发展，是当前和今后一个时期全党全国必须抓紧抓好的工作"。①这是进一步推动国家发展的新的顶层设计，是"十四五"乃至更长时期我国经济社会发展的总蓝图与总路线，是对各级政府、各个行业、全体人民发出的严肃的要求，也是全面深化改革、推进创新升级的新的动员令。

在"十四五"开局之年，我国文化产业也进入了一个新的历史阶段。以高质量发展为总体导向，我们面临着新的挑战、新的问题、新的困难和新的变革。我们应该如何深入理解文化建设的新发展理念？2020年9月，习近平总书记在教育文化卫生体育领域专家代表座谈会上首次用"四个重要"深刻阐释了新时代文化建设的崭新坐标，习近平总书记强调："统筹推进'五位一体'总体布

① 《习近平在参加青海代表团审议时强调：坚定不移走高质量发展之路 坚定不移增进民生福祉》，来源：http://www.gov.cn/xinwen/2021-03/07/content_5591271.htm.

局、协调推进‘四个全面’战略布局，文化是重要内容；推动高质量发展，文化是重要支点；满足人民日益增长的美好生活需要，文化是重要因素；战胜前进道路上各种风险挑战，文化是重要力量源泉。”我们必须全面、准确地贯彻执行习近平总书记做出的战略部署。我国文化产业必须在“创新、协调、绿色、开放、共享”五大理念中，坚持把创新放在首位，并协调其他。我国文化产业必须将高质量发展同满足人民群众更高的美好生活的需要紧密结合起来，推动坚持生态优先、推动创造高品质生活，实现创新与人民需求的有机结合，共享发展。

回顾过去，我国文化产业曾经历过一个粗放型、“铺摊子”、一哄而上的发展阶段，经历过一个产业转型、内部洗牌、升级换代的阶段。目前正开始向高质量、高层次、精细化发展模式转换，进一步将文化与高科技融合为一，将传统文创与数字化融合为一，将公共文化服务与文化经济融合为一，将创意设计与装备制造业、消费品业、信息业、建筑业等几乎大多数行业实现跨界融合。可以确信，“十四五”时期文化建设在国民经济和社会发展中将处于更加重要和突出的地位。2020 年 11 月，《文化和旅游部关于推动数字文化产业高质量发展的意见》（以下简称《意见》）的出台与实施，意味着以数字技术为推动力量的文化产业将迎来一波新的发展高潮。国家的顶层设计赋予了文化产业在新发展阶段的重要使命，而且文化产业在与当代互联网数字科技的结合下呈现出一些新的创新发展的态势。

新时代：文化产业发展的新语境

产业发展总与时代走向密切相关。文化产业的高质量发展之路，是时代对文化产业提出的必然性要求。当前，“百年未有之大变局”正在到来，就国际层面而言，第四次科技革命方兴未艾，现代互联网科技与生产生活的结合，数据分析、云计算、人工智能、区块链、物联网等新兴行业，在提高生产力水平、丰富物质供给的同时，正在颠覆诸多领域的产业形态、分工和组织方式，实现行业的跨界与融合，重构社会生产生活秩序和文化伦理。“百年未有之大变局”，为中国产业的转型升级带来了历史性的机遇。2018 年 7 月，习近平在约翰内斯堡参加金砖国家工商论坛上的讲话中指出：

当今世界正面临百年未有之大变局。对广大新兴市场国家和发展中国家而言，这个世界既充满机遇，也存在挑战……未来 10 年，将是世界经济新旧动能转换的关键 10 年。人工智能、大数据、量子信息、生物技术等新一轮科技革命和产业变革正在积聚力量，催生大量新产业、新业态、新模式，给全球发展和人类生产生活带来翻天覆地的变化。我们要抓住这个重大机遇，推动新兴市场国家和发展中国家实现跨越式发展。①

新一轮科技革命使世界的发展进入了以 5G 为背景的“加速度”时代，大数据、工业 4.0、网络人工智能化已成为时代进程中的三大潮流，信息通讯技术、计算机技术、视听表达技术、仿真技术、新材料技术、节能环保技术是推动潮流发展的六大核心技术。面对世界高速创新的变革，我国已将数字技术促进文化发展放在十分重要的位置来推动。应当认识到，数字科技形成的文化，也是当代文化发展的重要内容，而不仅仅是形式和基础支撑，它已发展为一个多层次、大范围、新型、前沿、有特定内容的文化系统的重要部类，是文化产业高质量发展的重要支撑。加快文化科技发展，是文化繁荣发展的必要支撑，是转变经济发展方式、推动文化产业成为国民经济支柱性产业的战略任务。当前，高新数字技术的广泛运用，在多个层面影响和推动着文化的发展，提升与推动了文化发展业态、内容形式、传播手段、消费路径、“走出去”方式的优化与升级。

就国内层面而言，全面建成小康社会以及 2035 年全面建成文化强国，是

① 《习近平在金砖国家工商论坛上的讲话》，来源：新华网 http://www.xinhuanet.com/politics/leaders/2018-07/26/c_1123177214.htm.

“十四五”时期乃至更长一段时期内文化建设的宏观语境，这就必然要求文化产业要迈向高质量发展之路。

一方面，文化产业高质量发展是全面建成小康社会取得决定性成就后提升文化供给的必然要求。我国的主要矛盾已经转变为人民日益增长的美好生活需要和不平衡不充分的发展之间的矛盾，而这一矛盾在全面建成小康社会取得决定性成就后将更加鲜明地凸显出来。在新的历史发展时期，人们必然需要高品质的物质文化需求，也必然需要高品质的文化供给巩固和加强全面建成小康社会的成果。因此，破解社会的主要矛盾，以高质量的文化供给代替无效供给、低端供给，增强文化供给结构应对消费需求变化的精准性和灵活性，丰富人民群众的文化娱乐生活，必然要推动文化产业的高质量发展，加快形成适应经济发展新需求下的文化发展方式。习近平总书记强调：

> 要推动经济高质量发展，牢牢把握供给侧结构性改革这条主线，不断改善供给结构，提高经济发展质量和效益。要加快推进新旧动能转换，巩固“三去一降一补”成果，加快腾笼换鸟、凤凰涅槃。要聚焦主导产业，加快培育新兴产业，改造提升传统产业，发展现代服务业，抢抓数字经济发展机遇。要完善科技成果转移转化机制，走出一条创新链、产业链、人才链、政策链、资金链深度融合的路子。[①]

在推进文化产业供给侧结构性改革，优化文化供给的整体导向下，我国进行了产业供给结构内部的“洗牌”，推动了行业的升级换代。原先处于龙头位置的出版产业、旅游产业、演艺产业，甚至电影产业、电视产业都遇到了发展瓶颈。而一直处于末端的中国互联网相关文化创意行业成为中国文化产业的高端产业、核心产业、先导产业。因此，改善文化产业的产业供给结构是文化产业

① 《习近平在江西考察并主持召开推动中部地区崛起工作座谈会》，来源：中国政府网 http://www.gov.cn/xinwen/2019-05/22/content_5393815.htm.

谋求高质量发展的必由之路。但是，不容忽视的是，目前我国文化产业的发展依然面临文化产业低水平徘徊、文化供给侧创新创意不足，高质量文化供给的产品和服务不够充分，资源依赖现象较为普遍，产业整体的市场化程度较低，文化企业的现代产业体系的升级尚存在较大空间，文化市场的各类主体发展还不均衡，许多中小民营文化企业仍然难以做大做强，特别是新型的更高形态的数字文化消费尚未建立。这些都成为文化产业高质量发展的障碍。

另一方面，建成文化强国需要文化品牌的支撑。相较于美国、日本等国，我国仍然缺乏核心文化 IP，丰富的优秀文化资源未能充分得到创造性转化和创新性发展，具有世界竞争力的文化品牌仍然缺乏有效的载体支撑。虽然我国近年在文化内容产品层面出现了一些爆款产品，如《流浪地球》《西游记之大圣归来》等，但尚未形成如迪士尼、初音未来之类的世界超级文化 IP，更缺乏对文化 IP 具有统筹和承载能力的主体园区，如美国创造的迪士尼已在全球布局主题公园，日本制作的初音未来将二次元之风吹向世界。因此，建成文化强国需要形成一批具有产业承载能力和传播能力的优质文化 IP，积极吸纳优秀传统文化元素并推动传统文化的创造性转化，创建具有自主知识产权和世界影响力的文化品牌，这就为文化产业的高质量发展提出了必然要求。《意见》特别指出：

> 深刻把握数字文化内容属性，加强原创能力建设，创造更多既能满足人民文化需求，又能增强人民精神力量的数字文化产品。培育和塑造一批具有鲜明中国文化特色的原创 IP，加强 IP 开发和转化，充分运用动漫游戏、网络文学、网络音乐、网络表演、网络视频、数字艺术、创意设计等产业形态，推动中华优秀传统文化创造性转化、创新性发展，继承革命文化，发展社会主义先进文化，打造更多具有广泛影响力的数字文化品牌。[①]

① 《文化和旅游部关于推动数字文化产业高质量发展的意见》，来源：http://www.gov.cn/zhengce/zhengceku/2020-11/27/content_5565316.htm.

在文化强国的建设进程中，提炼传统文化元素，培育优秀文化 IP，最关键的是用现代互联网科技与文化创意相结合，形成新的文化产品形态。例如，敦煌以传统壁画作品作为创作内容，对敦煌石窟和相关文物做数字化采集、加工和存储，实现“云游敦煌”。2020 年 2 月“云游敦煌”小程序上线仅两个月，浏览量累计突破 1200 万人次，即成爆款。此外，敦煌文化 IP 创作的《敦煌动画剧》，使得“千年壁画，声动上映”。这些融合了现代互联网技术与传统文化内容的新文化产品形态，展示了传统文化资源的巨大魅力，也揭示出实现文化强国之路并不意味着要在文化内容打造或品牌 IP 培育上另起炉灶、另辟蹊径，而是可以充分依托民族传统文化资源的巨大宝库，并借鉴世界文明的先进成果，创造符合国情和时代发展趋势的文化内容，系统构建民族文化品牌，助力文化强国建设。

因此，从国际国内两个维度发展趋势来看，文化高质量是国家战略的重要组成部分，它的提出与实施标志着我国社会经济发展进入一个新的阶段。在文化高质量发展的推动下，文化作为生产力的作用进一步凸显，以科技为支撑的文化新业态充分涌现，文化与互联网科技的融合将重塑文化经济发展格局。

新态势：文化产业“双线交错”新发展

当前，我国在文化产业高质量发展的过程中，形成了双线交错的发展态势。一条是文化与旅游融合，文化为旅游赋能，出现了一批大众化、普及化的实体产业形态。另一条是文化产业升级换代而涌现的大批新形态，这些形态与数字科技、大数据、人工智能、云计算、物联网以及大视频相关，创造了科文融合的新形态和新景观。

“双线交错”发展新态势的出现，在于文化产业的整体发展面临“线上 + 线下”的路径选择，即文化产业本身需要线下实体产业的支撑，这一产业布局较多地集中在旅游领域，例如旅游演艺、美丽乡村旅游、特色小镇建设、非遗传承衍生、民宿设计运营等。红色旅游、研学旅游、休闲旅游、度假旅游、体育旅游、医养旅游、健康旅游等正在拓展升华发展形态。文化产业的线上路径更多地为互联网文化业态所选择，从广义上来说属于信息消费，如李子柒的传统文化走向世界、小朱配琦的直播带货、TikTok 短视频的国际影响力、国产人工智能汽车的数字运行、发展迅速的云游戏、不断涌现的网络服务新社区，以及各种沉浸式的 VR/AR/MA、3D/4D 的新感受、新景观、新形态。国内华为、中兴、腾讯、字节跳动、阿里巴巴、京东、拼多多、美团、小米以及海康威视等与互联网、移动网密切相关的企业进一步进入文创领域寻找发展机遇。它们迅速成长为文创独角兽甚至超级独角兽，成为创意经济中头部经济形态。当然，文化产业“线上 + 线下”的发展路径并非完全独立，而是存在交叉，如“云旅游”成为线下旅游走向线上旅游的典型形态，而“网络直播”也会把某地推波助澜为线下的网红打卡地。

文化产业“双线交错”的发展新态势，指向的都是文化新消费。“新消费”是“以传统消费提质升级、新兴消费蓬勃兴起为主要内容”，① 并以此催生出相关产业发展、科技创新、基础设施建设和公共服务等领域的新投资、新供给。当前，我国正处在消费结构升级，以及消费的主导化、上游化和高档化，使得各类消费支出的结构升级和层次提高，直接反映了未来的消费趋势。新消费时代正在来临。近年来，新消费已上升至国家顶层设计层面，《国务院办公厅关于以新业态新模式引领新型消费加快发展的意见》（国办发〔2020〕32 号）、《国务院关于进一步扩大和升级信息消费持续释放内需潜力的指导意见》（国发〔2017〕40 号）、《国务院关于积极发挥新消费引领作用加快培育形成新供给新动力的指导意见》（国发〔2015〕66 号）等一系列文件相继出台，均强调新消费在产业结构升级和经济提质增效中的引领性作用。《国务院关于积极发挥新消费引领作用加快培育形成新供给新动力的指导意见》描述了我国消费结构的变化：

---

① 《国务院关于积极发挥新消费引领作用加快培育形成新供给新动力的指导意见》，来源：http://www.gov.cn/zhengce/content/2015-11/23/content_10340.htm.

发挥新消费引领作用是加快推动产业转型升级、实现经济提质增效的重要途径。消费升级的方向是产业升级的重要导向。我国居民消费呈现出从注重量的满足向追求质的提升、从有形物质产品向更多服务消费、从模仿型排浪式消费向个性化多样化消费等一系列转变。[①]

消费是生产的最终目的，消费内容的转变必然要求新文化内容的供给，也只有围绕消费市场的变化趋势积极调整文化生产内容、优化产业结构，才能实现文化产业的高质量发展。以线下为主要载体形式的文化旅游，注重体验消费。文化为旅游赋能之后，旅游告别纯粹的观光游，而是更加注重消费者（旅游者、阅读者、观赏者）的深度介入和参与。在消费者的消费过程中，深度的沉浸式参与使人感受到身体乃至心灵的震撼。那是对过程的体验——体验另一种身份、体验异域生活，以及体验自身的创造力等，并从中获得满足感、愉悦感和幸福感。这就是沉浸类消费特别受到欢迎的原因，消费者愿意为这类旅游体验付费，因为它美好、不可转让、转瞬即逝。随着模仿型、观光型、排浪式消费阶段的基本结束，个性化、多样化消费渐成主流，特别是年轻一代更加偏好体现文化特色、个性特征的文化体验和服务，应着力推动与消费者体验、个性化设计和柔性制造等相关的产业加速发展。

以线上为主要内容的信息消费，则成为增长最强劲的消费内容。2020 年信息消费增长较快，仅 2020 年第 1 季度，我国移动互联网接入流量同比增长 39.3%。可以说，信息技术的广泛运用特别是移动互联网的普及，正在改变我国居民的消费习惯、变革消费模式并重塑消费流程，催生跨区跨境、线上线下和体验分享等多种消费业态兴起。互联网与协同制造、农业、教育、医疗、文化等产业的跨界融合，在刺激信息消费、带动各领域消费的同时，也为云计算、

① 《国务院关于积极发挥新消费引领作用加快培育形成新供给新动力的指导意见》，来源：http://www.gov.cn/zhengce/content/2015-11/23/content_10340.htm.

大数据和物联网等基础设施建设以及智能终端相关技术研发和产品服务发展提供了广阔前景。

我们必须看到，“双线交错”发展的新态势，展现了我国文化产业发展在不同领域所取得进展的总体状况。过去这两条线几乎是互不交错的平行线，各有各的发展领域和运行方式，而当前这种情况得到很大改善，两条线相互交错，形成了互相支撑的新局面。高新科技的发展需要广阔的市场，需要新的消费人群，旅游文化需要创意升级、技术提升、金融支撑和市场检验。

新业态：文化产业边界的新拓展

如果说“双线交错”的发展态势还只是从宏观上对整个行业进行的概括与描述，那么，就文化产业业态本身而言，“双线交错”的整体趋势体现了文化产业边界的扩展。文化与科技融合、行业之间的跨界是当代文化产业创新发展的核心动力，而融合后最为直接的结果则体现为业态边界的扩展。

在世纪之交互联网时代的文化转向中，人们对文化产业的最大认识之一就是文化产业边界的移动。作为急剧变化转型期的当代文化产业是否有一个明确无疑的边界呢？或许，我们可以从国家统计局公布的《文化及相关产业分类》划分产业门类数量的变化中可见一斑。根据国民经济行业分类，《文化及相关产业分类（2004 年版）》共划分文化产业 99 个小类，《文化及相关产业分类（2012 年版）》则调整为 120 个小类，如在数字内容服务中增加了数字动漫制作和游戏设计制作，以及其他电信服务中的增值电信服务（文化部分）等，删除了包括旅行社、休闲健身娱乐活动、教学用模型及教具制造、其他文教办公用品制造、其他文化办公用机械制造和彩票活动等。《文化及相关产业分类（2018 年版）》则划分为 146 个小类，新增加了符合文化及相关产业定义的活动小类，如互联网文化娱乐平台、观光旅游航空服务、娱乐用智能无人飞行器制造、可穿戴文化设备和其他智能文化消费设备制造等业态。产业类别数量的不断增加，既体现出国家分类标准是处在不断修订完善中的，又体现出以“互联

网 +”为依托的文化新业态不断涌现，并且在社会经济中发展迅猛，日益成为文化产业新的增长点，理应把这些新业态及时纳入统计范围，以反映社会经济的活跃度。

从这个角度来说，文化产业的边界从来就没有固定过。人们总是认为，文化产业作为一个极具影响力的理念是从 20 世纪中期霍克海默和阿多诺对文化工业的批判开始的，这是牵强的。法兰克福学派之后的文化产业、创意产业、创意经济的发展，无论在理念上还是在现实性上，都选择了另一条实践的、文化经济的、社会参与的、国家推动的道路。从那时起，文化产业内所包含的产业类别和文化产业的边界就一直处在变动中。报纸、广播、电影、电视、音乐、网络小说、网络游戏等，都是在历史上的不同历史时期、不同发展阶段、不同传播时代“加入”文化产业阵营的，并且在不同的发展阶段有不同的“主打”类型。今天，移动互联网所引起的传播革命，又一次引发和推动了文化产业自身的边界拓展。文化产业面临着又一次越界、扩容。一大批新型的产业样式如短视频、直播、虚拟现实、3D 打印服务、云旅游、云演艺、智慧旅游、工业旅游、意念电竞游戏、区块链版权等，一大批新业态都已进入文化产业研究的视野，更多的新兴文化艺术样式和产业内容被创造出来，成为今日文化产业关注和研究的对象。当下无疑是一个短视频的时代，截至 2020 年 12 月，中国短视频用户规模已达 8.73 亿，占整体网民的 88.3%，无论是市场价值，还是消费用户规模都俨然是最吸引眼球的业态。因此，随着时代的变化，重新审视文化及其相关产业的类别，并依据时代、文化、艺术、技术的发展而有所扩容，有所变更，与时俱进，是非常必要的。

边界拓展是历史的常态，而驱动边界拓展的动力即是创意所追求的“跨界”或“越界”。任何文化新业态都追求创意在产业发展中的核心价值，而创意的根本观念是通过“越界”促成不同行业、不同领域的重组与合作，在产业的边界衍生出新的业态。通过越界，寻找和培育新的增长点，进而实现推动文化发展与经济发展和在全社会推动创造性发展的目的。从总体而言，文化新业态是与传统文化业态相对的一个概念，更多的是顺应多元化、多样化、个性化的产品或服务的文化需求，依托技术创新和应用、内容形式的转化和创新，从现有产业和领域中衍生叠加出的新环节、新链条、新活动形态，以互联网为依托开展的经营活动等为主，而以互联网数字技术为支撑的产业形态也是未来文化产业发展的趋势。

新问题：文化产业面临的新挑战

在文化产业边界不断拓展、业态不断催生的整体背景下，我国文化产业也面临着产业秩序调整与规范、产业伦理重构与形成等问题。当前我国文化企业在文化产业运营中的企业社会责任缺失与大量“失信”问题：如互联网诈骗、虚假广告宣传、不实承诺、新型电子诈骗、电子商务购物诈骗、公民个人信息泄露与买卖等。传统媒体与新媒体的媒介伦理问题：如媒介人职业操守、新闻传播道德与窃听手段、网络新媒体中互联网“谣言”传播、网络信息安全、网络“黑客”、青少年网络游戏沉迷与“网瘾”、网络“人肉搜索”与侵犯隐私权等。知识产权保护中的盗版泛滥问题，中国在加入世贸组织后，尤其是近年来，加大了对盗版的打击力度。但是因为文化观念和制度法规滞后，在反盗版方面一直受到国际社会的质疑，也因此使我国遭受了一些经济的、政治的和文化方面的损失。同时，我国文化产业发展中也暴露出一些不良的发展趋势，如文化产业的过度娱乐化和突破道德底线问题，文化产品内容的极端商业化问题与劣质化甚至“三俗”化，产业发展中出现的“涉黄赌毒”问题；各路明星偶像“负能量”对青少年的影响。一系列问题彰显出文化产业的发展并非是一路高歌猛进，而存在许多亟待解决的问题。习近平总书记指出：

网络空间是亿万民众共同的精神家园。网络空间天朗气清、生态良好，符合人民利益。网络空间乌烟瘴气、生态恶化，不符合人民利益。谁都不愿生活在一个充斥着虚假、诈骗、攻击、谩骂、恐怖、色情、暴力的空间。①

加强互联网文化产业的行业治理与伦理构建，形成完善的现代文化产业体系和市场体系，已成为国家顶层设计的重要内容。因此，在提升文化产业治理能力和治理水平的总体指向下，平衡协调文化产业发展中的经济效益、市场运营与社会伦理、社会公平、社会效益等问题，妥善处理社会转型之下文化产业面临的伦理冲突、互联网新媒体的历史性变革下的“伦理危机”、互联网自媒体传播的产业伦理困境等，治理行业发展中出现的“辫子新闻”、虚假信息、隐私泄露、大数据杀熟等现象，是推进文化产业高质量发展的重要保证。

因此，围绕以上相关问题，本套丛书创新性地提出了以下命题，并予以阐释，也许可以称为亮点：

互联网思维是科技革命中范式转换的必然成果

创客运动是中国走向原创大国的重大战略

我国文化创意产业正走向原创力发展的历史性阶段

创新生态系统：我国文化产业提质增效的路径

2021—2025 年：文化新业态发展的历史关口期

文化新生代引领新业态创造性发展

独角兽竞争——我国文化创意产业发展的新领域与新形态

数字时代大平台的文化政策与伦理关切

后斯诺登时代信息安全与用户隐私

大数据时代个人隐私数据的泄露与保护

在文明对话中构建世界人工智能的伦理向度

互联网文化新业态伦理建构的情境主义路径

① 习近平．习近平谈治国理政（第二卷）．北京：外文出版社，2017：336.

需要强调的是，我们这套丛书是以我国文化产业发展中出现的前沿问题为导向的，我们的研究结果肯定不是最后的结论，但它是探索性的，我们在寻找文化产业高质量发展的新路径。

感谢中国工人出版社，你们在2020年疫情的严酷中，毅然定下出版这套丛书的计划，情怀在兹，能不感慨、感谢、感铭于心？在本书的编辑过程中，出版社的总编、编辑同仁们也曾与我们反复讨论书中的内容及取舍，特别是书名的选定，我们曾几番讨论，审慎选择。感谢葛忠雨、傅娉，以及参与本书编辑的诸位同仁，谢谢你们认真负责的精神，谢谢你们辛勤的汗水和心血。

有道是：

晴空一鹤排云上，便引诗情到碧霄。

权为序。

金元浦于海淀三灯阁

2021年3月12日

| 目录 |

上　编

下 编

上　编

第一章

全球竞争下 5G 技术与中国文化创意产业的融合新变

世界进入了5G技术的全球竞争新时代。从1G到5G的激烈比拼带来数次转换，领军者三度易主。美国研究机构认定，中国在5G技术的竞争中处于领先地位。中国5G建设在超前预判、顶层设计与实践操作上实现了弯道超车。5G高科技数字化的多种技术对文化创意产业具有重要影响和强大推动力，在数字创意设计、数字影视、网络直播、移动短视频、云游戏、数字全媒体、数字艺术、智慧旅游、智慧文博、智慧非遗等方面，催生了大量新思路、新举措、新形式与新业态。这是我国文化创意产业升级换代走向高质量发展、迎接全球新格局的重要机遇。

随着 5G 技术的兴起，全球关于 5G 的竞争日益白热化。根据 GSA 统计，截至 2020 年 3 月底，全球有 123 个国家的 381 家运营商已经宣布对 5G 进行投资。其中 40 个国家和地区的 70 家运营商已经推出了一项或多项支持 3GPP 标准的 5G 服务。其中，63 家运营商已经推出了符合 3GPP 标准的 5G 移动服务（含 57 家全面推出服务）；34 家运营商已经推出了符合 3GPP 标准的 5G FWA 或家庭宽带服务（含 27 家全面推出服务）[①]。

然而，人们对 5G 的了解依然很少，2020 年 4 月份，欧洲出现了多起焚烧 5G 信号塔的恶劣行径，将之与新冠病毒联系在一起。一场 5G+ 新冠肺炎病毒的阴谋论正在西方媒体中传播。言之者凿凿，信之者汹汹，无知者愤愤。

竞争如此激烈，这个领域的未来谁主沉浮？我们为什么要关注 5G、研究 5G、参与全球 5G 竞争？美国为什么在 5G 技术上对中国企业采取围追堵截的各种招数？中国文化创意产业在这一技术普及以后又将面对怎样的发展变局？

一、互联网时代 5G 技术的全球竞争

5G 指第五代的移动通信技术，与 4G 相比，它在技术上的进步表现在：

第一，速率更高（eMBB）。网络峰值速率能达到 10Gbps，相当于几秒钟就能下载 1 部超高清电影。而 4G 的峰值速率大约为 100Mbps，5G 技术为 VR 等技术的日常化、普及化提供了实现的可能。

第二，容量更大（mMTC）。5G 技术的基站体积小，能耗低，安装部署的密

① https://gsacom.com/paper/5g-market-snapshot-march-2020/.

度可以大大超过以往，克服高频段长距离传输差的问题，同时接入网络的终端数量可以达到 100 万台 / 平方公里，这是 4G 的 1000 倍，许多常见终端以外的设备也可以纳入网络中，物联网在 5G 技术之下真正成为可能。

第三，延时更低（URLLC）。5G 技术的接入网、承载网、核心网和骨干网等都得到了优化，网络延时能缩短到 1 毫秒以内，只有 4G 的 1/50 甚至更短。无人驾驶等技术在低延时的 5G 时代可以得到跨越式提升。

5G 的价值不仅仅是移动通信网 4G 的一种升级方案，不仅仅是信息传输的快、宽、短，而是一场改变世界经济、文化和产业发展的大变革，对世界政治结构也将产生重要影响。5G 是当代高科技发展的基础，是推动了大数据、人工智能、云计算、物联网、区块链等技术的大平台，它将人类社会推向万物互联的智能世界。所以华为创始人任正非指出，5G 的价值不在它本身，而是它所支撑的信息系统对未来进步有巨大价值①。

5G 之所以被给予厚望，是人们已经观察到，自移动通信技术诞生以来，其每一次革命性升级，都会产生巨大的社会、经济、文化影响，谁在新的一代移动通信技术中取得领军地位，谁就能获得强大的发展助力。从 1G 到 5G 的激烈比拼带来数次转换，领军者三度易主。

移动通信技术的出现，是对后世产生革命性影响的开始。1979 年日本率先投入使用第一个商用蜂窝电话系统，第一代移动通讯技术（first generation, 1G）走进人们的日常生活。这是如今已经淘汰了的模拟移动网，以模拟技术为基础的蜂窝无线电话技术，这一发展代表了一个革命性的变化，从集中在两个固定位置之间的通信电话的概念，变为任意位置之间的交流都成为可能。不过，此时的交流受限于最高仅有 2.4Kbps 的速度，仅用于语音，同时有距离限制，串号、盗号等现象频发，即便如此，仍然费用高昂，并不是普通消费者担负得起的。

---

① “Ren Zhengfei's Interview with Euronews”, Retrieved from https://www.huawei.com/us/facts/voices-of-huawei/ren-zhengfeis-interview-with-euronews.

进入2G时代，关键技术由原来的频分多址（FDMA）、模拟语音调制和蜂窝结构组网革新为码分多址（CDMA）和时分多址（TDMA），进入数字通信时代。此时的数字信号与模拟信号相比，抗干扰能力变强了，并且能承载更多信息，从而出现了短信（SMS）功能。2G时代就已经出现了一种现象，谁拥有最先进的移动通信科技，谁在网络设备、操作系统和手机方面领先世界，这种领导地位转变为数十万个就业岗位和数十亿元的经济影响。2G时代有两大标准，以摩托罗拉为代表的美国CDMA标准和以诺基亚为代表的全球移动通信系统（GSM）欧洲标准。由于短信的发明，GSM标准得到更多用户，并带来欧洲诺基亚手机雄踞世界销售冠军的15年。2G时代已经可以通过手机简单访问互联网浏览文字，不过网络接入速度慢，成本高。

德国最早投入2G商用，接着是法国、英国、意大利、西班牙和其他欧洲运营商，到20世纪90年代中期欧洲就达到了80%的渗透率。巨大的领先优势带给欧洲企业，如诺基亚（Nokia）和爱立信（Ericsson），以及紧随其后的阿尔卡特（Alcatel）和西门子（Siemens）等巨大的行业红利。比如1993年，爱立信占据了全球数字蜂窝设备市场的60%，而诺基亚成为世界第二大手机品牌[①]。在2000年，诺基亚的出口额占据了芬兰产品与服务出口总额的24%，占据了电信设备出口额的80%，甚至占据了赫尔辛基股票市场70%的市值[②]。

在1998年推出的3G相较于2G，第一次从国际电信联盟（ITU）的角度制定了统一的国际移动电话系统（IMT-2000）名称和标准。移动通信有了更高的频宽和更稳定的传输，速率从千比特每秒（kbps）升级为百万比特每秒（Mbps），即使在全球范围内漫游，图像、音乐和视频的传输也成了可能。

此时，2G的成功让欧洲在面对技术革新时产生了犹豫，而日本抓住了至关重要的先机。它们迅速在1999年推出了i模式（i-mode），开创了社交网络和音乐服务，其封闭的生态系统带来了巨大的商业机会。2007年开发者通过这一

① Tuna Baskoy, *The Political Economy of European Union Competition Policy: A Case Study of the Telecommunications Industry*（2008）.

② OECD Economic Surveys: Finland 2002, page 21, Box 1 “Nokia fact sheet”.

模式获得了90亿美元的收益，并且在2008年增长为128亿美元。在2001年10月到2002年12月之间，日本就推出了3个3G网络，因为手机随时随地支付和娱乐成为了巨大的获利手段[①]。

4G在2008年发布，流媒体和图像终于能够以较高的质量快速传输，速度、容量和稳定性都得到极大提升，速度提升到了100Mbps以上，比当时家用的宽带（ADSL）要快得多。移动通信服务偏向于移动互联网，崭新的行业形态纷纷出现。而对于过去宽带网络无法覆盖的地区，4G的出现提供了通向互联网的方便法门，成为后发地区追赶互联网时代的跨越式发展工具。

2008年之前，欧洲占据移动设备绝大多数世界市场。然而，在一阵喧嚣的成功之后，欧洲失去领导权导致了巨大的就业损失和该地区电信硬件和软件产业的急剧萎缩。欧盟委员会的数字经济和社会发言人后来说："在2008移动设备行业，我们有80%的市场。因为我们还没有准备好4G大规模部署，欧盟工业几乎失去了手机的整个市场份额。"[②]失去互联网的领导地位，其后果是持久的，而且很难克服。尽管欧洲觉醒，开始投资于5G，但欧洲国家相对于其他国家已经远远落后，被挤出5G全球比赛的第一梯队。

日本是3G时代的领跑人。但从3G向4G网络转型时期，日本与欧洲2G的经历相似，也出现了同样情形。由于缺乏前瞻视野和先期布局，进入4G时代，大多数日本企业无奈退出了手机业务，日本失去了3G阶段曾拥有的领导能力。

美国的转机始于2008年苹果（iPhone）3G手机的推出，迅速将美国的3G渗透率提高到82%，借此契机，美国移动运营商又投入了一千多亿美金建设网络[③]。2011年美国与日本率先推出4G，直到2016年成为第一。美国赢得了

① Sheik Taher Abu, Technological innovations and 3G mobile phone diffusion: Lessons learned from Japan, Telematics and Informatics 27（2010）418–432.

② Kendall Russell, With 5G, European Commission Hopes to Avoid Repeat of 4G Rollout, October 6, 2017, http://www.satellitetoday.com.

③ U.S. Census, Annual Capital Expenditures Survey（ACES）.

4G的竞争，从此“美国公司控制了全球创新的节奏”。领航4G以来，美国的GDP增加了1000亿美元，相关无线行业工作岗位增加了84%，美国公司因此至少获得1250亿美元的收入，并且为美国公司和应用开发商带来了超过400亿美元的额外应用商店收入①。

中国起步不早，直到1987年才正式进入1G时代。1994年，2G在我国落地，发送短信成为可能，BP机和手机也越来越平民化，“大哥大”的造型深入人心，但核心技术和标准被外企牢牢掌握；2009年，工信部发放3G牌照，更高的带宽和更稳定的传输速度让移动互联走入现实，国产手机顺势而起；2013年，4G牌照如期而至，我国自主研发的TD-LTE标准得到了广泛使用，催生了移动支付、短视频等全新业态。

在经历了“1G空白、2G跟随、3G突破、4G并跑”的不断努力后，中国预先布局5G，卧薪尝胆，奋力开创新局面，终于实现“5G领先”。这一方面源于我国顶层设计的宏观布局，另一方面则来自企业层面对创新创意的高度推崇和先期预研。

5G时代中美两个大国激烈竞争，中国弯道超车，成为全球5G第一梯队的领跑者。

5G时代前期商用的进展程度实际上与各国政府对5G的认识、关注度、科技治国能力，特别是预判与顶层设计有关。实际上，5G初期，日本、韩国、美国、欧盟等主要国家和地区都提前拍卖了部分5G频段。它们也要求运营商在限定时间内达到相应的覆盖率，促使运营商加快了5G建设的步伐。各国制定的政策指向不同，考虑的因素不同，结果呈现了较大差异。

美国从战略上进一步提升了对5G的重视程度，美国研究机构Analysys Mason曾受美国无线行业组织CTIA的委托，在2018年出过一部“全球5G竞速报告”，对全球10个主要国家的5G准备就绪程度做过排名，其中美国排在中

① “How America’s 4G Leadership Propelled the U.S. Economy”, Recon Analytics, www.reconanalytics.com, April 16, 2018.

国和韩国之后，居于第三位。

仅仅在一年以后，2019 年的新报告便更新了排名，美国与中国并列第一，而新加坡和俄罗斯掉出了榜单。证明美国在 5G 方面不断加大投入，加快准备步伐，为争夺行业领衔做着积极准备。美国在这一年采取的主要措施是于 2018 年推出了重大的基础设施改革（如与小型蜂窝基站选址有关的改革）和 5G 频段的拍卖[①]。研究报告认为，中频频谱对于早期 5G 部署非常重要，也是 5G 服务的重要组成部分，美国认为目前自己的差距就在这里，而领先于其他国家的地方在于 5G 的毫米波频谱上[②]。

梯队	排名	国家（地区）	分数	变化（与 2018 年相比）
第一梯队	1	中国	19	–
	1	美国	19	↑ 2
	3	韩国	18	↓ 1
	4	日本	17	–
第二梯队	5	意大利	15	新上榜
	5	英国	15	–
	7	德国	14	↓ 1
	7	中国香港	14	新上榜
	9	澳大利亚	13	新上榜
第三梯队	10	法国	11	↓ 3
	10	西班牙	11	新上榜
	12	卡塔尔	10	新上榜
	12	瑞典	10	新上榜
	14	加拿大	9	↓ 6

报告预测在 2020 年，超过 40 个国家的 80 个运营商会提供 5G 服务。大约有 14 个国家和地区在 5G 准备就绪程度排名表中分列在三个梯队中，这个排名

① CTIA, Global Race to 5G, April. 2018, ctia.org. 以及 David Abecassis, Janette Stewart, Chris Nickerson, Global Race to 5G-update, April 2019, analysysmason.com.

② David Abecassis, Janette Stewart, Chris Nickerson, Global Race to 5G-update, April 2019, analysysmason.com.

是依据频谱和基础设施政策、工业投资和政府总体支持进行的。第一梯队为中国、美国、韩国和日本，第二梯队为意大利、英国、德国、中国香港和澳大利亚；第三梯队为法国、西班牙、卡塔尔、瑞典和加拿大。

在 2019 年的报告中，韩国还排在美国之前，这一版美国已经与中国并列领先。原第二梯队的法国，已经被调整到第三梯队的中后部。意大利已成为第二梯队领先国家，中国香港、澳大利亚晋级。第三梯队仅保留加拿大（末位），而西班牙、瑞典、卡塔尔榜上有名。为什么变化如此之大？这是由于第四次工业革命的变革已不同于先前的规模与速率。这是一次全球范围内展开的各国之间的加速度变革，不进则退，不快则汰，不预则失，不创则败。同时，这场竞争也是一场深刻的国家治理、国家理念和国家文化的比较和实践。

在新一版第一梯队的 4 个国家里[①]：

中国（19 分）

领先企业：中国移动，中国联通，中国电信

由于工业水平和政府支持的结合，中国在 5G 的竞争中处于领先地位。中国的"十三五"规划旨在 2020 年发布 5G 宽带，目前中国的供应商都致力于这一时间线。所有主要的无线供应商都进行了广泛的 5G 试验，致力于 5G 的商业应用。而政府已经打开了大量的中高频谱，在 2018 年底全国运营商都已获得 100 兆赫的试验执照。大规模的商业化预计在 2020 年全面实施。

美国（19 分）

领先企业：Verizon，AT&T，Sprint，T-Mobile，U.S.Cellular

这一高分反映了美国业界对 5G 早期推出的坚定承诺，所有主要的 MNO 都承诺在 2019 年推出，Verizon 和 AT&T 都在 2018 年推出了 5G 早期服务。为了支持运营商通过这些 5G 早期推出，美国联邦通信委员会（FCC）推出了几项监管改革以消除 5G 基础设施部署的障碍，许多州已经颁布了小型基站立法。在

① 以下对第一梯队的描述参见 David Abecassis, Janette Stewart, Chris Nickerson, Global Race to 5G-update, April 2019, analysysmason.com.

频谱方面，FCC 是全球首批确认释放毫米波频谱策略的监管机构之一。已经分配了 28GHz 频段和 39GHz 频段的一部分，并且积极推进 24GHz 频段、39GHz 频段、37GHz 和 47GHz 频段的拍卖。美国在低于 3GHz 的频谱上也获得了很高的评价，其中很多已经发布供移动使用（包括 600MHz 频段），还有其他频谱（1.3GHz 和 1.7GHz）正在研究中。但是，美国在中频带频谱方面的评分很差：预计在 2019 年期间只有有限的金额（通过 CBRS 频带）可用，并且未来的分配计划尚未得到确认。

韩国（18 分）

领先企业：SKT，KT Group，LG Uplus

韩国在 2018 年中期拍卖了 3.5GHz 和 28GHz 频段的频谱，所有三个运营商在这两个频段均获得了大的连续频谱块。运营商在 2018 年 12 月推出了商用 5G 服务（最初提供固定无线宽带接入 [FWA]），并计划在 2019 年年初推出移动服务。政府已承诺进行大规模的 5G 投资计划。

日本（17 分）

领先企业：NTT DOCOMO，KDDI，Softbank

政府和无线运营商专注于 2020 年奥运会前的 5G 广泛部署。日本的运营商在 5G 测试方面是领先的，并承诺在 2019 年发布中高频波段频谱。日本政府关注通过 5G 提高广泛商用服务能力，帮助日本更好地应对人口减少与老龄化问题，带动日本高端制造业等行业再度崛起。

欧盟在宏观战略上动手快，行动早。2016 年 6 月欧盟即发布了《5G 行动计划》建议欧盟成员国从 2018 年就开始启动 5G 网络测试，尽早向运营商开放 5G 频段，并敦促各成员国在 2020 年底之前实现 5G 规模商用。2016 年 11 月欧盟委员会频谱政策小组又颁布了 5G 频段规划，2017 年 12 月欧盟宣布各成员国就 5G 技术路线图达成一致，准备统一频率规划和牌照发放。意大利在 2018 年举行了低频段、中频段和高频段频谱的 5G 拍卖，英国计划在 2020 年春天启动 700MHz 和 3.6GHz 拍卖，以及正在实施多项政策以减少 5G 基础设施部署的障碍。但欧盟国家总的来说首鼠两端，存在频谱成本过高、监管过度、政策过严等问题。在采用华为技术等问题上表现尤为明显①。

美国是最早提出 5G 战略并投入实施的国家之一。美国大力支持本国企业去争夺全球 5G 技术、标准和应用的全球主导权。2016 年以后，由于中国 5G 的迅速崛起，美国进行了将 5G 提高到影响国家安全高度的政治操作，美国 5G 发展战略主要问题归纳为三点：5G 安全，华为、中兴的威胁和美国企业的竞争力②。美国自省目前影响美国竞争力的主要制约因素包括③：首先，没有一家美国公司能够为寻求建立 5G 网络的电信运营商提供端对端的解决方案，而华为则能提供完备的端对端解决方案④；第二，美国公司提供的 5G 设备与服务价格昂贵，比华为的价格高出 30% 以上，美国将其归因于中国公司享受了国家补贴，以及具有制造业优势所致⑤；第三，美国以外的公司在 5G 领域特定技术中拥有优势⑥。所以，美国将华为与中兴的威胁总结为经济间谍活动和跨界知识产权盗窃，不断予以强调和打击⑦。尽管华为和中兴反复重申自己从来没有也绝不会允许任何国家通过其设备进行间谍活动，美国仍拒绝停止这些中伤活动，其背后的经济和竞争动机非常明确。

---

① David Abecassis, Janette Stewart, Chris Nickerson, Global Race to 5G–update, April 2019, analysysmason.com.

② Raina Davis & Matthew Shackelford, Competing in 5G, in Emerging Issues in Economic Diplomacy, Economic Diplomacy Initiative, April 2020, belfercenter.org.

③ Raina Davis & Matthew Shackelford, Competing in 5G, in Emerging Issues in Economic Diplomacy, Economic Diplomacy Initiative, April 2020, belfercenter.org.

④ Keith Johnson and Elias Groll, "The Improbable Rise of Huawei," Forbes, April 3, 2019, https://foreignpolicy.com/2019/04/03/the-improbable-rise-of-huawei-5g-global-network-china/.

⑤ Charlie Campbell, "Inside the Controversial Company Helping China Control the Future of the Internet," TIME, May 23, 2019, https://time.com/5594366/5g-internet-race-huawei/.

⑥ Charlie Campbell, "Inside the Controversial Company Helping China Control the Future of the Internet," TIME, May 23, 2019, https://time.com/5594366/5g-internet-race-huawei/.

⑦ Raina Davis & Matthew Shackelford, Competing in 5G, in Emerging Issues in Economic Diplomacy, Economic Diplomacy Initiative, April 2020, belfercenter.org.

二、中国5G发展正引领全球

在此次全球竞争中，中国举国启动，闻“G”起舞。中国5G建设在超前预判、顶层设计与实践操作上实现了弯道超车。

习近平总书记高度关注我国5G技术的发展，并高瞻远瞩，为5G时代我国高科技的长远、全面的发展做出顶层设计。2019年5月16日，习近平总书记致“第三届世界智能大会”的贺信中说：在移动互联网、大数据、超级计算、传感网、脑科学等新理论新技术驱动下，人工智能呈现深度学习、跨界融合、人机协同、群智开放、自主操控等新特征，正在对经济发展、社会进步、全球治理等方面产生重大而深远的影响。中国高度重视创新发展，把新一代人工智能作为推动科技跨越发展、产业优化升级、生产力整体跃升的驱动力量，努力实现高质量发展。

习近平总书记还指出，中国高度重视发展数字经济，在创新、协调、绿色、开放、共享的新发展理念指引下，中国正积极推进数字产业化、产业数字化，引导数字经济和实体经济深度融合，推动经济高质量发展[①]。

习近平总书记提出了细化的要求：“要发展数字经济，加快推动数字产业化，依靠信息技术创新驱动，不断催生新产业新业态新模式，用新动能推动新发展。要推动产业数字化，利用互联网新技术新应用对传统产业进行全方位、全角度、全链条的改造，提高全要素生产率，释放数字对经济发展的放大、叠加、倍增作用。要推动互联网、大数据、人工智能和实体经济深度融合，加快制造业、农业、服务业数字化、网络化、智能化。”在这里，习近平总书记提出“五新理念”：新产业、新业态、新模式、新动能、新发展，提出了创新发展的

① 习近平．推动新一代人工智能健康发展 更好造福世界各国人民．人民日报，2019-05-17.

总体思路；“四全措施”：全方位、全角度、全链条、全要素生产率，提出了利用新技术的路径与举措；“三大作用”：放大、叠加、倍增，提出了未来发展的严格而又很高的目标要求[①]。在习近平总书记的顶层设计和细致谋划下，我国5G技术取得了迅速发展。

根据工信部发布的数据显示，2018年中国工业互联网市场规模达到5318亿元左右。2019年中国工业互联网市场规模突破6000亿元，达到了6110亿元。未来五年（2020—2025）年均复合增长率约为13%。随着产业政策逐渐落地，在新基建的推动下，市场空间将有望加速，预测在2025年中国工业互联网市场规模将突破1.2万亿元。2030年，我国5G间接拉动的GDP将增长到3.6万亿元。

2019年6月6日，我国正式发布5G商用牌照，基于领先技术的支持，加上全球最大的用户规模、巨大的4G网络基础、丰富的移动互联网应用等明显优势，我国5G商用牌照的发放可谓水到渠成。业内认为，政府高度重视、企业积极抢滩，“中国5G发展引领全球”成为基本事实。

2019年3月20日，工信部发布《关于推动工业互联网加快发展的通知》，明确提出了加快新型基础设施建设、加快拓展融合创新应用、加快健全安全保障体系、加快壮大创新发展动能、加快完善产业生态布局、加大政策支持力度6个方面20项具体举措。

从5G技术发展看，工业领域是5G的主要应用场景。5G商用发展的重点是促进实体经济数字化、网络化、智能化转型升级，为各垂直行业和领域赋能赋智。

当前，我国新型工业化发展步伐加快，工业领域已成为实体经济转型升级的关键领域。5G在工业领域的成功应用将为5G发展开辟更为广阔的市场空间，有力拉动5G技术和产业进一步发展成熟，促进我国5G商用发展向更高水平

① 习近平. 敏锐抓住信息化发展历史机遇 自主创新推进网络强国建设. 人民日报，2018-04-22.

迈进。

2019年我国已在50个城市建设5万个5G基站，2020年作为5G爆发之年，我国将按照中央“新基建”的战略部署，进一步完成30万个5G基站建设目标，将提供所有地级以上城市的5G商用服务。另据赛迪预计，未来5年，我国将至少建设1140万个5G基站。同时，2020年无论运营商、电信设备厂商，还是手机终端厂商，都已经全面展开了5G网络布局，尤其是各大手机厂商之间，5G手机市场竞争已经全面开启。

根据3GPP此前公布的5G网络标准制定过程，在2019年制定第二阶段的5G标准，以满足ITU（国际电信联盟）的要求。2020年，将最终形成完整标准。我国目前已有几十家企业或机构成为3GPP的伙伴。以华为为例，由其主导力推的Polar已经成为5G控制信道编码标准，是中国在信道编码领域的首次突破；华为近日还在德国柏林消费电子展（IFA）上率先推出了全球首款旗舰5G SoC——麒麟990 5G。业内认为，在5G商用元年，我国不但拥有自己的通信标准、全面领先的5G SoC芯片，而且还能在第一时间获得出色的5G终端体验和丰富的互联网应用。

2020年4月8日，我国互联网三大运营商——中国移动、中国电信、中国联通联合发布《5G消息白皮书》，推出5G消息业务。将传统短信业务升级，消息变身多媒体化（文本、图片、音视频），轻量化。作为一个集成平台，个人可以即需即用，企业服务更便捷地触达用户。其背后的技术是RCS（Rich Communication Suite），推动形成5G环境下的大型平台建设和企业竞争的新局面。

同时，我国北京、上海、贵阳等城市，加快了5G发展的步伐。2020年4月13日上海市政府办公厅印发了《上海市促进在线新经济发展行动方案（2020—2022年）》，提出“无中生有”“有中启转”“转中做大”3类12个领域代表5G时代未来发展方向，打造在线新经济发展新高地，精准、连续、滚动支持一批拥有核心技术、用户流量、商业模式的在线新经济领域创新型头部企业和领军企业。[①]电商平台不断赋能商圈、商街、商户转型升级，云逛街、云走秀、云体验等新模式正在形成。下一步，电商平台将与在线展览展示、在线文娱、在线教育、商场超市零售等融合，推动传统商业数字化升级改造。

越来越完善的5G网络，也将会尽快地融入各行各业，创造更多的应用场景，为我们普通消费者提供服务，尤其是对于未来的AI、物联网、AR、VR等众多技术都有着极大的推动作用，我们消费者也能够享受到更加丰富多彩的5G网络新体验。

5G时代的话语权还体现在设备厂商拥有的专利数量上。数据显示，截至2018年年底，中国5G专利申请数量位居全球第一。其中，华为在5G专利的排名全球第一位，中兴通讯则位列全球第三位。根据德国专利数据公司IPLytics分析统计，截至2019年3月，中国厂商已申请的全球主要5G标准专利数量占比为34%，远远高于韩国的25%以及美国和芬兰的各14%[②]。

总之，凭借超前的战略布局和人才储备，我国5G在全球范围内的专利积累、标准影响力、智能硬件设备的制造以及应用场景开发等方面都具备了明显的先发优势，也为我国的5G发展夯实了基础。同时，我国将坚持共商共建共享的中国原则：愿同世界各国分享包括5G技术在内的最新科研成果。

三、5G时代高科技对文化创意产业的数字化支持

5G技术对文化创意产业的重要功能和最大影响，是它提供了更快捷、更大

① 《上海市促进在线新经济发展行动方案（2020–2022年）》的"无中生有"是指因疫情倒逼而催生远程办公、"无接触"配送等新业态新模式"。"有中启转"是指借助新兴技术手段，在线展览展示、在线游戏、在线娱乐、在线教育、在线医疗等，将线下成熟的业态模式转移到线上，实现线上线下相互融合。"转中做大"是指无人工厂、工业互联网、在线文娱、电商零售等，因疫情产生的线上需求激增，已成为新型的产业发展模态。

② Tim Pohlmann, Knut Blind, Philipp Heß, Fact Finding Study on Patents Declared to the 5G Standard. IPlytics, January 2020, iplytics.com.

容量的网络联通，支持了高科技数字化的多种技术发展，并与文化、艺术、社会融合创造出新的业态。

5G 支持运用于文化创意产业的新技术十分丰富而且奇观化。

从视觉技术来看：有融汇 3D 再加相关情境设置的 5D 动感影院，由立体电影和周围的环境模拟组成的虚拟空间共同打造的全新视听系统；有利用高流明投影机将影像投射在建筑体表面 3D 投影技术；有能够眨眼拍照，转弯导航，室内地图、位置分享签到的谷歌眼镜 google glass；有基于"实景造型"和"幻影"的光学成像结合的幻影成像系统。

从互动体感技术来看：有用身体去感受的体感游戏（Motion Sensing Game）；有可由多人同时通过手势触摸屏幕多点触摸系统魔幻镜面互动系统；有可由多人同时通过手势触摸屏幕，互动投影吧台采用多视频捕捉技术的多点触摸系统，有人物、游客的动感实时捕捉与呈现；有游客、观众的三 D 人像打印；有虚拟成像的虚拟解说员、虚拟主持人、虚拟播音员，也有虚拟歌手、虚拟明星，如初音未来、洛天依等。

随着人工智能与虚拟现实 VR 和增强现实技术逐渐成熟，虚拟驾驶等利用现代高科技手段不断进步。

三维图像即时生成技术、汽车动力学仿真物理系统、大视野显示技术（如多通道立体投影系统）、六自由度运动平台（或三自由度运动平台）、用户输入硬件系统、立体声音响、中控系统等，让体验者在一个虚拟的驾驶环境中，感受到接近真实效果的视觉、听觉和体感的各类驾驶体验，模拟驾驶飞机或飞船、射击、划船、运动、打高尔夫，骑车、骑马，以及综合性的虚拟漫游、虚拟博物馆观览。

运用三维动画、人机互动红外感应处理、大屏幕显示、投影机背投等技术来实现悬浮于实景空中三维成像技术的空中幻象；它可营造亦幻亦真的氛围，具有强烈的立体纵深感，真假难辨效果奇特，拥有高度仿真的对比度和清晰度。

当观众或游客走过互动区域时，视觉识别系统可以将其动作、行为融入制作好的画面，从而观众或游客可以与之进行实时交互，该系统还可以让游客在水面滑翔，脚下涟漪朵朵，在调皮的鱼儿灵活地躲避其脚步的地面互动。

当然，还有无限可开发的人工智能，如机器人深蓝横扫世界顶尖棋手，电脑可以令人震撼地写出中国古典诗歌，也能潇洒绘画，于是就有了算法艺术（Algorithmic art）和算法艺术家（Algorithmic artists，或 algorists）。人工智能创造出众多数字艺术的新方式与新形态：生成艺术（generative art）、演化艺术（Evolutionary Art）、分形艺术（Fractal Art）等。这样我们不得不对电脑生成的艺术进行分类并赋予其美学价值。它们受到系统本身的操作模式、系统内部的感知指令、艺术品表现出的特性影响或控制，并要求电脑生成的艺术品也要具有与个人和社会价值有关的高级认知能力。目前人工智能产生艺术作品的途径包括：统计方法（ statistical methods,）、计算智能（computational intelligence）和传统的符号人工智能（traditional symbolic AI）。

新技术层出不穷，每天都在诞生，而这些新技术必须在5G基础上，利用人工智能、大数据、物联网、云计算、区块链等，突破时空限制，连接各类主体，构建联动交互的数字创意生态，实现融合创新应用。5G数字平台并不直接生产产品，而是依靠技术手段促成双方或多方共赢，它支持的数字创意平台的独特优势在于：它可以打通创意者、制造者、运行者、消费者和金融家、投资者之间的联系，将创意设计与市场需求沟通融汇。它可以将政府部门、科研机构、生产企业和行业协会连接起来，实现线上线下的联通互动，各方信息交流共享，全局发展统筹安排，前沿技术互通互学，实现资源合理调配，全面提高5G加持下的文化创意产业的高质量升级换代。

然而没有人文，没有人的需求的技术必定是死的技术。当前最抢手的手机所有的技术改进都是源于人的全方位的需求，特别是人的精神（尊严、信心、自主、自由、平等、爱怜）、文化、心理、美学、艺术，以及休闲、游戏、玩乐、养身、健身的需求。没有内容，一切都将无法实现。内容为王、创意为王，一直是供给侧结构性改革的核心。上述一切新技术，不只开拓了新领域、新境界、新表达、新展陈等，还为人类命运共同体实现全员交互，城市优化，自然、历史与社会改造重建，创造了新机遇，提供了新可能。为人类思维与视野的拓展，精神与文化的新创，提供了不断升级的技术支持。

当前5G技术已经全面促进了当代社会的进步。我国100多个城市已经建设起数字化的文化云服务系统，其中上海文化云、天津文化云、北京文化云等，已经开启了公共文化服务和文创产业融合的新机制。从宏观视角来看，5G关联的众多方面都与文化创意产业紧密相关。它带来的跨时空的全球多元文化的交流、沟通和对话，大大推动了世界文化创意产业、创意经济的快速发展，推动了关于“人文”的命运共同体的构建。

四、5G时代的文化创意产业的数字化发展：直播、短视频、云游戏

那么，5G对文化创意产业领域各个门类有哪些重大影响和作用？我们先看当前最引人瞩目的直播、短视频、云游戏。

在5G商用背景下，直播产业获得了全球瞩目的成就。2016年直播起飞，发展的初期只是网红秀颜值，歌手秀歌喉，然后开始秀内容，这些都是为了提高粉丝黏性，以及用户在平台的停留时间。从最开始的秀场直播到生活类直播，从娱乐直播到户外直播，从游戏直播到电商直播，无数粉丝已将其推高至强主地位。直播在4年的发展中走过了初创期、快速发展期，进入今天5G支撑下的爆发期。下一步直播电商将从群雄混战逐步走向头部化。2020年，中国在线直播用户规模将达到5.24亿人，涵盖了从少儿、青年、中老年等各个阶层的观者。看直播成了人们的上网习惯。艾媒咨询分析师认为，庞大的直播用户体量是直播电商行业进行商业变现的前提之一。数据显示，2019年，中国直播电商行业的总规模达到4338亿元，预计2020年规模将翻一番。

相对于传统电商模式，直播首先是作为文化事件，直播具有实时互动性，这种互动包含了语音传输弹幕和图像传输互动，如斗鱼传播模式。直播还具有特定传播性。这种直播传播性不同于普通传媒，人人都可以成为主播，无论主

播在现实中怎样，只要他在网络上有人气，有人看他可能就具备与众不同性，或动作或长相或声音，这点我要着重强调声音的传播特性，如斗鱼的冯提莫唱歌，吸引了大量粉丝为其刷礼物。

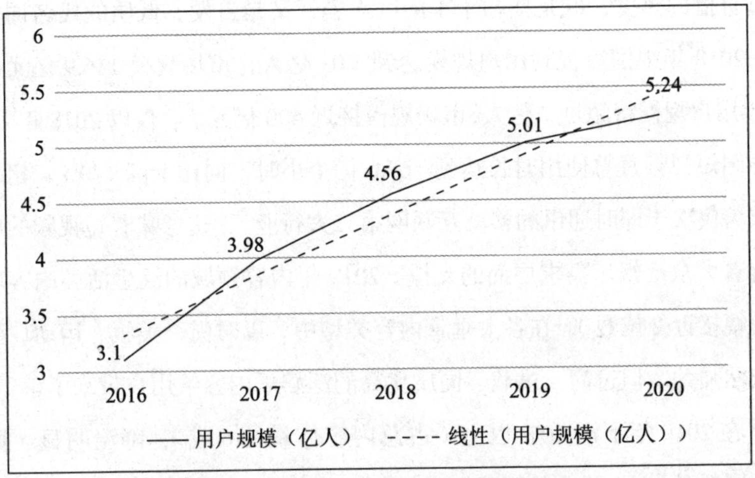

图 1.1　中国在线直播用户规模及预测①

直播电商的本质还是电商。从文娱消费逐渐走向电商模式，将张大奕当年淘宝带货方式与颜值偶像自发歌手吸引粉丝方式融合为现今的直播文化电商模式。它在产品呈现形式（文化、艺术、娱乐、颜值、搞笑）、时间成本、社交属性、购物体验感和售卖逻辑等多个维度都具有显著的优势。艾媒咨询分析师认为，随着互联网技术的发展，以直播为代表的KOL带货模式给消费者带来更直观、生动的购物体验，转化率高，营销效果好，逐渐成为电商平台、内容平台的新增长动力。如何引导我国直播产业规范、稳步、健康、可持续发展，是文创节目的重要课题。

在5G商用条件下，视频产业与市场大大扩展和创造了应用的能力和范围。电视大屏随着传输条件的改变，可以大力支持视频制作与播放；数字超高清4K、8K。视频博客（VLOG）有了进一步展开的新空间，将来可以应用VR/AR技术增加播客的视觉场景，将大大超过传统文字播客。韩国平昌冬季奥运会5G

① 数据来源：艾媒数据中心。

现场视频直播，中央广播电视总台5G多媒体平台都率先实现了5G播放。

目前更突出的是5G支持下的短视频的巨量爆发，创造了一个万屏喧哗的前所未有的局面。在互联网文化消费市场，以抖音、快手等为代表的短视频开始超过直播的热度，既是横扫千军的巨无霸，又是自发、低质的代名词。数据显示，2018年中国短视频用户规模达到5.01亿人，市场规模116.9亿元，预计2020年用户规模将超过7亿人，市场规模接近400亿元[①]。仅以2018年12月为例，中国短视频月总使用时长达到167.6亿个小时，同比上涨170%，超越在线视频成为仅次于即时通讯的移动互联网第二大行业[②]。这意味着短视频的成长其实还有着大众泛娱乐需求层面的支撑。2019年内容领域的泛生活类内容增长最快（增幅接近2位数），在各大垂直内容类型中，以时尚、美妆、运动、汽车等表现依然强劲。但过简、过载、同质化高的泛娱乐内容给用户带来了审美疲劳，致使其在2019年下滑10%以上（占总内容体量的6成），降温明显。据艾媒网对全网粉丝量10万+的活跃红人的分析，卡思数据发现：仅有“颜”而没有“技”“艺”的红人同比下降8%，光靠颜值的时代正在远去；其中，以抖音、快手平台的变化最为明显，降幅都达到了10%以上。这说明以青少年为主的短视频粉丝群在审美感知、文化需求、知识内容等素质养成上有了新的变化或提升。

从全网红人总量看，2019年网络红人平均每月以1.4%的速度上涨，较2018年明显放缓。其中，粉丝量50万以上的活跃红人保持高增长状态。从红人数量和卡思指数看：搞笑、小姐姐、小哥哥、音乐舞蹈4类依然领跑，除此之外，随着影视、综艺纷纷将短视频平台作为其核心宣发平台，以及各类影视剪辑/创意类账号增多，影视娱乐类KOL也开启了“疯涨”模式，从行业下游

---

① 艾媒网．2018–2019中国短视频行业专题调查分析报告．https://www.iimedia.cn/c400/63582.html，2019-02-03.

② 未来智库．短视频行业深度报告：从抖音爆发探究私域流量变现的可能边界．https://www.vzkoo.com/news/2646.html，2020-02-15.

升至中上游。[①] 无疑，视频产业的未来充满变数，从 15 秒到 1 分钟的短视频，到 10—15 分钟的“中视频”，再到 120 分钟大电影，消费热点的转移将带来文创的新变局。

5G 条件下的云游戏高速增长。游戏产业是全球增长最快的产业，从电子游戏诞生以来，游戏载体从专用游戏机发展到电脑再发展到手机，整体趋势越来越便捷化。通过对游戏门槛的不断降低，增加游戏使用场景，从而扩大了用户规模。2018 年，中国游戏市场规模 379 亿美元（全球市场占比 27%，亚太市场占比 53%）中国游戏业占据亚太游戏市场多半份额。5G 技术的应用带来了云游戏的快速发展。云游戏是一种以云计算为基础的在线游戏技术，使图形处理与数据运算能力相对有限的设备亦能运行高品质游戏。云游戏的运行不再在本地终端（手机 / 电脑 /VR 一体机等）运行，而是直接在云端运行、渲染，然后将视频流进行压缩通过高速网络传输到终端上运行，直接把游戏客户端放在云上。下一步云游戏将向“流媒体平台”形式发展，无须下载，只需一个简易的浏览器即可畅玩各种大型游戏。云游戏意义重大，它将降低优质游戏获取门槛，降低硬件要求，允许用户在多平台通过移动网络体验之前必须在主机 /PC 端才能体验的 AAA 级别游戏。5G 基础建设的高速发展，推动了“云游戏”市场加速

① 据京东报告，根据商品短视频 2019 年度的数据表现，短视频发展五大趋势：2020 年，在 5G、人工智能等新技术的发展大背景下，短视频将从根本上促进短视频服务模式、服务能力的创新；短视频内容将全面覆盖多个零售场景，并对各个场景下的业务转化持续产生越来越显著的影响；短视频业务将进一步深入渗透商品的全生命周期，从最初的售前阶段不断深入售后阶段，后续可以期待它将在线下再次引流线上；在内容电商场景下，短视频注入的社交性和互动性继续吸引用户关注，带来优质转化，从娱乐诉求向获取知识、自我价值实现等多维内容诉求迁移；视觉内容的版权价值最大化释放也将成为行业发展演进中的新赛道。目前，利用短视频传播正能量与高雅审美品位已经成为整个产业新的增长点。后来者若要存活下来，比拼的不仅是内容和质量，还包括特色人设定位、精细化内容、粉丝运营和操盘流量的综合能力。数据显示，2019 年中国短视频用户使用动机中，分享生活精彩、学习知识技能的份额分别占据了 64.3% 和 63.3%。而随着产业链中 PGC（专业人士创作）和 PUGC（专业机构创作）两种新模式的发展，个体化的零散操作，这一趋势还将增强。这种审美对技术的能动效应，为短视频的发展带来了广阔前景。

扩张。未来“游戏订阅模式平台”市场占比将逐步提升，据IDC报告预测，截至2025年，游戏订阅模式收入占比将占据全球游戏市场26%，随着用户数量增长，将进一步带动游戏中道具等销售收入同步提升至41%。无疑，5G将成为云游戏升级换代的最大推动力①。

五、5G时代的文化创意产业的数字化发展：数字设计、线上影视、智能旅游

5G大力支持视觉影视融合的新业态。影视是个大市场，也是个大课题。线上电影（影院电影的线上版本）、网络大电影（网络播放的大电影）、网络电视剧、网络综艺节目、网络游戏、网络小说、短视频、网络直播、各种数字娱乐等。以5G为基础的智慧院线，大大提升院线的数字运营能力和数字管理能力。包括数字查阅系统，片源的远程发现与存储水平，智能订票、检票与统计的能力；不断提升XR/超高清播放的容量与频次。网络电视剧、网络大电影、网络综艺节目构成了我国网络影视的新系统。未来线上线下的大融合将为这个领域带来重大变革的契机。

5G条件下的创意设计业获得了快速发展。设计是文化创意的核心，是把握产业上游供给达到高质量的关口。5G对于创意设计意义重大。国家在2014年10号文件中明确提出文化创意设计要为装备制造业、消费品业、信息产业、建筑业、旅游业、体育产业、农业等七大产业服务。5G时代，通过互联网移动网+数字设计，人工智能+数字设计，我国建筑设计、电子页面设计、装饰装潢设计、服装与饰品设计、城市景观设计、工业产品设计、工艺品创意设计，以及会展策划设计、体育赛事策划设计等，都将全面提升各领域的设计水平，创建一大批与各领域融合的文创新业态。从目前来看，我国北京、上海、深圳、

① 东吴证券：云游戏行业发展趋势分析报告，2019-03-24.

武汉四个城市荣获联合国创意城市设计之都称号，是全球获此称号最多的国家，展现了我国对创意设计的高度关注。同时，这些年来我国各地出现了北京创意设计节、成都创意设计周、粤港澳大湾区创意设计节（珠海）等数十个创意设计节（周），全面推动了文化创意设计和品牌建设走向国际。

5G技术下的数字媒体产业走向全媒体。我国媒体产业是随着互联网技术的进步而逐步升级的。2G技术催生了新浪、搜狐等门户网站，BBS聊天室、QQ等即时通讯新媒体，初步实现了以数字化技术为中心的多媒融合。从3G开始，我国进入了更高更宽的数字技术新环境，创生了微博、微信等社交媒体平台，进入4G，更大大扩展了用户群体。巨量的自媒体公众号“横空出世”，极大地提高了多媒体的展示途径和手段。但是3G、4G网络技术仍然不能满足大数据传输、媒介的深度融合的要求。网络带宽、速率也限制了4K、8K高清视频、虚拟现实VR、增强现实AR、人工智能AI、物联网的大批量场景应用。5G技术的规模应用，比较完整地解决了多媒体融合运用走向全媒体的大趋势。基于5G云服务的新型媒体游戏；VR、AR、超高清视频游戏正在得到快速发展。2019年年初，习近平总书记在中央政治局集体学习时，对“全媒体”概念进行了深入阐发，明确指出，全媒体之“全”由“全称、全息、全员、全效”四个维度构成，大大拓展了全媒体的内涵与外延。未来5G技术下的全媒体产业，不仅要全程跟踪，全员投入，还要全息融合。所谓全息，是指在当前5G互联网移动网信息传输核心技术支持下，与超高强分辨的4K、8K，以至更高达32K的技术相融合；与机器人新闻，虚拟主播等人工智能AI技术相融合；与虚拟/增强现实/混合现实/扩展现实（VR/AR/MR/XR），以及与各个算法融合，形成全息的媒介新形态和媒介新环境。追求经得起历史和现实检验的21世纪全媒体效果史。

数字化演艺产业对传统的升级换代。在5G背景下传统演艺产业正在实现数字化转型，实现与高新科技的融合和应用。高新科技创造的新一代声、光、电演艺装备、舞台技术，新型的基于数字化的艺术表现方式，在舞台、实景、巨型广场演出中的应用，已成为演艺产业必须数字化的现实要求和实践模式。

互联网、人工智能演艺创造的新业态，以及数字技术对表演艺术项目管理、传播、消费的影响已经越来越成为行业发展的大趋势。从市场角度看，舞台艺术创作、实景演艺创新、文旅演艺产品、戏剧戏曲艺术演出，都在5G时代产生了强烈的与时俱进的创新创意需求。从现有研究来看，行业研究多聚集在某一具体技术的应用层面，而对把握全局的行业顶层设计，适应新技术的内容创作，对产业运营生产、流通、传播、消费各个环节的数字化统摄，还处在起步阶段。全行业正在5G推动下走向高质量发展的新阶段。

5G背景下的新型数字化文化旅游，是传统旅游的升级换代高质量发展的必由之路。数字旅游是利用移动网、物联网、云计算、大数据、人工智能技术、区块链打造的全域旅游数字化平台，为游客提供“吃、住、行、游、购、娱、养”的智能旅游。我国首先推出的“一部手机游云南”“一部手机游甘肃”旅游服务软件App上线试运行。软件集合了目前国内受到欢迎的AR导航、360度视觉效果等手机软件高科技，超全面的旅游指南。游客通过App、微信小程序和微信公众号就能一键进入，游客只要在5G网络全覆盖的范围内，通过一部手机各环节“一键订单”“一码通行”“一键投诉”，就能够享受游前、游中、游后全方位全景式智能服务。游客可在手机上远程看景点24小时实时直播；到达景区时，游客可在手机上扫码购票、刷脸快速入园；游玩时，则能通过AI识景涨知识。除了上述功能，“一部手机游云南”还可以帮助游客规划行程、查找厕所、智能订车位和无卡乘坐本地公共交通。同时，如果游客的合法权益受损，或者遇到困难和危险，可以一键投诉与求助，让游客全流程省心、安心、放心。

5G环境下的旅游是个极其丰富的大融合。夜游经济是旅游中的重要内容，如果西安《大唐不夜城》没有了科技支持的梦幻灯光设置，夜间旅游就失去了大部分魅力。旅游演出中的3D投影、全景式演艺、山水实景演出，越来越依靠高科技的支持。如《天酿》运用科技光影投射创造了似真似幻的奇观，大大减少了演职人员；《云水间》等运用全程精细的数字编程，突出了数字化的演出管理。而故宫的《清明上河图》3.0，则以虚拟现实和增强现实的手段，给游人沉浸式的美好体验。5G环境下旅游数字化科技还创造了智慧景区、智慧酒店、智慧特色小镇、智慧民宿等一系列新景观、新业态。在未来发展的前景上，新技术推动的旅游，将从技术提供的奇观化惊异走向更深层次的审美文化回味性体验。如故宫所启示的方向。

5G 技术下的数字会展节庆产业与智慧文博将有更大空间。数字会展产业展示了宽广的用途和强劲的势头。在抗击新冠肺炎疫情的特殊时期，各种远程视频会议，大到全球领导人参加的 G20 会议，全球连线的疫情分析、文化产业复工会议，全国的大学、中学、小学的网络授课，大型数字化网上展览，小到两三个人的视频会议、语音讨论等。大型体育赛事转播，数字化展览，各种现代大型节庆，重大活动安全监控等，都离不开 5G 时代科创融合的推动。

5G 技术条件推动我国文博业走向智慧化，非物质文化遗产进入数字化传承。博物馆的数字展现能力，数字管理，网络虚拟展馆，智能订票、检票，观览导航与统计，智能讲解，展品安全保护，XR 播放等，全部升级换代。近年来，我国以故宫、敦煌为代表的传统文博经典和一大批新型数字文化博物馆的兴起，打破了文博业只能死守文物，不能进行文博创意运营的禁令，掀起了智慧文博的新阶段。

当然，本文挂一漏万，无法全面描述 5G 带给当代文化创意产业 / 创意经济的巨大变革和文明新创，但笔者依然不揣冒昧试图勾画我们现实境况和未来趋势。

总之，5G 高科技数字化的多种技术对文化创意产业的重要影响和强大推动，在数字创意设计、数字影视、网络直播、移动短视频、云游戏、数字全媒体、数字艺术、智慧旅游、智慧文博、智慧非遗等方面，创造出了大量新思路、新举措、新形式与新业态。这是我国文化创意产业升级换代走向高质量发展，迎接全球新格局的重要机遇。

一个时代的大变局从这里开始。

（作者：金元浦）

第二章

互联网思维：科技革命时代的范式变革

互联网思维是当前社会和学界共同关注的重要的实践和理论课题。互联网思维是第三次工业革命的先导理念，是当代高科技与文化创意跨界融合实践的新思维方式，是科技革命中范式转换的必然成果。它拥有自身独特的性质与运作方式。它在现实科技发展的条件下重新阐释了哲学上一切社会生活中的普遍联系的最高准则。它预示着一种更新的思维方式的酝酿与形成，将带给未来社会更为巨大的变革。

当前，关于国内外互联网思维的观点蜂拥而起，百家争鸣，相互辩难，争讼不已。肯定者有之，反对者有之，阐扬者有之，批评者有之。互联网思维成了一个近年来开放性的文化科技事件，一个讨论文化变革的平台。[①]

习近平同志指出：要强化互联网思维，坚持传统媒体和新兴媒体优势互补、一体发展，坚持先进技术为支撑、内容建设为根本，推动传统媒体和新兴媒体在内容、渠道、平台、经营、管理等方面的深度融合，着力打造一批形态多样、手段先进、具有竞争力的新型主流媒体，建成几家拥有强大实力和传播力、公信力、影响力的新型媒体集团，形成立体多样、融合发展的现代传播体系。

那么，什么是互联网思维？

互联网思维是当前社会和学界共同关注的重要的实践和理论的课题。本章认为互联网思维是第三次工业革命的先导理念，是当代高科技与文化创意跨界融合实践的新思维方式，是科技革命中范式转换的必然成果。它拥有自身独特的性质与运作方式。它在现实科技发展的条件下重新阐释了哲学上一切社会生活中的普遍联系的最高准则。它预示着，一种更新的思维方式的酝酿与形成，将带给未来社会更为巨大的变革。因此，搞清互联网思维的内涵和外延，是当前我国社会和学术界共同关注的重要的实践和理论课题。

---

① 网上公认，互联网思维是百度老总李彦宏首次提出。2013年11月8日，马化腾在一次发言当中，以互联网思维这个词为结语："互联网已经改变了音乐、游戏、媒体，零售和金融等行业，未来互联网精神将改变每一个行业，传统企业即使还想不出怎么去结合互联网，但一定要具备互联网思维。"也有大量不同意见：许小年说，没有什么"互联网思维"；王健林说，不存在互联网思维，我觉得互联网思维这个词完全是错误的，不存在……黑马会教育培训行业副会长兼秘书长快乐学习创始人张浩说，根本没有什么互联网思维，互联网思维是伪命题。

一、互联网思维是第三次工业革命的先导理念

每一个时代的发展总是以当时生产力的发展水平为标志的，特别是以先进工具的发明和创造引发全面变革。两次工业革命都是这样的，以互联网等高新科技为代表的第三次工业革命更是无可争议地启动并实践着这一原理。杰里米·里夫金在其新著《第三次工业革命》中提出：

第一次工业革命使19世纪的世界发生了翻天覆地的变化；

第二次工业革命为20世纪的人们开创了新的世界；

第三次工业革命同样也将在21世纪从根本上改变人们的生活和工作。

我们正处于第二次工业革命和石油世纪的最后阶段。这是一个令人难以接受的严峻现实，因为这一现实将迫使人类迅速过渡到一个全新的能源体制和工业模式。否则，人类文明就会有消失的危险。

笔者敏锐地发现，历史上数次重大的经济革命都是在新的通讯技术和新的能源系统结合之际发生的。新的通讯技术和新的能源系统结合将再次出现——互联网技术和可再生能源的新世纪。

纵观当下世界，电子计算机特别是互联网的产生与发展，自动化与人类智力的解放，各种“人—机控制系统”的形成，“三A”革命（生产的自动化、办公的自动化和家庭生活的自动化）的来临，特别是信息时代的全球信息联通与共享，是人类历史上一次更加深刻而伟大的科学技术革命。它将把人类历史上的工业革命推向以自动化为主要标志的第三次工业革命。它对人类历史发展的影响将远远超越第一次和第二次工业革命。

另一位十余年潜心研究数据科学的技术权威、数据科学家，《大数据时代》的作者维克托·迈尔·舍恩伯格（Viktor Mayer-Schönberger），最早洞见大数据时代人类社会科学和信息发展的大趋势。作为最受人尊敬的权威发言人之一，他曾先后任教于世界最著名的几大互联网研究学府——现任牛津大学网络学院

互联网治理与监管专业教授，曾任哈佛大学肯尼迪学院信息监管科研项目负责人，哈佛国家电子商务研究中心网络监管项目负责人。他指出，大数据带来的信息风暴正在变革我们的生活、工作和思维，大数据开启了一次重大的时代转型，他讲述了大数据时代的变革首先是思维变革，继而影响商业变革和管理变革。

维克托最具洞见之处在于，他明确指出，大数据时代最大的转变就是，放弃对因果关系的渴求，取而代之关注相关关系。也就是说只要知道“是什么”，而不需要知道“为什么”。这就颠覆了千百年来人类的思维惯性，对人类的认知和与世界交流的方式提出了全新的挑战。他认为大数据的核心就是预测。大数据将为人类的生活创造前所未有的可量化的维度。大数据已经成为新发明和新服务的源泉，而更多的改变正蓄势待发。他在书中展示了谷歌、微软、亚马逊、IBM、苹果、Facebook、Twitter、VISA 等大数据先锋们最具价值的应用案例。

从另一个角度看，生产力中工具的革命，实际上彰显了创造和掌握这些工具的人的思维的超前革命。也就是说，正是那些在互联网革命中敢于创新，敢于试错的先知先觉者，正在创造奇迹，书写历史。

二、互联网思维是当代高科技与文化创意跨界融合的新创造

与英国工业革命以来的产业、行业和学科细分的大趋势不同，当代社会最重大的变革是高新科技背景下的产业融合与学术融合。从哲学思维的角度讲，21 世纪以来最重要的思维变革之一是跨界思维。首先是跨越产业、行业，跨越不同领域的新技术、新方式引起的新思维，推动了跨越知识、跨越学科边界的新业态。

互联网思维是真正的“跨界融合”的思维。

跨界融合是第二产业与第三产业的融合，是第三产业内部各行业之间的融合，是文化与科技的融合，是文化产业与金融（投融资）的融合，是传统媒体

与新媒体的融合，是线上与线下的融合，也是全球化与本土化的融合。当然也是相关学科之间的融合：人文学科、社会学科与经济学科的融合，文化产业与政治学、艺术学、美学、伦理学、管理学、商品学、消费学的融合。

跨界融合是第二产业与第三产业的融合。2014 年 2 月，国务院发布 10 号文件《关于推进文化创意和设计服务与相关产业融合发展的若干意见》，文件明确指出：随着我国新型工业化、信息化、城镇化和农业现代化进程的加快，文化创意和设计服务已贯穿经济社会各领域各行业，呈现出多领域交互融合态势。文件明确了我国文化创意产业跨界融合的总体方向：统筹各类资源，加强协调配合，着力推进文化软件服务、建筑设计服务、专业设计服务、广告服务等文化创意和设计服务与装备制造业、消费品工业、建筑业、信息业、旅游业、农业和体育产业等重点领域的融合发展。

正是在互联网高度发展的条件下，有了跨界融合思维的飞跃，文化创意产业才能突破原有藩篱，跨越领域与部门边界，成为支撑第二产业甚至农业升级换代的重要推动力量，也是提升文创产业中低端形态向高端形态升级的动力源。

O2O 电子商务是互联网思维指引的重要实践。O2O 电子商务即 Online 线上网店 Offline 线下消费，商家通过免费开网店将商家信息、商品信息等展现给消费者，消费者通过线上筛选服务，线下比较、体验后有选择地消费，在线下进行支付。这样既能极大地满足消费者个性化的需求，也节省了消费者因在线支付而没有去消费的费用。商家通过网店信息传播得更快、更远、更广，可以瞬间聚集强大的消费能力。该模式的主要特点是商家和消费者都通过 O2O 电子商务满足了双方的需要。

其实跨界融合的思潮自世纪之交以来，已多有萌动，且渐成大势。朱丽·汤普森·克莱恩在其总汇型的著作《跨越边界——知识、学科、学科互涉》中详细描述了跨越边界与边界作业的情形。书中回顾了美国的创新发展：

“从科技领域看，美国物理勘查委员会总结道，最近几十年来，几乎所有的重大研究进展都发生在已有领域之间的‘学科互涉边界地带’。”最突出的成果中包括获得巨大成果的计算机相关科学的发展。[①]

在20世纪80年代，以跨界融合为目标的“学科互涉”在美国科学技术创新中获得高度认可。当时美国经济滑坡，强化了促进知识与发明在学科、产业、政府边界之间流动的需求。经济压力以及科学研究的当前趋势，使学科互涉与竞争成为国内科技政策争论的新的关键词，1988年美国自然科学学会西格玛·西出版了《摈除边界：跨学可研究视角》一书，全面推动学科的跨界融合。这些研究推动了美国国会、联邦政府执行部门、基金署和咨询机构的认可。[②]

近年以来，跨界思维更是在实践中受到关注。如巴菲特的合伙人查理·芒格，就一直推崇跨界思维，它认为跨界思维是一种“普世智慧”。他将跨界思维誉为“锤子”，而将创新研究比作“钉子”，认为“对于一个拿着锤子的人来说，所有的问题看起来像一个钉子”，有了跨界思维的锤子，就会立刻砸向现实中不同产业行业的壁垒，在更宽广的视野中寻找能够“链接”的思维灵感。

三、互联网思维是科技革命中范式转换的必然成果

世界上任何一次伟大的变革，总是在突变的发展范式的巨大转折中实现的。科学哲学家托马斯·库恩在《科学哲学的结构》中描述了这一过程。

范式，英文为Paradigm，该字源出于希腊文，含有“共同显示”之意。由此引出模式、模型、范例等义。库恩认为，任何一种常规科学都是一种模式，“这是任何一个科学部门达到成熟的标志”。库恩所说的范式，是指特定的科学共同体从事某一类科学活动所共同掌握并必须遵守的一般原理、模型和范例。它包括四方面要素：（1）范式是一定时期内科学共同体的“看问题的方式”，包

① 朱丽·汤普森·克莱恩．跨越边界——知识、学科、学科互涉．南京：南京大学出版社，2005：251.

② 朱丽·汤普森·克莱恩．跨越边界——知识、学科、学科互涉．南京：南京大学出版社，2005：229.

括思维原则、方法论和价值观。（2）范式是科学共同体一致接受的某一专业学科的基本理论和取得的重大科学成就，包括可以进行逻辑和数学演算的符号概括系统。不同的学科部门各有自己的范式，每一学科在发展的不同阶段，也会有不同的范式。（3）科学共同体拥有的仪器设备和操作运演方式。（4）每一范式均拥有自己的范例是根据公认的科学成就做出的典型的具体题解。每一位科学共同体成员必须通过范例的学习，才能掌握范式，学会解决同类问题的方法。

按照库恩的科学革命的理论，在某一范式指导下的常规科学发展后期，科学研究中不断发现和揭示出“意料之外的新现象”。这些新的发明和新的理论与实践成果，已无法纳入原有的思维范式之中，原范式在创新变革的实践中已十分不适应，失去了惯常的指导地位，这就形成了“反常”，反常逐渐积累，增大到一定程度便发生科学范式的“危机”。正是在这种危机中，现实实践催生的新思维、新概念、新范式就会应运而生。

按照库恩的科学革命理论，科学技术的发展，遵循一条这样的规律：

前科学时期——形成范式——常规运演阶段——反常—危机（非常态）时期——范式变革转换（新范式取代旧范式）——新常规运演时期……

在常规科学的范式运作时期，科学技术发展是科学共同体在既定范式指导下的“解难题的活动”，是一种“高度确定的”且往往是肯定有解的活动，两次工业革命的实践特别是制造业的实践，都证实了这一规律。它的特点是在长期不变的思维与工作模式下生产定型产品，在流水线上进行重复的简单劳动。

而今天我们所处的时期，是第三次工业革命影响的范式转换与变革的时期。这是一个非常态运营的时期，各种新鲜的、独特的、前所未有的设计，不断变换的创意、策划，特别是整体思维方式的变革，作为力图整合传统范式的新范式预备形态，历史性地出场了。

显然，第三次科技革命不仅带来了物的现代化，引起劳动方式和生活方式的变革，而且随着云计算、云应用、电子商务、物联网、大数据、智慧城市、虚拟技术和3D打印技术的发明和应用，也造就了全新的生产方式、产业业态、商业模式和管理模式的变革。

同时与之相适应，它将改变人类的存在方式和生活方式，从而改变人类的观念、思维方式和行为方式。

互联网思维就是在这种变革的时代产生的，它是科学革命的必然成果，更是人类生存方式，生活方式变革的必然产物。它是在新的历史条件下，依照现实实践变革，以企业家为主的主体群对市场变革，对新业态与新产业链，对企业价值，对服务对象进行总结和重新审视的结果。

在未来若干年，新技术革命的大规模变革结束，人类科技进入一个相对稳定的常态运营时期，新的主导范式会给予我们更多的确定性和稳固性，那就是另一个时代的开始。

四、思维的变革是更为根本的变革

如前所述，范式，是指特定的科学共同体从事某一类科学活动所共同掌握并必须遵守的一般原理、模型和范例。它是一定时期内科学共同体总的“看问题的方式”，包括思维原则、方法论和价值观。作为一种新的人类文化科技发展的新范式，互联网思维是一种互联网时代的新价值观、新世界观。

与传统的哲学思维、科技思维、产业思维和商业思维不同，互联网思维有自身的特点。[①] 周鸿祎提出了互联网思维的几个关键词，小米创始人雷军发明了互联网思维七字诀：专注、极致、口碑、快。[②]

---

① 360 周鸿祎提出了互联网思维的几个关键词：1. 用户至上，体验为王；2. 互联网赚钱的三种模式：A. 利用互联网卖东西：卖真实的东西，叫电子商务；卖基金、理财：叫互联网金融；卖虚拟服务，卖餐馆打折券：O2O；B. 广告：用户足够多，卖广告；C. 增值服务：例如网游，收增值服务费！免费是互联网的精神。

② 雷军发明了互联网思维七字诀：专注、极致、口碑、快。1. 专注：少就是多，大道至简——只做一个手机：小米手机，学苹果制作一个；2. 极致：做到自己能力的极限：小米创业第一次就做了全球首款双核 1.5G 的高端 WCDMA 智能手机；3. 口碑：超越用户预期，米粉口口相传；4. 快：天下武功，唯快不破：MIUI 坚持每周迭代。

国内首家以互联网思维进行创意交易改革的BAB精准撮合平台——创成在线CEO陈建雄在总结众多运用互联网思维成功的企业经验的基础上，提出了互联网思维的七大特征：

第一，快速的反应能力。运用互联网思维的企业，一个显著特征就是快。快主要表现在决策要快、产品推出要快、行动要快、产品迭代要快、创新速度要快、变革要快和具有快速的市场反应能力。

第二，极致的用户体验。在互联网时代，用户在供求关系中成为主导者，成功运用互联网思维的企业，无不是为客户提供超过客户期望的产品或服务，无不是为客户提供完美的客户体验，追求简单极致，客户体验成为企业市场制胜的决定性因素。星巴克就是为客户提供良好体验从而将竞争对手远远抛在身后。

第三，运用平台思维。经济发展的最高境界，不是做产品、不是重质量，也不是搞标准，而是打造平台。运用互联网思维最大特征必须运用平台的思想，通过平台规则、平台运营机制的创新，聚合双边或多边市场规模，打造有关利益方共赢的商业生态圈，实现平台模式的变革。

第四，具有创新精神。创新是互联网的精髓、灵魂与精神，也是企业持续发展的核心动力，创新也是互联网思维的重要内容。创新思维不仅仅是产品创新、技术创新，还包括商业模式创新、平台模式创新、服务模式创新、盈利模式创新、机制创新、文化创新和运营模式创新，更重要的是观念创新。

第五，免费的商业模式。互联网思维首先强调的不是收入，而是用户规模和用户流量（如PV等），没有规模和流量，商业模式难以成功。因为在互联网应用若要收费，用户都可以找到同质化的免费产品，免费模式是众多互联网公司成功的关键。

第六，坚持开放性。开放是互联网经济的重要特征。运用互联网思维的企业都具有开放性，不仅对内部全员开放，更重要的是对外部开放。开放的最终目的就是有效整合内外部资源，打造良好的生态环境，提高企业的竞争力。

第七，比别人更专注。专注是运用互联网思维企业的一大特征，也是企业成功的关键要素。互联网是一个蓬勃发展的行业，孕育无限商机，没有一个企业能满足所有的需求，在自己细分的领域做到比别人更专注，才能有所成就。①

房地产行业也选出了他们关注的互联网思维关键词②：总结最为精到并形式化的是赵大伟总结的互联网九大思维 20 条法则：

一、用户思维

法则 1：得屌丝者得天下

法则 2：兜售参与感

法则 3：用户体验至上

二、简约思维（对产品规划、产品设计的理解）

法则 4：专注、少即是多

法则 5：简约即是美

三、极致思维（对产品 / 服务、用户体验的理解）

法则 6：打造让用户尖叫的产品

法则 7：服务即营销

---

① 中国电信上海研究院的胡世良概括了互联网思维的十大特征：第一，有强烈的危机感；第二，快速。第三，客户至上；第四，追求极致的客户体验；第五，平台思维；第六，创新精神；第七，坚持开放性；第八，免费的商业模式；第九，专注精神；第十，组织更加敏捷、灵活和柔性。

② 房地产行业也选出了他们关注的互联网思维关键词：1. 用户至上。互联网上的很多东西都不要钱，还把质量做得特别好，甚至倒贴钱欢迎人们去用，崇尚的是"用户是上帝"，即只要用你的产品或服务，那就是上帝。2. 颠覆式创新。颠覆式创新是指把一个过去很复杂的事变得很简单或者把原来很贵的东西的成本降得特别低，甚至能把原来收费的东西变得免费，比如淘宝、微信、360 等。3. 体验为王。互联网时代，消费者变得越来越有主动权和话语权，今天所有的产品高度同质化，胜出的决定要素就是用户体验。如果你的产品或者服务做得好到超出他们的预期，消费者也会愿意免费为你做广告。4. 定制。如天虹引入私人定制，顾客可在手机上随时随地订阅喜欢的品牌、商品，做到一人一店；而且摇一摇手机就可以获得各种优惠券，实现了在线一对一导购服务。5. 免费。互联网经济首先强调的是如何获取用户，其商业模式有电子商务、广告和增值服务，但这三种模式都基于"巨大并且免费的客户群"这样一个前提，这样才能产生足够的收入。6. 利益体。互联网思维代表了三种不同的利益体，从消费者、商家、开发商的角度来说，分别是主权思维、全渠道思维和流量思维。

四、迭代思维（对创新流程的理解）

法则 8：小处着眼，微创新

法则 9：精益创业、迅速迭代

五、流量思维（对经营模式的理解）

法则 10：免费是为了更好的收费

法则 11：坚持到质变的“临界点”

六、社会化思维（对关系链、传播链的理解）

法则 12：利用社会化媒体，口碑营销

法则 13：利用社会化网络，众包协作

七、大数据思维（对企业资产、竞争力的理解）

法则 14：数据资产成为关键竞争力

法则 15：你的用户不是一类人，而是每个人

八、平台思维（对商业模式、组织形态的理解）

法则 16：打造多方共赢的生态圈

法则 17：善用现有平台

法则 18：把企业打造成员工的平台

九、跨界思维（对产业边界、产业链的理解）

法则 19：携“用户”以令诸侯

法则 20：用互联网思维，大胆颠覆式创新

这些对互联网思维的总结都有其独到之处，也触到了互联网的“内部神经”系统。这些概括和总结大多从产业、企业的运营出发，有其自身切入的角度。但互联网思维并不是简单的技术思维、电商思维或营销思维，是远远超越操作层面的思想方式。严格地说，思维是更具形而上含义的概念，是所谓在表象、概念的基础上进行更高分析、判断、综合、推理的认识活动，具有哲学体系和方法论的意义。而以上相关的“互联网思维”则更多的是商业运行的思路、方法、规范与途径。比如用户思维、迭代思维、流量思维，就是操作性层级的思考或工作方式，平台思维与跨界思维，就是较高一级的商业战略或策略层级的

谋略性考虑；而社会化思维、大数据思维则是将影响世界和全球的综合性社会政治经济大思维框架。相对比较，简约思维、极致思维反倒很有哲学的和方法论的思维高度。

互联网思维是广泛联系对话沟通时代的新思维，它相对先前思维的最重要的特征就是“互联互通”，它之所以可以上升为“思维”，就是因为在现实科技发展的条件下重新阐释了哲学上一切社会生活中的普遍联系的最高准则，因为人类链接在一个巨大的社会网络上。而跨界思维就成为它范式革命时期的最有力的“锤子”。雷军道出了小米成功的最大秘密：小米销售的是参与感。这就是生产者与消费者的角色转换和互联互通的实践案例。互联互通背后是利益共享共赢。因为互联网思维链接并融合兼顾三种不同的利益体，从消费者、商家、开发商的角度来说，互联网思维分别是主权思维、全渠道思维和流量思维。

互联网思维是“创新革命”的思维。开创性颠覆性创新，是互联网时代的首要原则——创意为王。所谓“在互联网时代，哪怕做一个错误的决定，也比不做决定要好”。互联网思维的迭代思维，就是讲互联网时代的产品每时每刻都在更新换代，每年迭代，每季迭代，每月迭代，甚至每周迭代。

互联网思维是大数据思维。大数据时代最大的转变是，放弃对因果关系的渴求，大数据是全数据，全维度，这带来了观察和分析事物的视野扩张与视角变化。相对于传统 IT 系统数据，大数据强调了数据的外部性和实时性。这两个特性也使得基于社会真正现实的分析而不是抽样、选本成为可能。也就是说只要知道“是什么”，而不需要知道“为什么”。这颠覆了千百年来人类的思维惯例，对人类的认知和与世界交流的方式提出了全新的挑战。

大数据带来了一系列思维的变化：1. 不是随机样本，而是全体数据；2. 不是精确性，而是混杂性，尤其是大数据的简单算法比小数据的复杂算法有效；3. 不是因果关系，而是相互关系。这些是维克托·迈尔·舍恩伯格在《大数据时代：生活、工作与思维的大变革》中的最大洞见。

互联网企业的大数据思维是肇始于对企业资产、竞争力的理解：在未来的互联网发展中，数据资产将成为关键竞争力，谁拥有或运用更多数据，谁就拥有最大资本、资源、资产。数据就是互联网轻资产中最重的资产，因为你的用户不是一类人，不是二八定律控制的商业规则，不是盯紧主流，忽略小众，而是服务于每一个人。

互联网思维是商业民主化时代的产物。是市场化时代消费为王，用户至上的思维。所以，用户思维被放到互联网思维的首位，展示了一个商业民主化时代的商业运营的新特点。它精准的对象选择与设置："得屌丝者得天下"；它的全新的服务意识，追求为着"米粉"的极致体验（小米）；它的产品设计目标为真正够"屌"，每每让用户尖叫；特别是免费的商业思维，真正颠覆千百年以来的商业"一手钱，一手货"的"天条"。

审视国内外大型的互联网公司，我们会发现，它们的出发点都是为了服务于网民、观众、听众。它们的存在，就是为了为广大网民提供最新、最快、最全的信息；google、百度等的诞生是为了让网民能够更快地检索到自己希望了解的信息；腾讯的强大，是始于它为网友提供了一个可以更加方便的交流工具；淘宝的强大，同样是因为它为商品的流通提供了一个更加便捷的方式；还有Facebook，它最初的诞生也只不过是为了让校友们提供一个交流的平台。从这些互联网公司的诞生和发展中，我们能够很清晰地看到，它们始终都是以"为网民提供最佳服务"为宗旨的。

这些思维特点的总结，无疑是当下范式变革时代实践的产物，比如大家都有共识的"比快"的思维，雷军说，天下武功，唯快不破，几乎所有的互联网行业都遵奉这一圭臬。这是因为范式转换时期，各种不同的预备范式大量涌现，思维的超前性和行动的迅捷性在时间上具有影响整体发展趋向和占领市场制高点的多重意义。

当然也不绝对，丁磊就认为"快"不是特别重要的互联网思维，丁磊的经验是以慢制胜。他透露，现在网易利润已超小米、360、京东利润之和。他做产品的思路是后来者居上，他说，你根本不要看竞争对手怎么快，竞争对手犯错误的时间是大把的，关键是你的产品"够屌"。但是毋庸讳言，互联网时代，产品出来晚就没机会了，比如当年他在QQ之后做的网易泡泡，结果就失败了。

现在又做易信，要与微信抗衡，会有新奇迹吗？

对互联网思维的认识也存在误区。一种认识的误区认为，互联网思维一定是依托于互联网才发生的，是一定发生于互联网之中的。如前所论，一旦互联网思维上升为一种思维形态，一种影响时代的科学范式，它就具有一种普遍的认识论意义，就会对所处时代的经济政治文化社会实践提供一种全新的阐释，并发生重大影响。比如，当今正在蓬勃兴起的物联网、能源互联网、智能交通互联网，以及智慧城市，就是互联网思维运用的广阔领域和实践案例。

（作者：金元浦）

第三章

创新理念是我国新时代文化发展的导航灯

实现新时代的发展目标，破解发展难题，厚植发展优势，必须牢固树立并切实贯彻创新、协调、绿色、开放、共享的五大发展理念。五大发展理念将引领我国新时代文化的可持续发展，而创新则居于国家发展全局的核心位置。同时，文化创新也离不开协调、绿色、开放、共享理念的协同运行，它必须与理论创新、制度创新、科技创新融合发展，才能全面落实新时代建设的各项任务。

文化，是以习近平总书记为核心的党和国家新一代领导集体推进国家治理体系和治理能力现代化的重要组成部分。从文化的发展和繁荣来看，如何从经济、政治、文化、社会和生态文明五位一体的宏观整体上进行文化改革的顶层设计，并从改革的系统性、整体性、协同性出发辩证施政，是新一代领导集体推进文化发展的重中之重。党的十九大，确立了习近平新时代中国特色社会主义的思想，我国进入发展的新时代。党的十九大强调全面深化改革的总目标是完善和发展中国特色社会主义制度，必须更加注重改革的系统性、整体性、协同性，加快发展社会主义市场经济、民主政治、先进文化、和谐社会、生态文明。这就为我们全面深化改革确定了大框架，大格局。

一、五大理念引领我国新时代文化的可持续发展

党的十八大以来，我国文化获得了进一步发展，十八届三中全会做出的《中共中央关于全面深化改革若干重大问题的决定》(以下简称《决定》)，是未来十年我国全面发展的进军号角与宏伟蓝图。《决定》对于推进文化的改革创新做了全面系统的阐述。刚刚闭幕的十八届五中全会更加明确地提出，实现“新时代”时期发展目标，破解发展难题，厚植发展优势，必须牢固树立并切实贯彻创新、协调、绿色、开放、共享这五大发展理念。新的发展理念，为新的历史阶段的文化发展勾勒了清晰路径，擘画了推动发展全局深刻变革的全新蓝图。我国新时代的建设必须遵循五大理念的引领和相互融合的协同发展。

在五大理念中，创新居于国家发展全局的核心位置。必须在这一核心动力的影响下，不断推进理论创新、制度创新、科技创新、文化创新等各方面创新，

让创新贯穿新时代的建设和发展，让创新在全社会蔚然成风。要按照中央的部署，把发展基点放在创新上，形成促进创新的体制架构，塑造更多依靠创新驱动、更多发挥先发优势的引领型发展。要努力完善以企业为主体、市场为导向、产学研用相结合的创新体系；推动国家级引领性创新与驻京高校院所资源协同创新；推进领军型企业主导的链条型协同创新，中央与地方、国企与民企的融合创新；京津冀、长江中游和一带一路跨区域开放创新，跨界创新和商业模式金融模式的创新。

当前，文化创新必须不断完善公共文化服务体系，推动文化社会效益和经济效益协调健康发展。实施重大文化工程，扶持优秀文化产品的创作生产、加强网络内容建设、构建中华优秀传统文化传承体系、倡导全面阅读、发展体育事业，全面提高我国公民的文化素养，艺术素养和美学素养。

文化创新还必须全面推动文化创意产业的新飞跃。面对互联网时代给文化发展带来的新机遇和新挑战，2015 年以来，中央正在实施"'互联网 +'行动计划"，增强互联网对文化提升发展的支撑能力，培育新型文化业态和新的文化经济增长点，扩大和引导文化消费；推动传统媒体和新兴媒体融合发展，加快媒体数字化建设；优化媒体结构，规范传播秩序；提升国际传播能力建设，创新对外传播、文化交流、文化贸易方式，推动中华文化走出去。

二、文化创新也离不开协调、绿色、开放、共享理念的协同运行

文化建设是一个内涵和外延都较为复杂的概念，涉及文化资源、文化制度、文化史、文化创作、文化生产、文化人才、信息传播、文化要素配置和文化国内外交流等多个层面，而且伴随着文化与科技、文化与经济、文化与政治等领域的融合趋势进一步增强，文化的发展更是一个全面发展的综合性课题，是一个涉及多个领域的系统性工程。

因此，文化创新也离不开协调、绿色、开放、共享的理念引导。在当前深

化文化体制改革和经济结构改革中一直存在着一系列的不平衡关系，在三期叠加的转型期，矛盾和冲突尤其突出。比如文化企业的社会效益与经济效益的关系问题，传统媒体发展与新媒体发展的矛盾问题，文化产业发展中的结构调整：为二次产业升级服务与自身结构升级换代的矛盾问题，公共文化服务均等化与文化创意产业的市场化之间的矛盾问题，文化企业的跨界融合经营与文化管理统计的矛盾问题，政府在文化创意产业中的作用问题，在京津冀区域一体化发展中三地文化发展的地区差异与利益诉求问题，等等，都需要协调各方，以达成稳定的发展。

文化发展包括公共文化服务与文化创意产业，都是当代公认的绿色产业。它不仅在减少自然资源消耗，生态环境保护上具有重大作用，还在提高就业、提升全体市民生活质量上具有无可替代的作用。也就是说文化发展在精神文明与物质文明的生态平衡中意义重大。作为高端产业形态的文化创意产业已经成为未来发展的重要支柱性目标产业。在新时代的发展中我国如何进一步实现文化生态的平衡，如何解决文化生态中的诸多难题，如全国与地域文化发展的生态平衡问题，传统文化资源发掘集聚与创意创新创造的关系问题，如何解决物质文化遗产、非物质文化遗产的保护、传承，与对其进行创意转化升级的生产性发展的平衡问题，都要在绿色生态文化理念的指导下得到更加平衡的发展。

文化发展也是一个必须以开放理念引导的宽广领域。国内文化多样性的发展，国际上中国文化走出去的重大目标，如何讲好中国故事，掌握国际文化话语权，都必须以开放的宏大气魄与胸襟面对国际国内的复杂问题。同时，国际文化贸易的持续增长，中国创意产品和服务如何走出去，如何以开放的姿态展开国际文化合作都是文化发展必须解决的问题。

文化发展的成果更是一个全体国民共享的成果。新时代期间我们要大力推动公共文化服务标准化、均等化，让市民平等享有博物馆、文化馆、艺术馆等公共文化设施和一流的文化服务，以满足市民日益增长的文化需求。文化发展成果还包括全民共享平等的师资水平、教育质量、教育基础设施，包括全面提升国民的文明素质与审美能力，将此作为文化成果共享的重要内容。到 2020 年全面实现小康社会，必须在解决贫困人口脱贫上下大功夫，而文化扶贫也将是其中的重要内容。

三、文化创新必须与理论创新、制度创新、科技创新融合发展

文化创新不是孤立完成的，它必须与理论创新、制度创新、科技创新协同融合发展。

文化创新要与理论创新结合起来。可以说我国历史上每一次巨大的文化创新都是在理论创新引领下发生的。理论创新到达什么层次，文化创新就达到什么层次。比如党的十八大以来国家全面协调发展的理念、一带一路理论设计和理念引领、加快实施自贸区战略的设计、中国传统文化的集成创新、文艺工作繁荣发展的新思路、文化企业把社会效益放在首位的决策、传统媒体与新媒体融合等，都是首先由理论的创新引导的。当前，我国文化治理、文化服务，文化创意开发，也迫切需要理论的创新和理论的突破。我国拥有丰富的理论创新人才资源，如何以更加开放的思想环境，鼓励理论创新与理论突破，将影响我国文化未来发展的高度和广度。

文化创新还必须与制度创新协同发展。要继续深化文化体制改革，必须培育发展新动力，优化文化资本、文化经济、文化科技、文化管理等要素的合理配置，加快文化产业内部结构优化升级，发展打破壁垒进行跨界发展的骨干文化企业；将创意文化产业的内在潜力充分发挥出来，将原创为王、内容为王的发展宗旨提到新的高度，全面激发创意设计类文化企业的创新创意创业活力。推动电商等新形态带来的一系列文化发展新业态的绿色协调发展，进一步释放文化消费新需求，创造文化内容产品新供给，着重供给侧要素发展。

文化创新更要与当今最为火热的科技创新联动发展，推动新的科文融合型企业、推动新的科文引领型产业集群快速发展。要进一步借鉴硅谷等世界先进企业发展的经验，构建公平竞争的创新环境，大力推动创新型文化企业实现

“互联网 +”与“文化 +”，传统文化企业和行业实现“+ 互联网”与“+ 文化”。为此，我们必须推动一批创客空间、一批原创孵化器的高质量高效率的稳定发展，培育一批具有引领作用的创客、极客和数客（大数据分析师），来推动大众创业、万众创新进入新的更高发展阶段与更深发展层次。

四、全面落实新时代文化建设的各项任务

文化是一个蕴涵丰富、边界巨大的概念。它拥有多样化的分类和属性，从时间属性来说包括历史文化与现代文化两大类，从形态属性来说包括精神文化和物质文化，从功能属性来说包括文化服务功能和文化的监督管理功能，从性质属性来说包括公共文化和文化产业，从产业属性来说包括生产文化和消费文化。可以说，历史文化、公共文化、文化产业、文化消费以及城市所展露出的文化精神，构成了我国文化发展中要素配置的核心支撑。如何合理配置这些复杂多样的要素，使其多样共生，相融相谐，是我国未来文化发展面临的重大考验。

新时代，我国要狠抓文化精品的创作与研发。要破除我国目前在文艺创作中出现的有高原无高峰的现状，通过净化文化精品育成的环境，完善创作机制，健全传播与接受机制建设，创作出具有时代特征并能得到人们普遍认可的既有“思想性”“艺术性”，同时又具有“观赏性”“消费性”的作品。伟大的时代需要与其相称的伟大艺术精品和引领伟大时代艺术的文化艺术大师。

新时代，文化的发展要大力推进创意城市的可持续发展。创意城市建设的着力点，在于通过创新教育模式、创意权益的保护、城市空间的合理规划、创意氛围和社会环境的营造、城市创意指数的构建、优势行业的培育与发展等，把文化创意的全民放到当前城市转型发展和创新驱动战略之中，全面提升我国文化创意产业的质量和效益。

在城市大竞争的时代，人才尤其是文化创意人才，作为城市发展最主要推

动力的作用正日益展现出来。在某种意义说，全球高端城市的竞争从根本上说是人才的竞争。新时代我国要培养一大批高水平的文化人才创新人才，要在当代文化、科技与经济高度融合发展的时代背景中，通过建立国际化的高端人才吸引机制、健全现代化的文化人才激励机制、打造系统化的文化人才管理机制、完善全方位的文化人才保障机制等一系列举措，为城市建设培育、吸引优质的复合型文化创意人才，为提升城市发展水平和品质提供智力支撑。

新时代，如何在国际传播格局中赢得应有的话语权和影响力，是新形势对我国作为一个负责任的大国的更高要求。加强文化信息传播，发展文化信息传播产业，是我国新时代国家文化软实力建设的重要任务。在“互联网 +”引领我国文化领域大发展的新时代，我们应秉持“大传播”理念，强化互联网思维，努力探索在传统媒体与新媒体融合语境下如何提升主流媒体传播影响力与公信力的途径，加快推动传统媒体和新兴媒体深度融合的探索与实践，提升我国在世界文化信息传播格局中的公信力、号召力。

建构国际文化贸易与国际交流展示平台是新时代文化发展的重要任务。国际文化贸易是以文化与经济相结合的方式，有助于我国经济的持续健康发展。交流展示平台则要充分发挥我国文化的软实力，讲好中国故事，展示中国精神，发掘中华智慧，滋养世界文明。这一切，都必须在全球各个国家、各个民族、不同地域之间通过展示、对话、交流、沟通来解决，最终实现双赢、共赢的目标。

总之，新时代，我国文化发展要以文化精品创作、文化创意培育、文化人才集聚、文化要素配置、文化信息传播、文化交流展示为着力点，深化文化体制机制改革与创新，充分挖掘历史文化资源，完善公共文化服务体系，加强文化产业的设计和决策，灵活处理文化市场和政府指导的关系，是提升我国文化影响力的必由之路。

习近平同志曾指出，文化的力量，或者我们称之为构成综合竞争力的文化软实力，总是“润物细无声”地融入经济力量、政治力量、社会力量之中。成为经济发展的“助推器”、政治文明的“导航灯”、社会和谐的“黏合剂”。而应对当前我国发展面临的一系列矛盾和挑战，关键则在于全面深化改革。必须从纷繁复杂的事物表象中把准改革脉搏，把握全面深化改革的内在规律，特别是要把握全面深化改革的重大关系，处理好解放思想和实事求是的关系、整体推进和重点突破的关系、顶层设计和摸着石头过河的关系、胆子要大和步子要稳的关系、改革发展稳定的关系。这从方法论上给了我们一把辩证法的钥匙。

新时代，我们将进入改革开放的新阶段。欣逢伟大变革的新时代，承载着中华民族复兴的历史使命，面临开拓创新的新任务，我们将信心百倍，激情满怀地开始新的征程。我们相信，两个一百年的任务一定要实现，也一定能够实现。

（作者：金元浦）

第四章

我国当前文化创意产业发展的新形态、新趋势与新问题

创意经济是当前世界文化经济发展的最新趋势之一，创新、创意已经成为推进全球经济与文化实践的核心动力。从文化产业走向文化创意产业，是调整经济结构、通过创意改变和提升低端制造业水平的需要。从互联网思维到“互联网 +”，从理论思辨到实践运行，以互联网为代表的高科技与文化的高度融合，打开了创意、创新、创造的新局面。创客运动的核心是塑造原创力，实现我国文化创意原创力的跨越式发展。与“互联网 +”和创客空间相对应的是“文化 +”，文化、美学与伦理的缺失是目前我国文化创意产业发展面临的突出问题。

当前，我国文化创意产业在经济下行的整体态势中逆势上扬，在“互联网+”的战略实施中成果突出。创意经济成为当前世界文化经济发展的最新趋势之一，创新创意已经成为全球经济与文化实践推进的核心动力。从文化产业走向文化创意产业，是调整经济结构、通过创意改变和提升低端制造业的需要。从互联网思维到“互联网+”，从理论思辨到实践运行，以互联网为代表的高科技与文化的高度融合，打开了创意创新创造的新局面。以塑造原创力为核心的创客运动，呈现出跨界、融合、协同、共享的生机勃勃新形态，推动了网红经济、VR、AR等文化创新实验和新业态的诞生。实现了我国文创原创力的跨越式发展。同时也暴露出一系列新问题。与“互联网+”和创客空间相应的是“文化+”，文化、美学与伦理的缺失是目前我国文化创意产业发展的重大缺失。

一、创新创意成为全球经济与文化实践推进的核心动力

近年来，“创意”概念进一步发展，与前几年有所不同。当前的“创意”不仅仅由学者进行学理层面、框架设计层面，而且直接进入产业实践层面、行业发展层面，进入更多国家、地区的战略实践层面，进入全球发展的共同机制层面。

创意经济是当前世界文化经济发展的最新趋势之一，创新创意已经成为全球经济与文化实践推进的核心动力。近年来，国际上对于创意产业、创意经济、创意城市、创意生态的讨论已经从理念研究、学术讨论进入一个全球实践的新领域、新阶段。发展创意经济是发达国家可持续发展的重要国策，也是发展中国家和欠发达国家、地区全面发展的重要选项。创意产业—创意经济再次成为

全球经济与文化关注的中心。在中国，从文化产业向创意产业、从创意产业向创意经济的扩展与跨越，是打破原有限制与格局、调整经济结构、改造我国经济结构、提升产业形态的重要方式与突破口。

全球各国从文化产业走向创意产业，再走向创意经济，并不只是名词的改变。"认识创意经济，就要了解它由什么构成以及它如何在发达国家与发展中国家的经济中发挥作用。而对于理解这一概念至关重要的是，理解'文化产业'与'创意产业'这两种不断演进的概念。许多相关辩论由此展开。"① 这一演变是产业实践发展不同范围、不同规模、不同层次、不同阶段的产业形态展现；是产业自身拓展发展空间、进行跨界实践，不断快速演进扩张、升级换代的结果；根本上是打破原有分类格局，运用创意将文化与科技、文化与各产业领域、文化与经济、文化与金融融合协同和改革创新的成果。

联合国教科文组织作为拥有巨大全球影响力的国际组织，近年来积极发挥全球不可替代的组织，"作为当代创意领域内的一个基准点"，开创性地提出一系列"世界级倡议"，高度关注创意产业—创意经济。它在2014—2021年中期战略中（37 C/4）提出："创意经济的出现证明了其对国家经济和社会福利的重要性……事实证明，创意经济是一种可行的发展选择。它依赖于把作为原材料的创意变成资产，这往往是在小规模进行并且在地方一级提供新的就业机会和收入形式，从而为更均衡和更包容的经济增长做出贡献。教科文组织将支持出现拥有活力的文化创意产业和市场。通过这些，它将支持鼓励对发展中国家个人和机构的艺术和创作潜力进行投资，确保所有人进入并充分参与创意经济。特别是来自南方国家的中小型文化企业和创造者。"②

为推动创意产业—创意经济发展，教科文组织又积极组织"创意城市网络"活动。2013年10月，联合国教科文组织创意城市网络在北京召开北京峰会，

① 联合国贸发会议（UNCTAD）. 创意经济报告2010. 北京：三辰影库印象出版社，2011：3.

② United Nations Educational, Scientific and Cultural Organization：37C/4（2014–2021）draft medium term strategy.

来自全球各地的城市政府代表、教育官员、文化艺术界知名人士，在活动期间签署发布了《北京宣言》《北京议程》《北京共识》等重要文件，肯定创意作为可持续发展的支柱是城市可持续性的关键。来自全球32个城市的代表共同签署的《北京议程》中提到，创意产业作为科技与创新驱动新经济的催化剂，是目前世界经济中最具活力的增长点之一，也为城市的发展带来新的活力，从城市的角度探索创意与可持续发展的关系，已成为推动本次峰会城市间合作的焦点。为进一步推动北京与世界其他城市在创意、设计、可持续发展等方面的合作。《北京议程》呼吁以科技、文化创新手段促进城市可持续发展，以城市与创新、创新与创意、创意与设计为主线，强化科技创新与城市密不可分的关系。联合国“创意城市网络”成立于2004年10月，致力于发挥全球创意产业对经济和社会的推动作用，促进世界各城市之间在创意产业发展、专业知识培训、知识共享和建立创意产品国际销售渠道等方面的交流合作，目前分为设计、文学、音乐、民间艺术、电影、媒体艺术、烹饪美食等7个主题。经批准加入该网络的城市被称为“创意城市”，已有德国柏林、英国爱丁堡、法国里昂、美国圣达菲等近40个城市加入了该网络。北京、上海、深圳、杭州、成都等已加入，并呈现良好的发展态势。

欧盟对创意产业更是情有独钟，率先规划未来欧洲的创意发展，提出“创意欧洲”的未来发展规划。《创意欧洲》是一部关于2014年至2020年度欧洲文化创意产业（CCS）发展的财政框架（MFF）。这个新框架规划，将当前的文化、媒体和媒体 Mundus 计划汇集在一个共同的框架下，并创建了全新的便利服务，以推动和改善融资。它通过满足文化创意产业的需求，以跨国运营为目标，并密切关注大力促进文化和语言的多样性。该规划将是对欧洲联盟（欧盟）项目的一个补充，用于创意产业的结构性资金支持、文物修复、文化基础设施和服务、文化遗产的扩大和对外关系的数字化资金等项目。规划将通过财政等支持和援助成员国众多的文化创意活动。对于2014年至2020年的MFF，委员会建议增加文化创意产业的投入预算，总数为10.801亿欧元（当前价），比目前的开支水平增加了37%。这一大规模的增长，体现了欧洲对创意产业未来发展的高度预期。[①]

从文化产业走向文化创意产业，是我国调整经济结构，通过创意改变和提升低端制造业的需要，也是我国文化产业自身由初级形态向数字化、网络化、移动化的文化科技一体化升级换代的必然需求。创意产业是文化产业发展到新阶段的产物，是相对传统的文化产业发展创新的更高形态，也是文化产业调整升级和产业管理突破原有边界的必然结果。正是新业态的不断产生，产业重心的转移，产业交融的强烈需求，行业管理的不断跨越，突破了原有文化产业概念的"外壳"，呼唤新的产业概念。而已经成为世界文化创意产业重要组成部分的中国，也必须呼应并融入全球发展的潮流。

从理论形态上看，文化产业升级为创意产业有其逻辑的必然性。澳大利亚学者斯图亚特·坎宁安在《从文化产业到创意产业：理论、产业和政策的涵义》一文中提出，区分文化产业和创意产业这两个概念具有理论意义。因为这种区分有助于进一步充实有关知识经济及其与文化和创造力的关系本质问题的基本框架。同时，也必须有效地捕捉通常由这两个概念所描述的产业性质的变化，因为不同的政策体系是作为文化产业和创意产业的不同规则而发挥作用并支持文化产业和创意产业的。创意产业是一个相当新的学术、政策和产业论述范畴。它可以捕捉到大量新经济企业的动态，这是诸如"艺术""媒体"和"文化产业"等概念所无法做到的。就像在英国、欧洲、新加坡和马来西亚政府资助的信息技术创意所证明的那样，促进以知识为基础的文化产业与经济发展之间有许多交叉点。"创意产业"这一术语是这一发展战略的核心。创意产业在这个意义上被用来区分传统的受赞助的艺术部门和通过知识产权的产生与开发而具有创造财富的巨大潜能的文化产业。[②]

---

① EUROPEAN COMMISSION：Creative Europe – A new framework programme for the cultural and creative sectors（2014–2020）Brussels, XXX COM（2011）786/2 .

② 斯图亚特·坎宁安．从文化产业到创意产业：理论、产业和政策的含义．载澳大利亚昆士兰科技大学、中国人民大学、中国社会科学院共同主办的"首届创意产业国际论坛会议"《论文集》．2005.

创意产业的核心是原创力。原创、创新、设计创意、创意研发是整个创意产业赖以安身立命的灵魂。在一些传统的行业或领域中，创造性只是一种附属品而不具有产品的核心地位，这种创造性或创意还是指相当普泛化的一般概念，如过去我们熟悉的特指艺术创作中的艺术家的独创性。而按照后标准化时代的创意理念，创意或创造性成了特指的市场趋向的产业方式的核心。创造性成为创意产业的生命线。当代消费社会，大众流行文化遵循时尚化、浪潮化的运行方式，使得文化产品的新颖性、短时性和强烈的空间（视觉）特征空前凸现出来。创意产业所包含的广告、建筑、艺术和文物、工艺品、设计、时装设计、电影、互动休闲软件、音乐、表演艺术、出版、软件、电视广播、游戏与网络游戏、动漫、手机移动业务、网络视频等，无不强烈地凭借新的创意、新的设计而迅速迭代。

创意产业发展的内在动力是产业发展中结构的调整、转型与提升。创意产业着力推动整体产业结构的升级、越界、调整和重组。创意产业的根本观念是通过“越界”促成不同行业、不同领域（包括文化行业内的和文化产业外的经济形态）的重组与合作。西方许多学者注意到文化创意产业对优化现有产业结构的重要作用。英国学者奥康纳颇有远见地指出：“可以断言，地方和区域战略后10年的任务是找到一种可以把文化产业与更广泛的制造业部门联系起来的方式，创造性、风险、创新和信息、知识与文化在全球经济中将具有核心作用。”[①]

创意产业一般来说是在制造业充分发展、服务业不断壮大的基础上形成的，是第二产业升级与第三产业融合发展的结果。除了传统三产中的一般服务业，创意产业中既有设计、研发、投融资等生产性服务业领域的内容，更有新型艺术体验、信息互动、休闲娱乐等消费性服务业活动的内容，是城市经济和产业融合发展的新载体，是现代服务业发展的高端形态。[②]

创意经济是比创意产业范围更大、涵盖面更广的一个概念。它的关键意义

---

① 奥康纳．文化产业未来十年的发展趋势．载澳大利亚昆士兰科技大学、中国人民大学、中国社会科学院共同主办的“首届创意产业国际论坛会议”《论文集》．2005.

② 金元浦．文化创意产业的历史性出场．求是，2008（第19期）．

在于从宏观整体上把握全球、全国、全经济和全产业发展态势的战略，跨越相邻产业或经济形态的顶层设计和全方位观照的视野。创意产业主要以产业形态展现，更关注产业内的运营和产品的创造，而创意经济则更突出地体现了一种跨领域、跨类别、跨行业的“越界”和产业交融的特点，它包含了创意产业发展的不同阶段、不同层面，并展示了它由初起的对整体经济的微弱影响到成为整体经济的重要组成部分的延伸扩展态势。创意经济的另一种含义也体现了创意和创新作为推动当代世界经济、社会各领域发展的核心要素的意义，它反映了全球创新与创意引领经济发展和辐射其他领域的思潮大趋势，也包含了促进社会包容、文化多样性和人类发展的积极意义。

由此，创意经济绝不是简单的传统经济概念，而是新形势下具有广泛延展性的开放观念。

二、从互联网思维到“互联网 +”：从理论思辨到实践运行

那么，创意产业—创意经济发展的动力何在？以互联网为代表的高科技与文化的高度融合，打开了创意、创新、创造的新局面，也给创意产业、创意经济注入了动力，找到了途径。

在移动化高速发展背景下，中国大力推动“大、智、云、移、自”——大数据、智慧城市、云计算、移动网、自媒体和“小、微、新、特、融”——小企业、微方式、新业态、酷特色、融思维的发展思路。高度重视数字技术的核心推动力。以数字技术在原创领域开创新思路新通道；以数字技术推动内容产业的大发展，狠抓供给侧改革，推出各种文化产品；以数字技术开创了传播方式的新革命、新手段；以数字技术展开了文化消费与接受方式的新变革；以数字技术打开了中国文化走出去的新通道。

2013—2014 年，我国一批民营企业家在互联网实践基础上提出了互联网思维的理念，引起了业界、学界和政界的广泛讨论。其后互联网思维迅速进入实

践领域，由一种观念创新、理论跨越进入实践之中，形成“互联网 +”的实践运行，并成为一种国家战略，成为全国经济行动的纲领，成为文化创意产业发展的新的动力，并预示了未来发展的方向。市场在这一转变中发挥了决定性的作用，民营经济或混合经济发挥了重要作用。

2014 年，中国的文化产业在整体推动中国第二产业升级换代基础上开始实现文创产业自身的升级换代。互联网上市企业领军中国文化产业高速发展。文化产业的业态正在发生剧烈变革：文化科技发生了巨大变化，跨界融合产生了“溢出效应”，创意阶层快速成长，消费群体发生了代际转换。

“互联网 +”是创新 2.0 下的互联网发展的新形态、新业态，是知识社会创新 2.0 推动下的互联网快速发展的最新演进形态。新一代信息技术发展催生了创新 2.0，而创新 2.0 又反过来作用与新一代信息技术形态的形成与发展，重塑了物联网、云计算、社会计算、大数据等新一代信息技术，并进一步推动知识社会以用户创新、开放创新、大众创新、协同创新为特点的创新 2.0，改变全社会的生产、工作、生活方式，也引领了创新驱动发展的“新常态”。“互联网 +”的重大意义在于，它改变了我们的传统思维，我们不再拘泥于这个产业是什么、那个产业是谁管的、在哪个条块分割的区域里面，而是整体推动经济的全面发展。

“互联网 +”模式中的“+”后面有两种生发模式，一是“互联网 + 传统行业”，二是“互联网 + 新创形态”。

“互联网 + 传统行业”是指互联网与当下既有的各行各业融为一体。如互联网新媒体与传统媒体，就诞生了网络期刊、数字出版、数字电视、网络视频、手机节目、微博、微信、移动客户端等多种方式。同时，“互联网 +”又是信息化促进工业化的升级版，是国家制造业升级换代的重要途径。它在内涵上根本区别于传统意义上的信息化，是重新定义后跨越式发展的新的互联网概念和文化创意产业概念。移动端成为消费时间唯一增加的媒介。通过“互联网 +”，创意设计成了推动包括装备业、消费品业、建筑业、旅游业、体育产业乃至农业的升级换代的引擎。

"互联网＋新创形态"，是指在创意创新的互联网精神激励下，我国文化创意出现了一批新业态。如网红与网红经济、视频与直播、虚拟现实VR与增强现实AR、IP与泛娱乐、弹幕与B站等方式，文化众筹、互联网文化金融与艺术金融、文化贸易与跨境电商、网剧与网络大电影、微信公众号、手机栏目以及企业运营、商业模式等众多创新形态。

所以，概括起来，"互联网＋"的"＋"是突破时间和空间的新兴互联网移动链接，核心概念就是"全连接"和"零距离"。

在"互联网＋"的强力推动下，我国文化创意产业自身发生了结构的调整。原先占据文化产业重要位置的演出业、旅游业、纪念品业、图书出版业、报刊业、广播业，甚至电影电视业等让位于跨界发展的创意产业—创意经济。互联网相关的创意行业升级为中国文化产业的高端产业、核心产业、领军产业、先导产业，真正成为支柱产业。一支以百度、阿里巴巴、腾讯、华为、联想、小米、360等互联网上市企业为代表的准航母舰队已经开始成型。其特点是：高速成长性，互联网传播途径，风险融资方式，国际化跨国发展模式，现代企业成长的运营规程。

全球互联网创意企业的巨无霸是以苹果、谷歌为首的美国航母舰队群。当今世界还没有其他任何一个国家能建立起这样一支文创航母舰队群。这个舰队群，以"苹果"为旗舰，加之"谷歌"、IBM、Facebook、"亚马逊""微软"等，每个都是上千亿美元市值的跨国企业，截止2020年12月，"苹果"达2.15万亿美元，"谷歌"市值1.17万亿美元。这些公司均超过许多全球制造业、能源类公司，成为美国经济的坚强支柱。在美国20万亿美元GDP中，互联网创意企业占据极重要的地位，为美国的GDP增长做出了杰出的贡献。

与之相应，我国文创航母舰队群正在初步成型，成为当今世界唯一可能与美国文创航母舰队群相媲美的以民营经济、混合所有制为主的企业群。阿里巴巴在美国的上市，成为国际互联网经济的重大事件。华为已成为中国最大的文化创意领军企业。2015年天猫"双11"交易额达912.17亿元，其中无线成交占68.67%，参与交易的国家和地区232个。淘宝网创造了一个新的世界纪录。

腾讯、百度、京东、网易、搜狐，世界第一大PC厂商联想，小米、360，以及蚂蚁金服、优酷等一批企业获得高速发展，通过上市和并购规模迅速扩张，形成了一支走向国际的文化创意准航母舰队群。这个准航母舰队群利用现代投融资方式、通过上市获得国际化的背景，运用风险投资融资的方式迅速壮大。它们在互联网时代特别是移动网时代按照新型跨越式发展的方式成长，大大提高了文化产业总量，推动了跨界融合的速度和规模，真正推动文化产业成为中国未来经济的支柱型和先导型高端引擎产业。

三、创客运动是中国走向原创大国的重大战略

创意经济的全球格局正在变化。在创意引领下，中国正努力走向创意原创大国。

创意产业的核心是原创力，原创、创新、设计创意、创意研发是整个产业赖以安身立命的灵魂。如何解决我国创意产业原创力相当衰弱的现状，实现我国文创原创力的跨越式发展呢?

习近平总书记在中国科技创新大会上指出：如何构建引领创新、支持创新、鼓励创新的科技体制，是科技创新的关键，是创新发展的关键。李克强总理在2015年《政府工作报告》中再次提出“双创”概念。实际上，不同于西方“极客”式的中国式“创客”，不仅仅痴迷于技术突破，更要激发全民族的创造性原发力量。从长远看其意义非常重要。中国式“创客”实际是指所有具有“创意、创业、创新”意识的新一代创业人，他们是处在文化经济前沿具有创新意识的一代人。

大众创业、万众创新作为我们经济转型和保增长的双引擎之一，有着十分重要的意义。在我国大众创业、万众创新战略提出以后，我国的经济社会有了一波新的创业潮、新的技术发展的需求潮，带来了文化科技的一个新的发展高潮。它的最大成果是让逾千万的创业者走向了创客之路。

什么叫“创客”？“创客”一词来源于英文单词Maker，原指出于兴趣与爱好，努力把各种创意转变为现实的人。经济学中长尾理论的发明者和阐述者克里斯·安德森在《创客：新工业革命》中预测：在接下来的十年里，人们会将网络的智慧用于现实智慧中，未来不仅属于建立在虚拟原则上的网络公司，也属于深深扎根于现实世界的产业，所以创客运动是线上线下的高度融合，是虚拟的世界与现实的制造业和现实的产业的高度融合。安德森预测，创客一代随着数字设计与快速成型技术赋予每个人发明的能力，能够使互联网创新模式成为一个普遍的方式，一个人坐在家里就可以参加全部的创意活动。

2011年开始，全球掀起了创客文化的浪潮。2014年美国总统奥巴马把创客提升到打造新一轮国家创新竞争力的高度，并且宣布每年的6月18日为美国国家创客日。可以看出，创客成为数字世界真正颠覆现实世界的一个助推器，掀起新一轮的工业革命，在全球实现“全民创造”。与创客相关，还有一个“极客”概念。“极客”这个词来自美国的俚语Geek，随着互联网文化的兴起，这个词含有智力超群和努力的语意，被用于形容对计算机和网络技术有狂热兴趣、投入大量时间钻研的人。在新的模式运营中，极客的作用非常重要，他们不断以技术创新改变互联网以及创意产业和创意经济的生态。极客的发展符合中国互联网文化兴起的现实，那就是突破、创新、走向全球创意最前列。[①]

创客这个概念在李克强总理的报告中有了新的解释，叫“中国式创客”。就是在当下的双创中把原有的概念进行了更大的扩展，即将技术的创新探索扩展到文化创意和更大范围的创业运动。力图在推动产业结构向中高端迈步的过程中，大力发挥来自草根创业者的无穷智慧，所以创客是创意者的新概括，他们将使中国的经济焕发勃勃生机。

2015年以来，各地建设了一大批创客空间，主要是以咖啡店等形式来经营，发挥创业孵化器的作用，成为年轻创客们实现创客梦的出发地，为很多创

① 李彦宏在第三次极客公园大会上以顶级极客的身份，解读了百度在移动互联网方面做的技术投入，他把它看成一种信仰，也看成产业发展的未来。

业人带来活动的空间和交流交易的环境。在这样的创客空间里，投资人、合伙人、员工，天使投资、风险投资、创业基金、银行贷款都在这里汇聚。这里也是国家大力推动的产业空间。创客运动的重大长远意义在于它扭转了我国互联网科技与文创企业长期采取的“跟跑”、追随和复制的战略，进入追求原创的新时代。

所谓“创客模式”的一种取向是指，网上虚拟创意产业集聚区或文化园区可以在当代文化潮流、文化消费、文化市场、文化时尚基础上，构建某一创意产业（行业）科研、生产、流通、交易的数字化平台，创意信息数字交易港，吸引大量散在各处的创客线上进驻，构成线上创意集聚区。它通过吸引巨量信息/订单汇聚，开展网上信息交换、商务交易和产品推介销售。这一网上创意产业集聚区或“文化创意信息数字交易港”是面向世界市场的无国界、多语言、低门槛、高效率的国际化平台，可以为国内，也可为世界各国的客商服务。它可以解决不同语言转换的问题，可设置多语种交流平台，建立完善的商务翻译服务。

新的网络虚拟集聚区模式采用威客模式。创意产业的根本观念是通过“越界”促成不同行业、不同领域，特别是线上与线下的重组与合作。通过越界，寻找新的增长点，推动文化与经济融合发展，并且通过在全社会推动创造性原创，来促进社会机制的改革创新。从发展来看，数字化高端融合的O2O新模式，是创意产业集聚区的高级形态和未来发展趋势。创意产业集聚区发展的高级形态和未来发展趋势是依托一定的实体创意产业集聚区，在实物设施的创意产业集聚区基础上打造无界域、国际化的虚拟创意集聚区，建设一个迅速顺畅交换传播的数字化网上市场和一个数字化的交易平台；构建“虚拟创意产业集聚区”或“文化创意信息数字交易港”。如威客模式的“猪八戒网”。这是未来创意产业集聚区发展的新模式。网上创意产业集聚区/平台可以更方便地集中散居于全国各地甚至全球各国的高等院校、科研机构，企业和个体创意者（往往是极客）的最新技术成果，推动独立创客和小微企业入驻网络集聚区，推动技术成果转让，实现科研成果向生产的迅速转换。

威客平台之外，文创还需以云服务为基础的分销渠道，所以“微店网云模式”倏然而出。与网上创意产业集聚区或“文化创意信息数字交易港”相应，地上可有相应的实体型生产、物流中心或会展中心、贸易中心。将与定期的博览会、交易会相匹配，形成网上常设数字交易与地上会展业以及直接交易的立体交易系统。微店网云模式开创了一种新的网聚模式，而无须企业、营销商的地上集聚，它以最简方式实现集约化经营。

在新的模式运营中，“极客”的作用不可忽视。极客是整个新模式运营的技术探索者和支撑者。他们以不断的技术创新奠基和改变着互联网、移动网以致文化产业/文化经济的生态面貌，他们是我国未来科技发展不断创新的先锋和中坚力量。我们必须高度重视这个群体，不断发现人才，以热情和宽容的态度关怀他们，从各个方面支持他们，并以孵化器等方式扩大极客的队伍。

数客，即数据分析师，指的是在当下大数据时代，专门从事行业数据收集、整理、分析，并依据数据做出行业研究、评估和预测的专业人员，是数字时代的重要人才，是当前推动大数据发展的关键人才。目前数客大量缺乏，是国内数字科技发展的短板，需要尽快培养。越来越多的政府机关、事业单位，特别是大批科技文化企业，已经看到数据分析的重要性，将越来越多地选择拥有综合技能的数据分析的专业人士，来为他们的项目做出科学、合理的分析，以便正确决策。

越来越多的风险投资机构把数客（数据分析师）所出具的数据分析报告作为其判断项目是否可行及是否值得投资的重要依据；越来越多的高等院校和教育机构把数据分析师课程作为其中高管理层及决策层培训计划的重要内容；越来越多的有志之士把数据分析师培训内容作为其职业生涯发展中必备的知识体系。

互联网本身具有高度数字化和互动性的特征，这种属性特征给数据收集、整理、研究带来了革命性的突破。以往“原子世界”中数据分析师要花较高的成本（资金、资源和时间）获取支撑研究、分析的数据，数据的丰富性、全面性、连续性和及时性都与互联网时代存有巨大差距。与传统的数据分析师相比，互联网时代的数据分析师面临的不是数据匮乏，而是数据过剩。因此，新数客们必须学会借助技术手段进行高效的数据处理。更为重要的是，互联网时代的数据分析师要不断在数据研究的方法论方面进行创新和突破。就行业而言，数据分析师的价值与此类似。以新闻出版行业为例，任何时代，媒体运营者能否准确、详细和及时地了解受众状况和变化趋势，是媒体成败的关键。而对于新闻出版等内容产业来说，数据分析师将发挥内容消费者数据分析的职能，以支撑新闻出版机构不断改善客户服务。

必须强调，创客运动是中国走向原创大国的重大战略，它在万千青年创业者心中种下了创意、创新、创造的种子，这是中国文化创意产业拥有未来的最重要的保证。

四、创意推动文化新业态与创新实验

“十二五”时期以来，随着数字技术的更新与应用，数字技术与文化融合的程度日益加深，以数字技术推动的文化新业态竞相涌现。我国在“互联网 +”背景下，出现了一批文创新形态、新业态。如网红与网红经济、视频与直播、虚拟现实 VR 与增强现实 AR、IP 与泛娱乐、弹幕与 B 站等方式，文化众筹、互联网文化金融与艺术金融、文化贸易与跨境电商、网剧与网络大电影、微信公众号、手机栏目以及企业运营、商业模式等众多创新形态。这一系列文化新形态、新业态是以现代数字技术和移动互联网为核心支撑的文化形式，与传统的文化业态不同，文化新业态所具有的技术密集、知识密集、附加值高等特性，体现出数字技术对传统文化行业与形式的升级与创造。

IP- 泛娱乐运行。IP- 泛娱乐是具有中国特色的知识产权转化路径的我国文创新业态。它一方面大大激活了我国独有的规模巨大的网络小说市场，找到了我国知识产权转化的新途径，发掘并放大了内容—故事的潜在价值。通过整合产业链，生成了远超其单质的巨大的聚合效应。IP- 泛娱乐生态战略最早由腾讯在 2011 年提出，腾讯通过收购整合方式将文学、出版、动漫、影视、游戏、网剧、网络大电影等文化产业链上下游环节打通，构建“同一明星 IP、多种文化创意产品体验”的互动娱乐生态。之后，阿里巴巴、百度、360、小米等互联网巨头企业纷纷将“泛娱乐”作为公司的重要战略大力推进。在 IP- 泛娱乐产业链中网络文学占据源头地位，同时迎来政策支持、资本介入和商业模式变革三重利好，展现出一种爆发态势。①

虚拟现实 VR 与增强现实 AR。VR 技术是采用以计算机技术为核心的技术，生成逼真的视、听、触觉等一体化的虚拟环境，用户借助必要的设备以自然的方式与虚拟世界中的物体进行交互，相互影响，从而产生亲临真实环境的感受和体验。概括地说，虚拟现实是人们通过计算机对复杂数据进行可视化操作与交互的一种全新方式，与传统的人机界面以及流行的视窗操作相比，虚拟现实在技术思想上有了质的飞跃。虚拟现实是一种基于可计算信息的沉浸性、交互性系统。这些被定义的特性浓缩为虚拟现实的“3I 特征”：沉浸感（Immersion）、交互性（Interaction）、想象力（Imagination）。增强现实技术 AR，是在虚拟现实基础上发展起来的新技术，也是通过计算机系统提供的信息增加用户对现实世界感知的技术，并将计算机生成的虚拟物体、场景或系统提示信息叠加到真实场景中，从而实现对现实的“增强”。增强现实技术将计算机生成的虚拟物体或关于真实物体的非几何信息叠加到真实世界的场景之上，实现了对真实世界的增强。同时，由于用于与真实世界的联系并未被切断，交互方式也就显得更加自然。在视觉化的增强现实中，用户利用头盔显示器，把真实世界与电脑图形多重合成在一起，便可以看到真实的世界围绕着它。随着增强现实技术的广泛应用，其正受到越来越多的关注。增强现实技术已成为一种强大的市场工具。2016 年被称为 VR 产业元年。国内掀起 VR/AR 行业热潮。VR/AR 已经站在中国最强风口上，作为主推视觉文化的创意产业，居于龙头位置。在旅游、影视、娱乐、游戏、主题公园以及教育、军事、房地产等领域进行创新

① 参见资本逐鹿千亿级泛娱乐产业 企业巨头抢滩掘金热门 IP，载 2016 年 05 月 09 日 *南方日报，又见*刘疆传媒专题研究 行业研究报告：泛娱乐 IP 专题之网络文学。载长江证券 2015-10-13.

实验，VR 与 AR 已经显示出强大的应用能力。①

网络视频直播。最近，网络直播成为互联网移动网领域竞争的热点甚至沸点。国内各大网站纷纷开设网络直播平台，游戏（斗鱼、熊猫）、弹幕（bilibili）、视频（乐视、优酷网、爱奇艺）、秀场（9158、六间房）、移动（映客、花椒）、社交（微博、微信）等各类视频网络直播迅速涌现。一个全民网络直播的潮流正在到来，每一个手机都是制造网络新闻和产出网络舆论的平台，每一个网民都可能成为信息的来源和传播的媒介。由此带来的新变化和挑战，值得我们重视和研究。

网络直播在移动端兴起的主要表现，一是网络主播，即网民通过网络直播平台担当主持工作，并且实时与线上网民交流互动，如网络热议的 papi 酱等“网红”；二是一些门户网站对热点事件、体育娱乐等的视频、图文直播，如商业网站新浪视频直播联合国公开面试下任秘书长候选人等。

随着互联网以及移动设备的广泛覆盖，一部手机就可以让每个人都成为视频的发布者和舆论议题的发起者，完成一个出镜、采访、剪辑、发布等复杂的新闻采集乃至发布任务。它作为一种眼球与注意力经济，直播随时创造网络舆论的新议题，网络直播改变了传统新闻的运作模式，已经成为移动网络舆论的重要载体。作为一种体验经济，网络直播可以打造网民与娱乐现场即视感与零距离的用户体验，并通过移动端具有随时分享的能力；作为一种粉丝经济，网络直播具有强大的双向互动能力，在移动端具有巨大的网络传播能量。网络直播在分享和传播过程中，还具有信息互动功能。网民可以通过转发、分享、回复视频、滚屏“弹幕”等方式发表自己的看法，与直播发布者进行互动，将个体收看变成了群体式行为。这不但改变了传统媒体单向的信息传播模式，同时与其他网民在互动中就可能产生新的议题。②

① 参见 2016 年 2 月 2 日上方网消息，高盛近期发布了《VR 与 AR：解读下一个通用计算平台》的行业报告，报告显示预计到 2025 年，VR 和 AR 的市场规模将达到 800 亿美元，并有可能像 PC 的出现一样成为游戏规则的颠覆者。

② 参见网络直播的未来在何处？见 2016-05-18 传媒大街公众号。

网红经济。作为“互联网+”时代下一种新兴的商业模式，网红经济是互联网形态下的粉丝经济。“网红”一般是在某些细分领域具有一定专业行动力的“素人”，他们通过互联网的方式传播自己的产品知识和生活方式，在特定领域成为具有一定影响力的关键意见（商贸）领袖。关注网红的粉丝往往是对特定领域有了解或需求或感兴趣的受众，当网红推介产品时，这些受众天然地成为产品的潜在客户。而且因为网红与粉丝在长期大量的互动过程中建立的信任关系，使得粉丝对网红推介的产品更敏感也更容易接受。因此，网红经济往往能够更精准地将产品导向粉丝需求，实现“精准”营销，极大地提高消费转化率。网红经济有着自己独特的优势：（1）垂直领域专业性；（2）产品人格化；（3）精准定位，营销从“漫灌”到“精灌”；（4）为品牌商吸引流量提供新的渠道选择。

网红和粉丝之间，通过口碑传播、互动、评论分享等形式逐渐确定一种信任和亲密的关系。网红以自身作背书，将自己的个性融入产品中，使产品更具人格化，也更容易被粉丝接受。网红向其受众传播的不仅仅是产品，更有自己个性化的生活方式、价值理念、消费习惯，粉丝在购买产品的时候，购买的是他们所信赖的网红所创立的生活样本和人格模式。

传统的品牌商在定位和寻找销售对象时，经常受困于如何在海量的用户数据库中寻找到自己的他/她，并将产品信息精准地传递，因而不得不用一种“漫灌”的方式，将信息以撒网的形式传递给所有受众。

网红经济是“互联网+传统商品”的创新实践。它利用互联网平台和社交媒体，寻找新的营销路径。对于创意产业来说，利用网红经济的特点和优势进行传统品牌的推广和传播就是一种新的创意探索。

作为一个正在快速崛起的新生事物，网红经济发展势头凶猛，可以预见，“papi酱”的案例只是一个开始，未来会有越来越多的具有内容制作能力的优质网红受到资本和市场的青睐，也会有更多缺乏踏实内容创作的网红如昙花一现，消逝在新经济的浪潮中。在这个过程中，传统的品牌商转变观念，主动迎接和把握网红经济带来的机会，拥抱这种新兴的带有电商和社交基因的商业模式，或许会为自己在新形势下的转型和突破带来新的契机。①

需要指出的是，以上文化创意新业态和创新实验只是大量案例中的几个热门领域。在中国，这种创造每时每刻都在进行，它可能是“你方唱罢我登场”“各领风骚几百天”，但长江后浪推前浪，创意、创新、创造的灵感总会引来令人惊异的“神来之笔”。

五、文化+：最根本、最长远的历史底蕴

与“互联网+”和创客空间相应的是“文化+”。文化是创意产业—创意经济最根本、最长远的历史底蕴。创意、创新、创造是新时代人类“自由自觉的生命活动”，它们是世界各国在自身传统基础上“按照美的规律建造”的文化实践。美学、艺术与伦理学应当成为当下创意产业发展必须补上的重要的精神基础建设。

在市场洪流的裹挟下，文化的缺失是目前我国文化创意产业发展的重大缺失。在目前发展的阶段，不论影视艺术、出版传媒、视觉图像、广告创意，以及城市规划、乡村旅游、古镇复原、非遗保护，乃至网红经济、视频直播、VR/AR、网剧与网大（网络大电影）、B站弹幕，都需要进行艺术的、审美的、文化哲学和精神品格的提升。

我国“文化”的发展正处在一个历史的转折点。过去几十年，我们专注于经济这个中心，文化似乎可有可无。经过近十年来的推动和经济水平的提高，我们强烈地感受到，文化对于社会经济各个方面都有着极为深刻的影响。我国

① 参见中新社北京5月23日电（记者 刘育英）随着3月份网络红人papi酱获得罗辑思维等资本方1200万元（人民币，下同）投资，网红的变现在中国正成为一股潮流。一份新发布的报告显示，预计2016年红人产业产值接近580亿元，超过2015年电影票房。另参阅“网红经济流行报告”2016年03月31日04:28 来源：人民网—人民日报刘阳：“网红经济”，昙花一现还是未来趋势。

经济社会发展进入当前的形态，面临升级换代，文化的重要性日益凸显，上升为社会发展的核心要素。文化如水，润物无声，社会经济发展的各个行业各个门类都需要“+ 文化”。文化产业已成为我国经济的重要支撑力量，旅游、电影、动漫、游戏，尤其与科技领域相关的创新成果，都成为重要的 GDP 支撑力量，并正在向支柱性产业进发。

文化消费缺口巨大。最根本的原因就是当下国民对“文化 +”重视还不够，或者说没有落实到位。“文化 +”的缺失带来了一系列问题，包括文创企业伦理问题和文化走不出去等众多问题。

“文化 +”缺失导致产业伦理问题突出。我国文创的产业伦理的理论与实践相对滞后，出现了一系列道德伦理甚至犯罪问题，如文化产品的诚信问题、涉黄问题、电子诈骗问题、网络谣言问题、盗版泛滥问题、“有毒”信息问题、媒介职业道德失范问题；虚假新闻、新闻敲诈和新闻腐败问题；广告失德失信等问题，已经相当严重地影响到文化创意产业的健康发展。2016 年 4 月 14 日，文化部公布了第 25 批违法违规互联网文化活动查处名单，19 家网络直播平台被查处。据悉，文化部拟出台加强网络表演管理的政策，对网络表演关键环节进行规范。此外，还将建立违规网络直播平台和违规主播警示名单及黑名单制度。

文化的缺失一方面是由于我国市场经济发展时间短、市场化与法制化程度不高，特别是在发展初期忽视人文价值所致；另一方面，在世界创意产业、创意经济的伦理问题中，许多是在全球新技术、新媒介、新业态发展中产生的共同的新问题，迫切需要各国共同面对，共同解决。但归根结底，还是“文化 +”的缺失导致的问题。

“文化 +”的缺失造成传统文化遗产失落。“文化 +”的缺失，一方面造成了中国传统文化遗产的失落，另一方面也因为没有核心内容导致文化走不出去。以非物质文化遗产为例，我们国家有一千多种非物质文化遗产，其中相当多的一部分是我们对本国文化的一种保护，但是这些大量的传统文化在当前经济快速发展中逐渐走向消亡。我们需要对这些民族文化遗产进行生产性保护，以产业化运营的方式对之进行保护和开发。我们看到很多文化遗产在市场化开发中丧失了原来的文化品质。我国在文化产业领域还要进一步开放，进一步让中国真正好的文化产品走出去。但科技先行、资本先行，导致了文化产品缺少文化内核，仍然是今天拿着“中国结”，明天拿着剪纸，创造不出在国际上有竞争力，体现中国文化内涵的产品。而新兴的网络直播、网红经济以及VR、AR等，都存在着众多监管方面的缺失，因而也存在加剧社会不稳定的风险。这些都是亟须改变的。

（作者：金元浦）

第五章

我国文化创意产业正走向原创力发展的历史性阶段

经过将近十年的发展，我国在数字技术方面不断探索与实践，数字技术与文化融合的程度日益加深，以数字技术推动的文化内容创新获得了长足发展，新形态、新业态竞相涌现。中国文化产业的原创比例已发生根本性变革，获得了大幅提升。当前，我国在“互联网 +”背景下，出现了一批文创新形态、新业态，它们以现代数字技术和移动互联网为核心支撑的文化形式，所具有的技术密集、知识密集、附加值高等特性，体现出数字技术对传统文化行业与形式的升级与创造。

改革开放40年风雨兼程，40年高歌猛进，我国文化产业获得了巨大发展，成为举世瞩目的世界创意产业中发展中国家的典范。其发展可以分为四个阶段：1978—1999年是文化产业发展的预热期，2000—2005年是文化产业发展的初创期，2006—2011年是文化产业发展的体制改革攻坚期，2012—2018年，是中国文化产业的高速发展期。目前我国文化产业在习近平新时代中国特色社会主义思想指引下进入了升级换代的高质量发展新阶段。

在过去相当长的时间内，我国文化产业靠印刷业、文具业的带动，获得了辉煌成就，我国被世界银行确定为文化产业产品输出大国。但实际上，文化工具和文化制造业的发展并不能代表文化产业发展的方向，我国的出版业和演出业等都还不能占据文化产业发展的高端。当前，我国的整体经济发展速度从高速增长转为中高速增长，由未来期望的V型或者U型增长变成了L型增长，但文化创意产业在当前情况下由中低速增长转为中高速增长，进而形成了发展的“剪刀差”。随着创新热潮的推动，在高质量发展的整体语境中，我国文创产业已摆脱原有的发展方式，正走向原创力发展的历史性阶段。

一、我国文化产业的历史分期及产业升级

1. 预热期

1978–1999年是我国文化产业发展的预热期。这一阶段，关于文化产业，我国政界、学界和企业界展开了激烈的讨论。讨论的双方就文化可不可以产业化、能不能够产业化，文化与经济的关系，文化是否构成生产力等问题进行了激烈的辩论。一部分政界和学界人士对文化产业提出异议，质疑文化的产业化，

而另一部分学界人士和一些企业家则对文化产业的发展怀有高度期待。他们通过对马克思原著中对生产力特别是精神生产力的完整表述，阐述了马克思主义的文化生产力观，并对英国、美国和欧洲一些国家的文化产业、创意产业以及艺术产业的理念和实践进行了深入介绍，并对我国文化产业当下发展的理念进行了分析，对我国已有的文化产业实践案例进行了总结，逐步获得了发展文化产业的共识。

2. 初创期

2000–2005 年是文化产业的初创期。在十五届五中全会的基础上，党的十六大第一次将文化事业和文化产业作为相互关联的战略概念提出来。党的十六大报告指出："当今世界，文化与经济和政治相互交融，在综合国力竞争中的地位和作用越来越突出。文化的力量，深深熔铸在民族的生命力、创造力和凝聚力之中。全党同志要深刻认识文化建设的战略意义，推动社会主义文化的发展繁荣。积极发展文化事业和文化产业。发展各类文化事业和文化产业都要贯彻发展先进文化的要求，始终把社会效益放在首位。发展文化产业是市场经济条件下繁荣社会主义文化、满足人民群众精神文化需求的重要途径。完善文化产业政策，支持文化产业发展，增强我国文化产业的整体实力和竞争力。"在党的十六大报告的鼓舞下，我国文化产业快速发展起来。一大批文化类的企业开始涌现，在电影、出版、报刊等领域走向市场化的探索和尝试逐步涌现。

3. 体制改革攻坚期

2006—2011 年是文化产业发展的体制改革攻坚期。在 2003–2005 年文化体制改革试点的基础上，2006 年初，《中共中央国务院关于深化文化体制改革的若干意见》颁布实施，此后，我国文化体制改革进入改革攻坚期，取得了重大的历史性的成就。我国基本完成了出版、影视制作、发行、广电传输和一般国有文艺院团、首批非时政类报刊出版单位等国有经营性文化单位的转企改制，共注销经营性文化事业单位法人近 7000 家，核销事业编制近 30 万个，让政企、政事分开和管办分离，文化行政部门与文化企事业单位的关系逐步理顺，重塑了一大批新型市场主体，增强了国有或国有控股文化企业的实力、活力与竞争力，初步建立了有利于文化科学发展的体制机制。

改革的中心环节是“培育合格的文化市场主体”。这个“合格”就是企业的自生能力，它要求文化企业不仅具备造血功能，而且能够达到社会投资的一般盈利水平。改革初期表演院团实行以求生存之目的内部机制改革，改革试点期文艺院团实行整体转企改制，都是旨在培育合格的市场主体；集团化试点和建立现代企业制度，以做强之目的内部机制改革，也是要培育合格的市场主体。

4. 高速发展期

2012—2018 年，是我国文化产业的高速发展期。2012 年召开党的十八大以后，大众创业—万众创新的创客空间迅速在全国推开，形成了大规模的文化创新、创意、创业的新高潮。

从我国这一阶段的发展来看，数字技术的创新与发展主导着我国文化发展的走向，推动文化服务与文化产业更新换代，大大拓展了文化服务与文化产业的增长与发展空间。科技与文化二者的高度融合不断走向深入，其一体化趋势代表了世界文化产业、创意产业、创意经济的发展大趋势，这决定了科技在文化发展与传播的过程中具有越来越重要的影响力与作用力。数字技术为文化产业的发展提供了必要的技术支撑，数字技术创新促使文化生产要素在创新过程中实现优化组合，继而持续创新，开发更广阔的文化产业空间。文化在 20 世纪末的发展中，各个业态都有不同程度的数字化。总的来说，文化产业新兴业态对互联网移动网和全民手机态依赖度极强，数字化程度很高，而传统产业形态相对来说则数字化程度较低。此外，科技创新与文化产业的结合度越来越高，为文化产业赋予更多的新内涵，使各业态出现融合的趋势，网络技术、大数据技术、通信技术、人工智能与媒体传播技术实现了跨领域整合。

文化产业的升级换代要依靠数字文化产业的高端引领。我国文创航母舰队群正在初步成型，成为当今世界唯一可能与美国文创科技航母群相媲美的以民营经济、混合所有制为主的企业群。腾讯近年发展迅速，其市值达到 7100 亿元，成为中国市值最高的公司。阿里巴巴在美国上市，成为国际互联网经济的重大事件。其市值曾超过 7000 亿美元（依行情升降变化），成为中国文化创意的领军企业。李彦宏的百度、刘强东的京东、丁磊的网易、张朝阳的搜狐，世界第一大 PC 厂商联想，还有华为、中兴、小米，360 以及 ViVO、OPPE、爱奇艺、B 站等一大批企业获得高速发展，通过上市和并购规模迅速扩张，形成了一支走向国际的文化创意准航母舰队群。这个准航母舰队群是以互联网移动网为基础，利用现代投融资方式，通过上市获得国际化的背景，运用风险投融资的方式迅速壮大，在互联网时代特别是移动网时代按照新型跨越式发展的方式成长。这样做，大大提高了文化产业总量，推动了跨界融合的速度和规模，真正推动文化产业成为中国未来经济的支柱型、先导型高端引擎产业，大大提升并实现了我国文化产业的高质量发展。推动我国文化产业高质量发展，这是一个关键所在。

5. 高质量发展的新阶段

目前，我国文化产业在习近平新时代中国特色社会主义思想指引下进入了升级换代的高质量发展新时期。最近习近平总书记在全国宣传工作会议上提出，要推动文化产业高质量发展，健全现代文化产业体系和市场体系，推动各类文化市场主体发展壮大，培育新型文化业态和文化消费模式，以高质量文化供给增强人们的文化获得感、幸福感。要坚定不移地将文化体制改革引向深入，不断激发文化创新创造活力。讲话再次明确了我国文化产业升级换代，走向高质量发展的新阶段、新路径、新方向，是文化产业发展的一个新的转折点。

国家统计局数据显示，据对全国规模以上文化及相关产业 5.9 万家企业调查，2018 年上半年，上述企业实现营业收入 42227 亿元，比上年同期增长 9.9%，继续保持较快增长，高于上半年国内生产总值 6.8% 的增速。从数据中可以看出，我国文化产业 2018 年取得了较快的发展和进步。

但是我国文化产业的发展从宏观整体来看，文化领域企业的现代产业体制尚不够健全，特别是旅游领域，初级产业形态比较普遍，现代产业的全链条生产、运行、管理、营销、服务相比高科技和高端制造业企业差距较大，依然存在着低水平徘徊，文化供给侧的创新创意不足，高质量文化供给的产品和服务不够充分，资源依赖现象较为普遍，产业整体的市场化程度较低，文化企业的现代产业体系的升级存在较大空间，文化市场的各类主体发展还不均衡，许多中小民营文化企业仍然难以做大做强，特别是新型的更高形态的文化消费尚未建立。

党的十九大提出的我国进入中国特色社会主义的新时代，标志着我国一个历史节点上的重大变革，是国家经济、政治、文化、社会、生态等方面的根本治理范式的变革。对于中国文化产业来说，新时代意味着在中华崛起的重要历史转折的关键时期，中国文化产业将从粗放的铺摊子式的发展模式向高质量、高层次、精细化发展的模式转换。它包含进一步在更高水平上进行顶层设计，精准施策，规划一地一区一业一企的未来发展的蓝图，突出创意、创新、创造性发明和原创知识产权（IP）掌控，坚持内容为王；它包含重新评估与推动互联网、数字化、人工智能、黑科技、工业 2025 与文化、审美、艺术的高度融合，大力培育文化创意产业产品和服务的新业态；它包含文化创意产业进一步跨界运行，创生出一批适应市场化运行的非驴非马的新形式，产业的新业态新形式又催生了我国文化消费的新模式。

正在形成的新的立体创意产业将会不断涌现以新模式、新“态势”为标志的发展新坐标，广泛联结产业、高校、政府、经贸等经济社会发展的关键领域，综合发展、全面整合，从而推进经济产业的快速、健康发展。

二、文创产业发展形态实现了升级换代

随着文化产业自身的经济结构升级和产业换代，文化创意产业改变了它自身原有的属性，向着跨界的方向发展。在这个跨界发展的过程中，它首先要在过去单独的文化产业、文化部门管理范围进行扩展，即按照世界经济的发展方向，经历从文化产业到创意产业再到全球创意经济这样一个整体发展的序列。从总体上讲，过去文化产业只是出版业、印刷业、演出业、旅游业以及依托于文化行业的工具业或者制造业，但现在文化创意产业要成为整体经济发展的引

擎和核心。

那么，这个目标要如何实现？国务院2014年10号文件提出，文化创意产业要为七大类企业服务。在这七大类企业中，第一类是装备制造业、重工业；第二类是轻工业，就是所谓的消费品业；第三类是信息业，但不是单纯的信息业，是文化和整体的结合、文化和产业形态的结合；第四类是建筑业，也就是我们所说的房地产业；第五类是旅游业；第六类是农业；第七类是体育产业。这是一个根本性的、思路上的转换。

把创意放在核心，通过创意设计对产业进行全面提升，文化产业由过去在小门类的产业形态变成了一个作为引擎式的、基础的、推动型的产业形态，它自身的使用率得到了大大扩展。2014年10号文件在开拓性方面给了我们一个新的思维，跨界的、融合的文化创意经济理念被提了出来。

创意产业的根本观念是通过“越界”促成不同行业、不同领域，特别是线上与线下的重组与合作。通过越界，寻找新的增长点，推动文化与经济融合发展，并且通过在全社会推动创造性原创，来促进社会机制的改革创新。从发展来看，数字化高端融合的O2O新模式，是创意产业集聚区的高级形态和未来发展趋势。创意产业集聚区发展的高级形态和未来发展趋势是依托一定的实体创意产业集聚区，在实物设施的创意产业集聚区基础上打造无界域、国际化的虚拟创意集聚区，建设一个迅速顺畅交换传播的数字化网上市场和一个数字化的交易平台，构建“虚拟创意产业集聚区”或“文化创意信息数字交易港”。如威客模式的“猪八戒网”。这是未来创意产业集聚区发展的新模式。网上创意产业集聚区/平台可以更方便地集中散居于全国各地甚至全球各国的高等院校、科研机构，企业和个体创意者（往往是极客）的最新技术成果，推动独立创客和小微企业入驻网络集聚区，推动技术成果转让，实现科研成果向生产的迅速转换。

目前，文化创意产业的发展已经发生了根本性的改变。以前，文化产业把报刊业、演出业、旅游业，尤其是特色旅游、纪念品售卖推在前面，而现在以互联网为代表的互联网文化创意产业已经成为文化创意产业乃至创意经济的领军产业。

新技术改变了社会经济文化生态和人类生存的方式，我们的基本生存方式已经发生了非常重大的变化，这可以概括为“大、智、云、移、自、小、微、新、特、融”。所谓“大”，即大数据。美国在2011年提出推动大数据的发展，2012年得到落实。美国总统奥巴马成立大数据办公室，确定了美国未来在大数据方面要领先于世界。到了2014年，美国发布了大数据白皮书，认为未来在社会发展和竞争中，大数据人才具有极其重要的地位，未来需要更多的大数据分析师、首席大数据运营官以及其他有关大数据的一系列人才。

对于大数据未来人才的培养，将会决定一个国家、一个地区、一个城市未来发展的方向，必须特别加以推动。比如，在2015年中国影视业的一次评奖活动中，没有一个评审专家，全部靠大数据直接抓取数据评出奖项。这个评奖方式和大多数评奖活动不同，显得更加公平，更加具有说服力。

而在移动网方面，文化创意产业已经从互联网的形态进入移动网的形态。移动网在整体发展中具有领先的、主导的、前沿的地位。同时，在传媒领域里，自媒体的发展已经占据了相当重要的位置。如今，手机是所有传输工具中获得信息量最大的移动终端，在移动网的支撑下，手机已经成为自媒体最重要的信息传播工具，全面改变了目前文创产业的传播方式。

从文创内部看，中国互联网相关的文化创意行业已经成为中国文化产业的高端产业、核心产业、领军产业和先导产业，成为真正的支柱型产业。在世界上，美国有一支力挺经济发展的文创航母舰队群。这个文创航母舰队群以苹果、微软、谷歌、Facebook、亚马逊等为代表。在美国制造业中资金最为雄厚的美孚石油，它的市值在2020年底仅为1300多亿美元，而微软的市值是1.65万亿美元，谷歌的市值大概1.17万亿美元。而在中国，阿里巴巴、腾讯、百度、京东等产业加起来也达到了相当大的程度，是世界上唯一一支可以和美国的文创航母舰队群抗衡或者媲美的舰队群。但是，这支航母舰队群与美国的大型航母舰队群还有着相当大的差距，需要我们在新的条件下对它进行进一步提升、改造，进一步推进、滋养。

我国目前文创产业的发展方式是基于时尚型的排浪式发展，文化创意的前沿产业形态在不断推陈出新。在文创产业发展方面，以民营企业家提出的互联网思维进入“互联网+”，达到“思维融合”，是我国在整体发展中的一个重大战略选择。

三、十大热潮展现中国文创产业的新创造

中国文化创意产业已经走过了初级阶段，向创意、创新的更高内容发展，原创力有了大幅度的提升，而这主要表现在十个方面。

1. 网红与网红经济；
2. 视频直播；
3. 虚拟现实 VR 与增强现实 AR，以及 MR；
4. IP 与泛娱乐；
5. 弹幕与 B 站；
6. 网剧与网络大电影；
7. 文化众筹众包、艺术众筹众包；
8. 微信公众号、手机栏目以及企业运营的商业模式（罗辑思维）；
9. 跨境电商与世界电商贸易平台（阿里）；
10. 走出去国际文创投资。

第一，视频直播与网红经济，视频直播被估值为有 580 亿元以上的未来产值，网红经济也具有 500 亿元以上的发展前景；第二，中国 IP 与泛娱乐，由中国原来的网络小说转化而成的中国 IP 的转移，进入了新的发展阶段，成为最热的泛娱乐发展形态；第三，VR、AR 和 MR, 也就是我们知道的虚拟现实、增强现实以及融合而造成的新的 MR 形态；第四，网剧、网络大电影的兴起；第五，文化众筹，以《大圣归来》为例，其通过众筹完成拍摄后，获得了巨大的效益；第六，电子商务、跨境电商与 e WTP 世界电子贸易平台；第七，微信公众号、手机栏目以及企业运营的商业模式；第八，文化金融与艺术金融的发展；第九，

网络虚拟园区、集聚区有了新的发展，以前 70% 至 80% 的园区不赚钱，现在网络上的虚拟园区获得了很大的成功；第十，国际文化投资“走出去”的势头不减，而且在进一步加大，成功率也越来越大。

可以说经过将近十年的发展，我国在数字技术方面不断探索与实践，数字技术与文化媒体融合的程度日益加深，以数字技术推动的媒体内容创新获得了长足发展，新形态、新业态竞相涌现。中国文化产业的原创比例已发生根本性变革，获得了大幅提升。这一系列文化新形态、新业态是以现代数字技术和移动互联网为核心支撑的文化形式，与传统的文化业态不同，文化新业态所具有的技术密集、知识密集、附加值高等特性，体现出数字技术对传统文化行业与形式的升级与创造。

这一系列文化新形态、新业态是在一系列现代企业的金融运营支撑下实现的，是在互联网金融与艺术金融的支持下实现的。

四、发挥创客—威客—极客的文化原创力

在推动文化原创力的时代潮流中，由创客、威客和极客带来的新的方式正在为文化创意产业发展一条新路径。

“创客运动”是让数字世界真正颠覆现实世界的助推器，是一种具有划时代意义的新浪潮，全球将实现全民创造，掀起新一轮工业革命。提出创客的克里斯·安德森在他的全球畅销著作《创客：新工业革命》中认为，随着数字设计与快速成型技术赋予每个人发明的能力，“创客”一代使用互联网的创新模式，必将成为下一次全球经济大潮的弄潮儿。

“创客”一词在 2015 年政府工作报告中首次亮相，顺应了网络时代推动大众创业、万众创新的新形势，李克强总理在报告中提到创客则是“中国式创客”，具有当下中国现实的独特含义，具有在双创中画龙点睛的意义。我们讲的创客不是小规模的或者某个个体的方式，而是以全体动员的方式，讲万众创

新、创意、创业，它的意义深远而重大。双创的关键在人，在激发全民族的创造性能量。在经济新常态下，要推动我国经济产业结构迈向中高端，就必须发挥来自“草根”创业者的无穷智慧。高手在民间。我国有 14 亿人口、9 亿劳动力资源，人民勤劳而智慧，蕴藏着无穷的创造力，千千万万个市场细胞活跃起来，必将汇聚成发展的巨大动能，顶住经济下行压力，让中国经济始终充满勃勃生机。

利用互联网，移动网，云技术，大数据创造新型的创意园区、文创聚居区或文创孵化器是一种集原创、生产、传播、营销、体验、消费一体化的模式——新 O2O（Online To Offline）模式：“线上线下融合互通模式”，如马云所说，不是虚拟打倒实业，也不是实业抛开互联网，而是二者你中有我，我中有你，你离不开我，我也离不开你，是互联网 + 实业高度融合。它是一个正在发展中的方向。

所谓“园区 O2O 模式”是指，网上虚拟创意产业集聚区或文化园区可以在当代文化潮流、文化消费、文化市场、文化时尚等基础上，构建某一创意产业（行业）科研、生产、流通、交易的数字化平台，创意信息数字交易港，吸引大量散在各处的创客线上进驻，构成线上创意集聚区。它通过吸引巨量信息 / 订单汇聚，开展网上信息交换、商务交易和产品推介销售。这一网上创意产业集聚区或“文化创意信息数字交易港”是面向世界市场的无国界，多语言、低门槛、高效率的国际化平台，可以为国内，也可为世界各国的客商服务。它可以解决不同语言转换的问题，可设置多语种交流平台，建立完善的商务翻译服务。

新的网络虚拟集聚区模式采用威客模式。

与网上创意产业集聚区或“文化创意信息数字交易港”相应，地上可有相应的实体型生产中心、物流中心或会展中心、贸易中心。可与定期的博览会、交易会相匹配，形成网上常设数字交易与地上会展业以及直接交易的立体交易系统。微店网云模式开创了一种新的网聚模式，而无须企业、营销商的地上集聚，而以最简方式实现集约化经营。

在新的模式运营中，“极客”的作用不可忽视。极客是整个新模式运营的技术探索者和支撑者。他们以不断的技术创新奠基并改变着互联网、移动网以及

文化产业 / 文化经济的生态面貌。他们是我国未来科技发展不断创新的先锋和中坚力量，我们必须高度重视这个群体，不断发现人才，以热情和宽容的态度关怀他们、从各个方面支持他们，并以孵化器等方式扩大极客的队伍。

五、数客是提升大数据时代原创力的有效支撑

数客（数据分析师）是数字时代的重要人才，是当前推动大数据发展的关键人才。目前数客大量缺乏，是国内数字科技发展的短板，需要尽快培养。数客，即数据分析师，指的是在当下大数据时代，专门从事行业数据收集、整理、分析，并依据数据做出行业研究、评估和预测的专业人员。目前，越来越多的政府机关、事业单位，特别是大批科技文化企业，已经看到数据分析的重要性，将越来越多地选择拥有综合技能的数据分析的专业人士，来为他们的项目做出科学、合理的分析，以便正确决策。

越来越多的风险投资机构把数客（数据分析师）所出具的数据分析报告作为其判断项目是否可行以及是否值得投资的重要依据；越来越多的高等院校和教育机构把数据分析师课程作为其中高管理层及决策层培训计划的重要内容；越来越多的有志之士把数据分析师培训内容作为其职业生涯发展中必备的知识体系。

互联网本身具有数字化和互动性的特征，这种属性特征给数据搜集、整理、研究带来了革命性的突破。以往“原子世界”中数据分析师要花较高的成本（资金、资源和时间）获取支撑研究、分析的数据，数据的丰富性、全面性、连续性和及时性都比互联网时代差很多。

与传统的数据分析师相比，互联网时代的数据分析师面临的不是数据匮乏，而是数据过剩。因此，互联网时代的数据分析师必须学会借助技术手段进行高效的数据处理。更为重要的是，互联网时代的数据分析师要不断地在数据研究的方法论方面进行创新和突破。

就行业而言，数据分析师的价值与此类似。就新闻出版行业而言，无论在

任何时代，媒体运营者能否准确、详细和及时地了解受众状况和变化趋势，都是媒体成败的关键。

此外，对于文创的一些内容产业来说，数据分析师可以发挥内容消费者数据分析的职能，这是支撑文创内容企业改善客户服务职能的关键。

数客必须掌握数据分析的基本原理与一些有效的数据分析方法，并能灵活运用到实践工作中，以便有效地开展数据分析。基本的分析方法有：对比分析法、分组分析法、交叉分析法、结构分析法、漏斗图分析法、综合评价分析法、因素分析法、矩阵关联分析法等。高级的分析方法有：相关分析法、回归分析法、聚类分析法、判别分析法、主成分分析法、因子分析法、对应分析法、时间序列法等。

数客必须掌握与数据分析相关的常用工具。数据分析方法是理论，而数据分析工具就是实现数据分析方法理论的工具，面对越来越庞大的数据，我们不能依靠计算器进行分析，必须依靠强大的数据分析工具帮我们完成数据分析工作。

（作者：金元浦）

第六章

构建创新生态系统：我国文化产业提质增效的路径

要使我国文化产业提质增效，只有通过建立一个契合文化产业发展特点的创新生态系统才能真正获得。只有整体的文化产品质量提升了，才能产生更多的优秀作品，促使文化产业大发展，从而实现文化产业提质增效的目标。建立全方位的、系统的文化产业提质增效工程，在现有发展方式遭遇瓶颈的情况下，显然只有通过供给侧的创新转型才能获得。因为唯有创新，才能从根本上优化文化产品的质量，改变文化产业的增长方式。

2016年是我国电影产业的拐点。根据国家新闻出版广电总局电影局公布的数据，2016年全国电影总票房为457.12亿元，同比增长3.73%，相较于2015年48.7%的增速大幅跳水，远低于2003年以来我国电影30%左右的平均增速。其中，国产故事片的数量和影片总数量却分别比上年增长了12.54%和6.31%，而票房在总票房中的占比较上年降低了3.25%；全年票房过亿元影片占比比2015年低7%。2017年继续延续了这种态势，据时光网数据，2017年第一季度中国内地市场电影票房较上年同期下降1.7%，如果挤掉首次计入的网络服务费，同比下降达6.5%。并且，观影人次首次出现负增长，同比下降3.6%；单银幕产出同比下降达23%。由此可见，我国电影产业在十余年的高速增长之后，不仅发展步伐减慢，而且经营效率也在明显降低。随着电影产业的增长速度放缓，我国电影的质量问题引起普遍关注。有媒体称，2016年"'没有最烂只有更烂'已成国产电影的一道奇观"。[①] 而在豆瓣平台上，2016年票房前十名的影片中，6部国产影片的豆瓣评分，除了《湄公河行动》《美人鱼》，其余均未过6分，即不及格。相反，进口电影却全部达到了7.7分以上。低分现象如此普遍，与进口片差距如此之大，一定程度上的确能够反映出我国电影质量不高的问题。正是基于此种现象，全国新闻出版广播影视工作会议明确2017年为"电影质量促进年"。

事实上，其他文化产业领域同样遭遇了因产品质量而带来的各种发展瓶颈。如近年来素有"戏剧孵化器"之称的小剧场戏剧市场遇冷，有数据显示，2016年小剧场戏剧的演出场次与票房同比分别下滑17.5%与23.3%。新创话剧由2015年的375台骤降至不足200台，观众人数同比减少53.6万人。主要原因

① 韩浩月．2016，国产电影的尴尬一年．齐鲁晚报，2017-01-03.

是原创乏力。[①] 再如近年来被 IP 改编剧烘得火热的网络文学，一直存在着量大质低、缺乏文学精品、抄袭盗版普遍和片面追求经济效益等突出问题。2017 年国家新闻出版广电总局发布了《网络文学出版服务单位社会效益评估试行办法》，明确提出为了提高作品内容质量，优化发展环境，对从事网络文学原创业务、提供网络文学阅读平台的网络文学出版服务单位，进行社会效益评估考核。

提升国产电影、小剧场戏剧、网络文学的质量和增长效益，显然不是每年仅仅推出几部既叫座又叫好的优秀作品，而应该是国内文化产品质量水平的整体提升，是可持续性地出现大批艺术性与商业性俱佳的文学艺术作品。而要实现这个目标，就必须建立一种全方位的、系统的质量提升工程。只有整体的文化产品质量提升了，才能产生更多的优秀作品，促使文化产业大发展，从而实现文化产业提质增效的目标。建立全方位的、系统的文化产业提质增效工程，在现有发展方式遭遇瓶颈的情况下，显然只有通过供给侧的创新转型才能获得。因为唯有创新，才能从根本上优化文化产品的质量，改变文化产业的增长方式。事实上，在国家实施创新驱动发展战略的大背景下，在欧美大力倡导和创建创新生态系统的今天，建立一个契合文化产业发展特点的创新生态系统，以保障其高质高效、可持续发展，亟待提上议事日程。

一、建构文化产业创新生态系统的理论与实践依据

（一）建构文化产业创新生态系统的理论依据

1. 产业创新生态系统理论

自从约瑟夫·熊彼特（Joseph Schumpeter）首次把“创新”概念纳入经济

① 道略演艺产业研究中心《话剧年报：票房突破 8 亿元，小剧场话剧急速下滑 23%》，道略演艺 http://www.haik8.com/author/paresearch.html。

学的范畴以来，正如欧盟在其发布的《开放式创新 2.0》中所提出的那样，创新范式已经从封闭式、内向型创新的线性范式，历经开放式、协同性创新的创新体系，开始进入系统性、网络化创新的创新生态系统的阶段。创新生态系统的概念，于 2004 年在美国总统科技顾问委员会的研究报告《维护国家的创新生态体系、信息技术制造和竞争力》中首次提出。报告认为，国家的技术和创新领导地位取决于有活力的、动态的“创新生态系统”，而非机械的终端对终端的过程。之后不同的学者和机构提出了各种关于创新生态体系内涵的阐释。但总体来看，各种观点的基本含意相近，即所谓创新生态系统，主要是指一种“将系统中各个企业的创新成果整合成一套协调一致、面向客户的解决方案”的“协同整合机制”，[①] 是一个由创新主体、创新服务、创新环境等要素组成的动态性开放系统，具有互利共生演化的核心特征。

至于产业创新生态系统，国内学者认为，“是指一个区域内或者跨区域的某个产业在相关物质条件和文化环境下，各种创新群落之间以及与创新环境之间，通过知识传播、技术扩散、信息循环，形成具有自适应与修复、学习与发展功能的开放复杂大系统”。[②] 并据此构建了产业创新生态系统的整体模型。如图 6.1 所示，该系统可分为三个子系统：创新群落子系统、内部环境子系统和外部环境子系统。从其中的创新群落子系统可以看出，一个产业的创新生态链主要由三个创新主体及其行为来构成：创新生产者（高校、科研院所等）承担创新技术相关知识的发明，创新分解者（中介、行业协会等）进行创新技术和知识的产品化转换、转移，创新消费者（一般指大型公司）则依靠创新生产者的创新成果得以生存。当然，这条创新生态链必须与物质环境和人文环境有机融合才有可能实现其应有的功能。不可否认，该模型基本反映了一般产业建构创新生态环境的基本要素、结构和机制，但并不十分契合文化产业自身所独有的“文化”特殊性。

---

① 杨荣．创新生态系统的界定、特征及其构建．科学技术与创新，2014（第 3 期）．

② 何向武、周文泳、尤建新．产业创新生态系统的内涵、结构与功能．科技与经济，2015（第 4 期）．

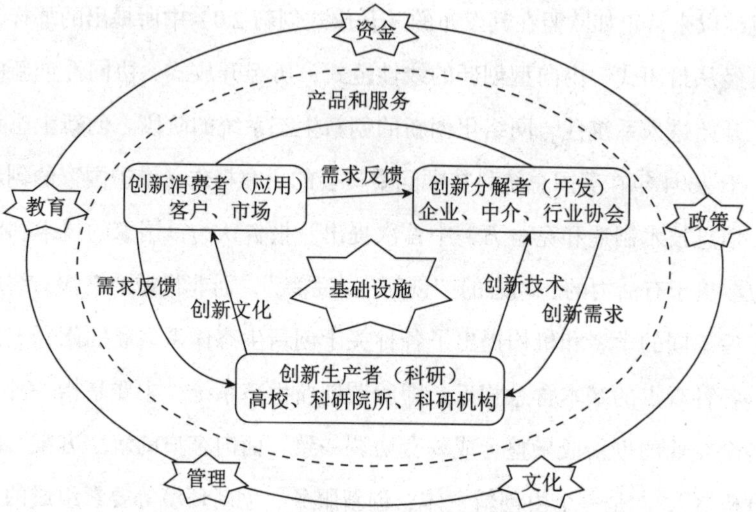

图 6.1　产业创新生态系统的整体模型

2. 戴安娜·克兰的文化生产组织理论

对于文化产业的创新生态或格局，美国著名文化社会学家戴安娜·克兰在其《文化生产：媒体与都市艺术》著作中有过论述。在书中她描述了三种不同的文化生产组织及其关系：第一种是“支配着核心领域”的“向全国和各国受众广泛传播文化的联合大企业”，如电视、电影、重要报纸等，也称核心媒体；第二种是“支配边缘领域”的“诸如广播网、唱片公司以及杂志和图书出版社这类组织”，常称为“边缘媒体”；第三种是“在都市背景下生产，并广泛传播给地方观众”的“都市文化”。其中，核心媒体的文化生产面向“大众受众”，属于社会的核心文化或大众文化；边缘媒体主要针对年龄和生活方式各异的亚群体，常表现为社会的亚文化；都市文化吸引少量受众，其文化产品通常是亚文化或艺术世界的组成部分，是新思想、新文化的源泉。三个文化领域之间存在着高度共生演化的关系，本文将这种关系用图 6.2 绘制出来。如图 6.2 所示，核心媒体领域的大众文化占据着中心位置，支配着整个社会文化系统的趋势，“在核心媒体领域的边界，存在高度的喧哗声，这是大量的文化个体和组织争相进入核心领域的活动的集中体现”。其间，都市文化中先锋派的策略被吸收到边缘媒体中，再由边缘媒体转至核心媒体，直到不再令消费者感到“震撼”，被挤出核心媒体，变成“昨日黄花”。这个范围里的激烈竞争加快了文化循环和文化变迁的速度。

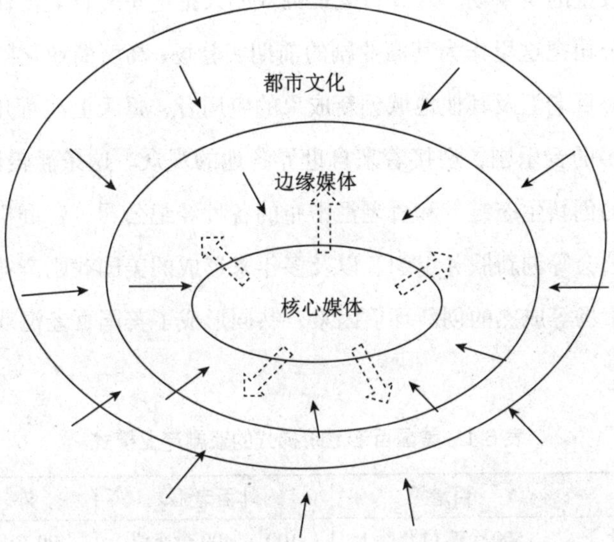

图 6.2　戴安娜·克兰的文化生产组织及其共生演化关系

从戴安娜·克兰的阐述中可以看出，首先，三种不同的文化生产组织就是三个创新主体。它们通过各自的渠道，都直接向市场提供可供交易的文化产品，差异不过在于产品创新的程度不同、面向的市场范围有大小罢了。其次，三个创新主体之间存在密切的共生演化的关系，即都市文化中的创新一步步走向创新与商业相结合的边缘媒体文化，然后又坚定地推动着核心媒体文化的持续更新。戴安娜·克兰的观点深刻揭示了文化产业创新主体与其他产业的不同，而这种不同正是我们建构文化产业创新生态系统的重要理论基础。

（二）建构文化产业创新生态系统的实践依据

文化产业在世界范围内上百年的发展历程，事实上已经在某些领域形成了自身的创新生态系统。如美国的百老汇戏剧产业，如表 6.1 所示，在其百老汇、外百老汇和外外百老汇的阶梯式产业布局中构成了其共生演化的主旋律。其中，外外百老汇以其 99 个座位及以下的小剧场，15 美元左右的低票价，几乎 100%

的实验性、先锋性戏剧，成为百老汇戏剧产业创新的源头；外百老汇则以其中等规模的剧院、30 美元左右的适中票价、面向中产阶级的戏剧演出，成为创新性与商业性较量的角斗场。外外百老汇的戏剧人把进军外百老汇作为奋斗的目标，大演出公司把这里作为其商业剧的前期实验场；高度商业化的百老汇是外外百老汇和外百老汇及其他地域创新成果的应用者，每天上演着几十部美轮美奂、久负盛名的音乐剧，迎接着来自世界各地的观众。这条涵盖创新的源头、传播到应用的创新生态链，和百老汇密布的各种经纪公司、咨询机构、投资公司、演职员公会等创新服务组织，以及多年来形成的美国戏剧产业的政策、教育、文化、市场等成熟的创新环境因素，共同形成了美国百老汇戏剧产业的创新生态系统。

表 6.1　美国百老汇阶梯式的戏剧产业模式

	百老汇	外百老汇	外外百老汇
剧院容量	500 个座位及以上	100 ~ 499 个座位	99 个座位及以下
票价	60 美元左右	30 美元左右	15 美元左右
非营利性剧院占比	8%	80%	100%
演出剧目定位	大众化的商业戏剧	面向中产阶级的戏剧	实验性、先锋性戏剧

美国好莱坞的电影产业同样也形成了自身的创新生态系统。在 20 世纪 80 年代，美国当代独立电影兴起，根据美国电影协会的分级影片目录，从 1983 年到 1988 年发行的独立电影数量上增长了 50%[①]，并且发展出了多种多样的电影类型，如同志电影、黑人电影、女性电影等。独立影片云集的圣丹斯电影节被称作推动独立电影发展的“发动机”。80 年代独立电影的繁荣，带来了 90 年代好莱坞式独立电影的兴盛。因为随着独立电影在观众中受欢迎程度的增加，一向以利润至上的大制片厂纷纷采取行动，吸收那些游离于体制之外的独立电影公司和有才华的电影人。如 1993 年迪士尼收购米拉麦克斯公司，1997 年米高梅吃进萨缪尔 · 高德温公司等。没有收购到独立电影公司的制片厂则纷纷组建

① 林听雨．独立电影与好莱坞．电影新作，2006（第 5 期）．

自己的子公司，作为专门生产独立电影的分部，如索尼的“索尼经典影片公司”等。与此同时，曾拍出过著名独立影片《性、谎言和录像带》《血迷宫》等的索德伯格、科恩兄弟等，都踏入好莱坞成了制作好莱坞式独立电影的中坚力量。大制片厂的收编，使独立电影的艺术性、独立性与商业性、主流化相混溶，生成了具有艺术个性的商业片——有学者使用“特色电影”（specialty）或“分众电影”（niche）的命名来称呼它。当然，大制片厂所制作的好莱坞商业片依然兴盛，并且由于吸收了来自独立电影的创新性影片和人才资源而变得更加具有活力。独立电影不竭的创新哺育了特色电影，特色电影滋养了高度商业化的电影，这种由独立电影、特色电影和好莱坞电影所共同构成的电影创新生态链，和好莱坞发达的创新服务体系、良好的创新环境，共同形成了美国电影产业的创新生态系统。

美国戏剧和电影产业展现出的是一种基于文化创意的生态创新系统，与基于高新科学技术创新的美国硅谷创新生态系统有所不同。一种新的科学技术从实验室产生、具有了量化生产的可能性之后，企业只需保护好知识产权，在适当的市场条件下，像一般的优秀企业那样经营，就可能产生一个大企业，导致产业的大变革甚至诞生一种新的产业；而一个新的文化创意的出现往往只能造就一个新的文化产品，即使一个文化产品再畅销，如果不同时辅之以科学技术等其他方面的创新，也难以支撑起一个大企业的产生，对于产业的改变作用就更小了。因而文化产业的创意带来的更多是产品的创新，文化产业的生态创新系统是保障更具创意的、高质量的文化产品更多涌现的体系与机制。

二、文化产业的创新生态系统模型

从上述理论与实践依据可以看出，文化产业的创新生态系统既具有与一般产业或区域创新生态系统相融通的共性，也表现出其独有的特殊性。共性表现在文化产业同其他产业一样都是一个由创新主体、创新服务、创新环境等要素组成的动态性开放系统，具有共生演化的核心特征；而特殊性则使其形成了自身独有的创新生态系统。如图 6.3 所示，文化产业创新生态系统的主体结构由以实线画成的三个链环组成，其中最内层的链环盘踞着各种创新主体，中间层的链环分布着创新服务组织，最外层的链环显示着创新环境。这三个链环所代表的要素及其之间的互利共生的循环演化活动，就构成了文化产业的创新生态系统模型。

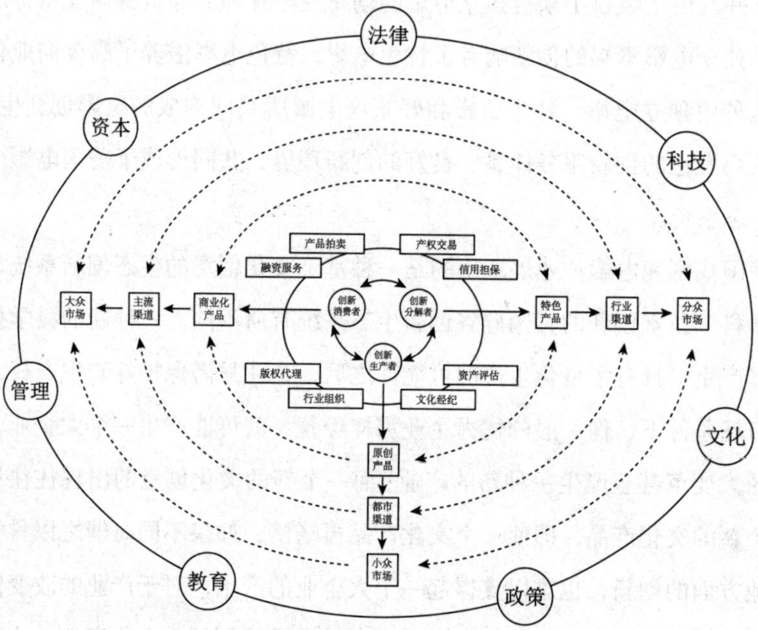

图 6.3　文化产业的创新生态系统模型

（一）文化产业创新生态系统的构成要素

1. 文化产业创新主体

文化产业创新生态系统的核心是创新主体。所谓创新主体，是指具有创新能力、创新目标并付诸实践的人或社会组织。在工业文明时代，熊彼特认为创新的主体是企业家。但随着经济发展方式的转变，尤其是互联网时代的到来，今天的创新主体已经日益多元化了。文化产业是当下世界的新兴产业，最能集中体现创新主体的多元化特征。其创新主体中的大多数是各类大中小微企业，但也有为数不少的非营利机构、团队和企业家、艺术家等个体。如图 6.3 所示，本文按照创新程度的差异，把它们归为三类：创新生产者、创新分解者和创新消费者。

（1）创新生产者。创新生产者是文化产业创新主体中创新性最强的中小微型企业、团队和个人，是“创新主体中的主体”。[①] 它们绝大多数是非营利性的生产者，生产像外外百老汇戏剧、美国独立电影等创意新颖、独立意识鲜明的原创性产品。这些产品往往通过艺术院线等都市渠道进入小众市场，完成其产业链。

（2）创新分解者。创新分解者是指将创意性与商业性结合良好的企业或团队，它们是生产像美国外百老汇戏剧和好莱坞式独立电影等特色产品的创新主体，往往通过行业渠道占领各种分众市场，形成自身完整的产业链。

（3）创新消费者。创新消费者通常借鉴或应用创新生产者或创新分解者的创新成果，来生产像百老汇音乐剧、好莱坞高概念电影等高度商业化产品。它们往往是大型企业，通过实力雄厚的主流发行渠道将其文化产品推向大众市场，并不断围绕产品进行衍生产品的开发，价值链往往较长。

三类创新主体之间应该具有密切合作的互利共赢关系。创新生产者自觉、自由的创意为创新分解者和分解应用者提供源源不断的创新产品和人才；创新消费者为了检验观众对创新的反响和探测观众审美趣味的走向，利用自身的优势扶持业绩好的独立电影公司、具有成功潜质的独立电影项目和创作者等创新生产者；创新分解者为了滋养和壮大自己，一方面对创新生产者的创意进行商业试水，另一方面又利用创新消费者的投资对创新进行商业实验。它们分工协作，既相互汲取又相互支持，既相互依赖又相互竞争，形成了紧密交叉、双向运动的文化产业创新网络。这个网络正是文化产业的创新生态链。

---

① 吴敬琏．中小企业是创新主体中的主体．科技创新与品牌，2009（第 12 期）．

2. 文化产业的创新服务

紧密围绕在文化产业创新生态链周边的是文化产业创新服务链。所谓创新服务，是指为文化产业创新生态链提供各种服务的配套或中介组织。这些组织通常包括文艺演出经纪、版权代理、文化产权交易、文化拍卖组织等交易型服务组织，技术咨询、资产评估、信用担保等准则型服务组织，和民间社团、行业协会等管理型服务组织。这些组织能够汇聚各种创新政策、信息和资源等，在创新主体之间、创新主体与市场之间，促进创新成果的产生、转移、扩散和反馈，实现创新在产业内的传播。创新服务在文化产业创新生态系统中主要起着催化剂和黏合剂的作用。①

3. 文化产业的创新环境

能够使文化产业创新生态链、创新服务链真正运转起来、发挥作用的其实是创新环境。创新环境是指创新活动所依赖的各种外在条件的总合，是创新活动赖以生存的土壤。这些外在条件既包括像公共设施、产业园区等物质条件，也包括如政策、科技、资本、教育、文化、管理等人文条件。尤其是后者，会直接关系到文化创新生态系统的形成。因为对于文化产业的创新发展来说，适宜的政策能够提供有力支持和保障，人才培养能够提供强大的人力支撑，文化积淀能提供丰富的文化资源并且营造出适合创新发展的氛围，科学技术能够创造新的文化样式甚至催生新的产业形态，资本是创新启动和不断升级的动力源泉，优秀的管理则是创新生态系统能良性运行的依靠。

（二）文化产业创新生态系统的循环共生机制

文化产业创新生态系统中的三大要素、三个链环之间存在着循环运动。如图 6.3 所示，这种运动可分为三种方式：首先是内向式运动，即创新环境、创新服务会施加其力量给予创新主体，促进系统的核心——创新主体的创新活动的

① 何向武、周文泳、尤建新．产业创新生态系统的内涵、结构与功能．科技与经济，2015（第 4 期）．

发生和发展；其次是外向式运动，即各种创新主体的创新成果不断外溢，带来文化市场的变化，进而影响到创新服务与创新环境的变化；最后是双向式运动，即各创新主体之间及其所从属的文化产品、发行渠道和市场之间都存在着相互影响、相辅相成的作用。而在这三种运动方式中，都体现出了相互流动、交换、适应与调节的循环运动的特点。正是这种循环运动，使系统内的各个因素既分工又协作，成为一个以“创意为王”、多样共生、相互促进、共同发展的系统性的有机整体。同时正是这种整体系统，使得其创新成果的价值不断扩散，延伸出文化产业越来越长的价值链。

三、我国文化产业创新生态系统建设的现状

近年来，随着文化产业的快速发展和“互联网 + 文化产业”的融合，文化产业的发展格局呈现出了一些前所未有的新变化。从这些变化中我们已然可以看出我国文化产业创新生态系统的端倪。

（一）创新主体走向分化，但创新生产者群落尚未形成

我国传统文化产业较长一段时间内并不存在三种创新主体的划分，亦即无论大中小型企业一律从创新应用者的角度来生产文化产品。如电影产业在其发展过程中，包括中影集团、光线传媒、万达院线甚至阿里影业等大型公司，与各种电影工作室一样，几乎都在拼尽全力地制作叫座的影片。它们之间少有分工协作，更多的是“红海”市场里残酷的同质化竞争。戏剧产业也是如此，大、小剧场都在做商业化戏剧演出，小剧场戏剧甚至比大剧场戏剧更加冲在市场拼杀的第一线。没有创新生产者的创新探索，没有创新开发者的创新 + 商业实验，其结果必然是电影产业、戏剧产业发展的乏力。

值得欣喜的是，近年来我国文化产业的创新主体开始出现了分工的迹象。如在影视产业领域，一些大公司开始摒弃全产业链的发展思路，越来越凸显其

主营业务。如阿里影业转型要做“电影行业的服务者”，万达影视凭借万达院线走大片路线，光线传媒以强大的投资发行能力而著称。在影视制作中，它们越来越多扮演的是投资商和发行商的角色。事实上，近年来，影视剧内容制作的重任也越来越落在中小公司的肩上。这种分工，意味着我国文化产业领域里的大公司正日益沦为创新应用者，而一些中小文化企业以其优秀产品正在成为创新开发者的主力军。但是，由于艺术电影等先锋艺术作品及其创作者的冷清寥落，我国文化产业中的创新生产者群落其实尚未形成。

（二）创新服务组织日益丰富，但欠缺之处仍然很多

近年来，我国文化产业的创新服务组织不仅在数量上增长迅速，而且在种类或形式上也日益丰富。如出现了文化类要素流转的综合性平台——文化产权交易所，最适合原创类文化项目的融资方式——文化众筹平台。但不可否认，我国目前的创新服务组织还远远不能满足需求。这主要表现在两个方面：一是服务组织不齐全。如对于文化产业创新生产者至关重要的无形资产评估问题，虽然国内各方探讨经年、屡有尝试，但至今仍旧缺乏科学的评估标准和权威的评估机构。再如对在文化产业创新主体中占比很高的创意人个体，一直没有一个社团类组织能够使大家的创新交流常态化、权益保障日常化。二是服务效率比较低。对于我国文化产业创新主体来说，即使是已经建立起来的服务组织，也常常面临服务水平低、服务质量不稳定的问题。如文化产权交易所自诞生以来几经波折，依旧职能不明、争议不断，很难说对文化产业创新起到了多少作用。还有大量的政府或民间投融资服务平台的建立，并没有从根本上解决中小文化企业的融资难问题。因而，建立并完善我国的文化产业创新服务体系，还任重而道远。

（三）创新环境改善明显，但仍面临许多问题

近年来，国家创新驱动发展战略的实施，“大众创业，万众创新”活动的开展，以及《中共中央关于深化文化体制改革的决定》等多种文件的发布，第一，

从政策方面大大推动了国内创新环境的建设进程。第二，科技的进步和互联网时代的来临，极大地激发了大众的创造性和表达欲望，各种创意、创新随时随地都可以以多样的表现形式通过网络传达出来，加快了相关信息的传播、交流与碰撞。第三，科技、文化、人才体制机制的深化改革，大幅度解放了创新的生产力，使更多的人才和企业成为真正的市场主体和创新主体。第四，各类资本纷纷进驻文化产业，资本的血液已经使文化产业积累了强劲的发展动力。第五，电影产业促进法和公共文化服务保障法等的颁布，显示我国文化产业相关立法工作有了很大的进步。同时，国家的版权保护行动取得了令人瞩目的成效。第六，国家推行的教育改革和创新人才培养方向的确定，使人才培养的质量不断提高，为文化产业的创新提供了强大的人力资源保障。还有国家对于传统文化的弘扬与保护，对现代文化的重视，使全社会的文化氛围得到了极大的改善。与这些软环境因素的发展相适应，我国各种文化设施、众创空间、公共文化服务等硬环境因素也得到了空前的发展。我国文化产业的创新环境经过十多年的发展已经为其未来的腾飞打下了良好的基础。

但是，环境的营造是一个长期的过程，不是某些短期行为就能一蹴而就的，因此，我国文化产业创新环境在不断改善的同时还面临着许多问题。如由政策所主导的各类创新活动尚未完全演化成为社会常态，受逐利本能驱动蜂拥而上的资本常常使不少文化产业领域泥沙俱下，侵权盗版行为防不胜防，而政府采取的相应的监管政策、措施的科学性与规范性还有待提升。同时，高层次文化人才的缺乏一直没有得到明显的改善，整个社会的创新文化氛围的营造还常常流于形式而未深入人心。因而文化产业创新环境的打造还需要社会各方面付出更多的努力。

（四）三要素之间的共生演化机制初露端倪，但还有待于加强

近年来我国文化产业创新主体的分工合作现象已屡见不鲜。如光线传媒、华谊兄弟等大影视公司每年"参与投资"和"发行"的影片，大部分都是与中小影视制作公司的合作之作。在这种合作中，大公司施展其资金和发行实力，

小公司则以其创意和制作取胜，双方优势互补，互惠互利，一荣共荣，一损俱损，具有明显的双向共生关系。当然，目前这种合作主要还是创新应用者和创新开发者的联合制作，所生产的大都是商业化产品。国内也已经出现了创新应用者与创新生产者的合作，如华谊兄弟、腾讯影业等公司都开展了针对新人的培养计划。这种计划，看上去是大公司使用自己的资源无偿扶持创新生产者，其实这种扶持对于大公司保持创新活力、储备未来创新力量具有深远的意义。从这些新人支持计划中，可看出我国文化产业创新主体之间已经具有了一定的生态链机能，只是还很微弱。

虽然我国目前文化产业创新主体的分化还不够深入，但已经对文化产业的格局产生了明显的影响。如它使得我国电影产业的垄断性大公司迟迟没有出现，反而是行业进入门槛越来越低。互联网、制造业等各种领域的企业纷至沓来，作家、编剧、演员、综艺编导等都可以拿起导筒拍摄影片，一个热门IP就可以撑起一个公司，一个明星工作室就能以令人咂舌的超高溢价被收购。这些变化的发生，不是因为资本的疯狂、他者的闯入或小镇青年的需求，而是因为创新主体的分化使任何一个公司或个体只要占据产业链上任何一个制高点，形成自己的核心竞争力，都有可能通过合作完成电影的制作。所以，在中国当下，文化公司无论大小都在越来越趋于专业化，这对于我国文化产业的发展大有裨益。只是目前有太多公司并不把内容创新作为自己的核心竞争力，专业化水平又不够高，于是造成了今天人们眼中低质低效的电影产业乱象。

四、构建我国文化产业创新生态系统的路径

文化产业创新生态系统的复杂性，决定了其建设一定是一个长期的、系统的工程。囿于篇幅，我们在这里不再展开论述，只从建设的切入口角度阐述一下构建我国文化产业创新生态系统的路径。

（一）重点培育创新生产者和开发者群落

在文化产业创新生态系统中，创新生产者是创新的源头。创意开发者是把创新付诸商业的探索者。只要促进了它们的繁荣，就能给创新应用者带来源源不断的原创文化资源及商业经验，从而带动、提升文化产品的整体质量，形成整个社会的文化繁荣。但是，由于创新生产者和一些开发者的使命在于“创新”而非营利，很难获得良好的经济收益，也不易从市场上获得所需要的各种资源。因此政府应当在现有政策和措施的基础上，加大扶持力度，给予它们应有的发展空间。这个发展空间，一是指创新生产者和开发者应当拥有自己的资金支持体系。因为缺乏资金且融资难是创新生产者和开发者面临的最大难题，政府应当通过各种方式，帮助它们获得从事创意创新活动的必要资金。二是帮助创新生产者和开发者拥有自己的发行渠道和消费市场。因为创新生产者和开发者生产的文化产品创新性越强，消费者越少，但对于产业创新的意义越大。这些产品无法在主流院线里与那些商业大片一起并肩比拼，政府就应该利用自身的资源并引导社会力量，一起为它们建设一条非营利性的“艺术院线”，拓展一片小众市场或分众市场。只有让它们“活”在当下，才能真正发挥其创新的产业和社会效应。

（二）重点建设行业服务组织

文化产业的创新服务，是由政府、企业、行业组织等社会各个方面提供的。企业的服务出自市场需求，是以营利为目的；政府的服务最具效力，但不应施政过度；只有行业组织最适合连接各方资源为文化产业的创新生产者和开发者提供服务。这种行业组织的服务，与北京宋庄 2005 年成立的艺术促进会十分相似。该促进会举办宋庄艺术节展出画家的作品，开展把“原创艺术带回家”项目促进艺术家的作品的销售。同时还帮助艺术家解决工作室组建、孩子就学、房产诉讼等各种生活中的困难，甚至借钱给窘迫的艺术家维持生计。艺术促进会提供的周到服务和人性化的管理，为宋庄吸引了上千名画家，被称为“世界上最大的艺术家聚居地”。[①]宋庄艺术促进会虽然不能算作严格的行业组织，但其服务宗旨及其工作职能、管理方式和作用，都非常值得文化产业的创新服务组织所借鉴。另外，行业组织还可以利用其广泛的社会联系、超强的协调整合能力，对接政界、学界、业界、金融机构、消费者等多方人员的智力资源，为创新生产者提供诸如创新成果的价值评估、信息咨询等多种专业化的创新服务。

（三）深入营造创意创新氛围

缔造文化产业创新环境，除了在政策、教育、管理、资本、科技、法律等方面着力完善之外，还需要营造整个社会的文化创意创新氛围，以激发人们进行创意创新的激情和灵感。英国著名学者查尔斯·兰德利在其著作《创意城市》中指出，创意氛围“是一种空间概念，指的是建筑群、城市，甚至整座城市或区域，包括激发创意点子与发明的一切‘软’‘硬’件设施”。[②]城市中的硬件设施，主要指研究院、文化场所、交通设施等，而软件则可视为佛罗里达所说的街头活动、咖啡厅文化、艺术、音乐及户外活动等。这些能够激发创意点子与发明的软硬设施，同样是文化产业创新环境的重要组成部分。因此，创新环境的营造，不仅应该包括建设更多的剧院、博物馆、美术馆、文化创意产业园区等大型文化设施，还应该包括各种有利于激发文化创意的小型实体空间，如咖啡馆、酒吧、画廊以及文化特色店铺等。这些都是真正培育民众创造力、促进创意创新活动扎根生长的温床。

（四）大力推动专业性公司的建设

文化产业创新生态系统共生演化机制的形成，有赖于更多专业性公司的出现。推动文化产业中的专业化公司的建设，就是“要引导公司对自己的核心业务进行提炼，并围绕其核心业务进行精耕细作，以达到产品和公司在该领域具

① 冯翔．摆得平和摆不平，宋庄艺术促进会的使命．南方周末，2013-07-11.

② ［英］查尔斯·兰德利．创意城市．北京：清华大学出版社，2009：200.

有高度的独特性、差异性和市场认同性，即专业化”。[①] 建设专业性公司，不只是中小文化公司的选择，也是大公司的发展趋势。在好莱坞，大电影公司除了制作少量的商业大片，主要扮演独立制作影片的包装商、资金提供商、发行商角色。它们和中小独立电影公司之间维持着一个高度相互依赖的企业间运作，按照需要组合成不同的专业团队，来行使各种生产所要求的职责。[②] 而在这个过程中，无论是大公司还是小公司，都表现出高度专业化进而高度合作、互利共赢、共生演化的特点。而这个特点，又极大地保证了其电影产品的优质性，提升了其产业和企业运转的效率。这对于我国当下文化产业的发展及其创新生态系统的建设来说，是具有极强的启示意义的。

建设文化产业创新生态系统无疑是一项艰巨的任务，上述措施的实施不过是一个入门级的行为。但一旦真正建成，势必将我国文化产业的创新发展乃至整个国家的创新体系建设带入一个全新的发展阶段。到那时，我国文化产品的质量一定会得到整体提升，我国的文化产业发展也将更加健康高效。

（作者：何群）

① 何群．当下中国电影公司全产业链经营模式的问题和对策．山东师范大学学报（人文社会科学版），2012（第 1 期）．

② 考林·霍斯金斯等．全球电视和电影——产业经济学导论．北京：新华出版社，2004：76.

第七章

健全体系是文化产业发展的新时代要求及伦理诉求

文化产业的复杂性要求在健康理性发展中必须遵循双重规律，其强有力的市场竞争和高质量发展的有效供给及其对人民美好生活的精神满足，必然以对一般生产规律的遵循要求融入国民经济大循环，充分发挥有效市场的作用，在市场灵验机制的发挥中促进文化产业体系不断健全，以彰显其先进社会生产力的表征；同时，文化产业的内容为王与对精神自由的追求，要求在文化创造中弘扬人的自由本性与传播社会主流价值观，这一在文化产业发展中起主导作用的“非生产劳动”特性，必然要求发挥有为政府的作用，尊重文化及其艺术表现形式多样性、大众文化消费的多层次性，在开创多元文化发展格局和激发创意活力中引导文化产业体系不断健全，进而在新发展阶段担当文化使命。健全文化产业体系不仅有利于促进文化产业经济价值的增长，更是着力于一个民族艺术想象力、文化创造力、审美品位等文化价值的提升。这既是构建文化产业新发展格局的必然选择，也是文化产业迈入新发展阶段要着力回应的时代命题。

党的十九大报告指出，中国特色社会主义发展进入新的历史方位，中国越来越走近世界舞台中央，中华民族迎来了伟大复兴的拐点时刻。“今天，我们比历史上任何时期都更接近、更有信心和能力实现中华民族伟大复兴的目标。”① 在波诡云谲的国际风云际会中，世界正处于百年未有之大变局，人类文明的跃升面临着艰难的方向性抉择，以价值与制度竞争为表征的文明领导权的博弈日趋激烈，全球治理的文明秩序正在重构。经过 70 多年不懈奋斗，文明型崛起的中国成功探索了一条世界大国的社会性成长之路，正在世界舞台上赢得广大发展中国家的认同，为人类文明秩序的重构做着贡献。

中国崛起的“文化强国”的价值指向越来越清晰，文化在其中担当越来越重要的责任和使命。作为国家文化“软实力”提升路径和社会主流价值观传播的重要载体，文化产业的发达程度将直接关乎“文化强国”的底色和可持续发展能力，文化发展能力大幅提升的时代性要求愈加迫切。“发展社会主义先进文化、广泛凝聚人民精神力量，是国家治理体系和治理能力现代化的深厚支撑。”② 在全球化和信息文明时代，民族的文化创造力、国家文化力量的蕴蓄、大众的文化权益保障，以及中华文化跃升为世界主导文化形态之一的高势能文化的现实性，越来越依赖现代文化市场体系的完善和现代文化产业体系的健全，尤其是综合性的国家文化能力越来越取决于文化产业的高质量发展，健全文化产业体系作为时代命题，正在深刻影响着“文化强国”建设的结构性力量。

---

① 习近平．决胜全面建成小康社会夺取新时代中国特色社会主义伟大胜利．北京：人民出版社，2017：15.

② 中国共产党第十九届中央委员会第四次全体会议文件汇编．北京：人民出版社，2019：42.

一、文化产业的特性与新时代新使命

究其命意，健全体系既是文化产业高质量发展的逻辑使然，又是新时代其担当使命的必然。现在人们越来越清楚地认识到，文化产业有着鲜明的双重属性特征，既有追求经济价值增长的一般生产特性，故而要求以技术应用来提升生产效率、以金融资本的运作实现体量和规模扩张，全面考量投入与产出比；同时，文化产品润泽人心的价值感召力表明，文化产业又有着回归文化本身诉求精神自由的“非生产劳动”的特性，这是文化产业发展中更为决定性的力量。基于对精神自由的诉求和人的创造力的弘扬，在生产力发达阶段的文化产业必然是一种有意识形态属性的知识、技术和创意与人才密集型的产业，其核心活动是知识创造和文化创意与价值观的传播，这是它与制造业、一般性服务业的不同之处，是其“非生产劳动”的特性使然。正是在这个意义上，我们一再强调当下文化产业越来越成为文化价值传承、文化资源积累和文明成果积淀，以及文化生成和价值观弘扬的主导方式，甚至在一定意义上，文化产业就是当代文化的别称。文化产业的复杂性要求在健康理性发展中遵循双重规律，其强有力的市场竞争和高质量的有效供给及其对人民美好生活的精神满足，必然以对一般生产规律的遵循要求融入国民经济大循环，使“无形的手”在资源配置中发挥决定性作用，以市场灵验机制的发挥强化文化产业体系不断健全，以彰显其先进生产力的表征；同时，文化产业的内容为王及其迈向人的自由全面发展境界的无限前倾，要求它在文化创造性中弘扬人的自由本性与传播社会主流价值观，必然以“有形的手”不断校正“无形的手”的偏颇，使市场机制的发挥与政府有为相统一，不断规范着创意的价值导向，积极强化政府的监管能力、提高文化治理能力，完善社会中介机构以社会合力促进文化繁荣，以着力于高品位的向上向善的文化产品来为一个民族铸魂，从而使一个民族在现代性的焦虑中能够安身立命，放下一颗心来。这一在文化产业发展中起着主导作用的

“非生产劳动”特性，必然要求尊重文化及其表现形式多样性、大众消费的多层次性的特殊规律，同样以多元文化格局和激发创意活力要求不断健全文化产业体系，进而担当新时代不断提升大众社会文明程度的文化使命。因而，进入新时代，随着社会生产力整体水平的提高，无论是一般生产特性的逻辑使然还是“非生产劳动”特性的精神自由的吁求，都对文化产业提出了高质量发展、供给更多满足大众精神需求的高品位产品的现实要求。建构现代经济体系、培育新动能，满足人民的美好生活需求和迈向人的全面自由发展的文化向度，越发聚焦于文化产业体系的健全，从而使作用于人心的文化价值的增强与着力于文化的经济价值增长相互统一起来，在文化生产力的提高中担当时代使命。对内，文化产业要以提质增效发展夯实文化自信的现实基础，在不断健全文化产业体系中，以文化感召力在契合大众消费结构变化中积极传播社会主流价值观，形成国内文化繁荣兴盛、凝聚人心的社会基础；对外，以文化“软实力”的增强支撑的中国文明型崛起，在文化产业健全体系的力量保障下，不断融入国际文化产业分工体系并开启全球产业布局的跨国运营，在本土化策略中以弘扬文明共识和相互通约在全球化舞台上为中国文明型崛起寻求支点；在国际力量的大调整、大融合的新一轮全球化运动中发挥引擎作用，以“软实力”的增强在构建“人类命运共同体”实践中发挥支撑作用，为人类文明进步做更多贡献。无论是巩固中华民族伟大复兴的共同思想基础的凝聚人心、国家治理体系和治理能力现代化的精神支撑，还是以“软实力”增强助力中华文化成为世界有影响力的高势能文化的使命担当，都需要以健全的文化产业体系所蕴蓄生成的文化实力的有效拱卫。

二、发达文化产业的强势竞争力是健全文化产业体系使然

文化产业发展的国际经验表明，发达的文化产业及其强势竞争力取决于国家的战略定位，是“文化立国”战略实施的必然，其现实表征就是健全的文

化产业体系。甚至可以说文化产业体系的健全支撑其文化产品，既攫取了经济价值的利润，又占据着民族文化价值传播的优势地位。事实上，一个国家文化“软实力”的增强，能够带动国家形象的提升，同时带来巨大的经济利润。如韩国把“韩流文化”作为“国家名片”，为韩国其他产业带来的出口机会和经济效益，远远超出文化出口本身的价值，已成为韩国企业对外谈判的最大助力。“韩流文化”的强势竞争力源自韩国不断健全的文化产业体系效应的溢出，在推动经济发展的同时，推广了旅游、服装、饮食、美容、家电等产品的出口。2010年韩国文化产业经济规模达到了650多亿美元，相当于韩国2010年国内生产总值的6%，其中涉及在线网络游戏、流行歌曲、广告、电视节目、旅游等多个领域。近年来这一数字在稳定增长，已经形成了良性、完整的文化产业输出模式，显现出典型的韩国式健全文化产业体系的特点。在20世纪90年代末的亚洲金融危机期间，韩国提出“文化立国”战略，并以政策的有效供给扎实推动文化产业发展，有着明确健全文化产业体系的意识。首先，政府在社会中努力营造开放的文化产业环境，积极培养文化产业人才。同时，加大对中小型文化产业企业的投资力度，利用政策倾斜推动文化产业建设。其次，政府积极协调企业与文化发展之间的关系，形成企业发展与文化产业发展的一体化效应，使之与社会主流价值观的传播呈正向关系。最后，政府非常重视发挥社会大众的作用，鼓励民众在文化消费中形成强烈的民族认同感和使命感，从而有效传播了韩国的发展理念，并在对外传播中保障国家和民族文化的特色、特征不会消失。

在提出“文化立国”主张和追求文化产业体系健全方面，日本文化产业发展也颇有特点。不同于韩国倚重文化产业的外向型发展，日本首先培育了强大的国内文化内容的消费市场，以品牌塑造引领文化产业体系的健全发展，从而保障国内高质量文化产品的有效供给。日本的文化产品非常有民族特色，主要供给国内民众消费，但现在越来越走向国际市场，文化贸易额逐年提高。在文化“走出去”中，日本的文化产业形成了一套行之有效的策略，即通过淡化“日本制造”的文化民族性，使日本的文化产品至少在表面上涂上全球化色彩，开始在国际市场销售。如索尼公司生产的音乐不是日本的而是美国的，从而在淡化民族性中成为全球性产品。这种以无国籍的文化产品命名方式背后，其实是一种营销策略，旨在通过以“文化的无臭商品”（岩源功一语）的命名输出日本的视觉、听觉产品，在全球实现文化的本土化传播——契合了文化产业发展中的全球地方化即全球视野在地消费的一个特点。正是依托日本文化产业体系的健全的高质量供给，日本文化产品的专业化程度很高，在品牌和形象授权主导下，多环节盈利的产业链很长，在国际文化贸易中有着很强的竞争力。其全球地方化策略已成为日本文化产业“走出去”的一条成功经验，即在文化产品输出中尽量稀释日本文化的特殊性，竭力不使别国、其他民族的消费者产生这是日本文化的印象，从而在文化消费中缓和反感和抵触情绪，并力求和当地文化进行混血，以本土化策略引发当地文化产业的复制化、模拟化、改编化。比较有效地减少了文化传播中的折扣，使当地消费者意识不到那是日本的文化，不会认为自己消费的文化产品来自日本。即使觉察到那是日本文化，也不会在心理上产生文化入侵的感觉。根本不觉得那是文化的创造者，充其量把日本作为文化产品的来源地，如同对物质产品的消费一样，久而久之就会产生文化亲近感，日本的主流价值观和可亲的国家形象就这样在世界舞台上被建构起来了。日本的经验表明，文化产业虽然是市场上运行的商业文化，但它的根扎在整个民族的文化土壤和健全的文化生态上，国内的文化消费高地和全社会民众力量的托举，增强了日本文化产业的国际竞争力，这是典型的日本式健全文化产业体系的特点。中国有着丰富的文化资源，其文化产品的国际竞争力却不强，主要源自作为国家文化“软实力”拳头的文化产业竞争力较弱！其根源之一就是文化产业体系不健全所致的力量的分散化、专业化水平不高、创意能力与版权保护的不到位等。国际舞台上的文化博弈是精品之争，其背后是一个国家的文化产业体系的强有力支撑。正是一个国家的文化体系，在总体上决定着文化产业根基的培育和产业链的延伸。究其根本，文化产业绝不仅是显现于市场上流行的商业文化，而是扎根于广阔深厚的民族文化根基中。只有健全的文化产业体系的保障力量，才能促使某些艺术家把目光悉数投向实验艺术、探索艺术，从而为一个民族文化培育艺术想象力和审美创造力，才能催生文化多样性的繁荣盛景，为文化产业的可持续发展积淀优势资源。

作为世界头号文化产业强国，美国在健全文化产业体系上独领风骚，令很多文化产业发达国家都难以望其项背，我们在此也仅是点到为止。首先，在理念上价值观安全被视为美国国家安全的核心内容，作为重要的保障力量的美国文化势必要成为全球高势能文化。事实上，诸多文献资料表明美国文化成为世界主导文化是美国精心策划，并在不断调整其国际文化战略和战术基础上，经过近一个世纪的努力形成的。其次，在实践层面美国文化的发展巧妙地贯彻了“文化例外”原则，形成了独特的美国式的文化运行体制，发展出了冰山力量的商业文化与全球主流消费产品：对内与非商业文化的相互交织，借助大量文化非营利组织，完善美国文化产业体系的诸多环节，以庞大的社会力量焕发了美国文化的活力和不断的创新意识；对外主要借助由大公司操控的好莱坞电影、流行音乐、百老汇商业戏剧和文学畅销书，在全球市场输出美国的价值观和生活方式。它在科技力和经济力支撑下，已经构成了一个有强势竞争力的文化战略体系和文化产业发展体系，并有着饕餮的胃口，在国际市场上所向披靡。最后，保障美国文化产业体系高效运行的是完善高效的法律（如版权保护、税收调节等）体系，一个完善高效的法律体系护体下的健全的文化产业体系，成就了美国在全球的文化霸权。我们可以很清楚地看到：美国的文化产业发展（包括体制运行）从根本上服务于美国的国家战略，其意识形态的传播是悄然有效的，殊不知迪士尼的庞大产业链俘获了多少青少年儿童的心。即便如此，洞察美国文化产业体系，其文化霸权的真正力量仍不全是浮在海面上的锋利“冰川”，不是这些所向披靡的大众娱乐产品，而是冰山下面遍布全美的非商业文化体系所孕育的无限活力和创新意识！以好莱坞为例，除了几大公司，还有成千上万家中小公司活跃在产业体系上。据估计，现有 11.5 万家公司参与到美国影视行业的产业链中，其中大部分是 10 人以下的中小型企业，直接涉及 77 万员工，间接更是高达 170 万人。高投入、高回报、高风险的规律，要求在细节上谨慎精致，在大势上要有眼光，是健全的电影工业体系使然。电影制片公司出于自身的发展策略，鼓励电影的多样性，但出于风险把控的考虑，这些实验创新的电影通常打着旗下小公司的旗号发行。正是旗下这些极具冒险和创新精神的小公司，成为美国电影工业体系不可或缺的部分。“独立”是就电影工业体系来讲的，在好莱坞它属于美学范畴，却与电影的金融性质毫不相干！可以说，文化产业（大型骨干企业）打出去的是一个拳头，它的力量的强弱不在于拳头本身坚硬与否，而是在于拳头所属者本身体格的健壮，这恰是美国式的健全文化产业体系的特点。它让我们再次看到，所谓文化产业之间的国际竞争，其实是国家之间文化体系的博弈！

中国文化产业经过近20年的产业培育和规模扩张，越来越迈向国民经济支柱产业地位，越来越进入国家战略视野，健全文化产业体系已成为新时代的必然要求。2011年党的十七届六中全会明确提出，“坚持中国特色社会主义文化发展道路，努力建设社会主义文化强国”，① 并做出了“没有文化的积极引领，没有人民精神世界的极大丰富，没有全民族精神力量的充分发挥，一个国家、一个民族不可能屹立于世界民族之林。物质贫乏不是社会主义，精神空虚也不是社会主义。没有社会主义文化繁荣发展，就没有社会主义现代化”② 的重大论断；2017年党的十九大报告指出，“没有高度的文化自信，没有文化的繁荣兴盛，就没有中华民族伟大复兴”。③ 实践经验表明，建设文化强国和坚定文化自信不能沦为空谈，就必须显现为现实中文化的强有力与大众的文化获得感，而作为高质量和丰富产品的有效供给与文化力量之源的现实基础，健全文化产业体系成为聚焦点。可以说，无论从国家战略层面，还是产业发展的现实条件与实践层面，健全体系已成为新时代文化产业发展的时代要求。

---

① 《中共中央关于深化文化体制改革推动社会主义文化大发展大繁荣若干重大问题的决定》. 北京：人民出版社，2011：8.

② 《中共中央关于深化文化体制改革推动社会主义文化大发展大繁荣若干重大问题的决定》. 北京：人民出版社，2011：7.

③ 习近平. 决胜全面建成小康社会夺取新时代中国特色社会主义伟大胜利. 北京：人民出版社，2017：41.

三、健全体系是文化产业结构优化的逻辑必然

2002年开启的新一轮文化体制改革，培育了大量有竞争力的文化市场主体，全社会的文化创造活力不断被激发，统一开放竞争有序的现代文化市场处于完善中，文化产业发展历经启蒙动员阶段开始迈向初级阶段。党的十八大以来，在经历高速发展和体量与规模扩张后，文化产业在经济新常态和供给侧结构性改革中同样面临高质量增长的现实要求，已从超常的高速增长转为平稳有序的中高速发展周期，进入提质增效高质量发展的新阶段。在实践中，文化产业发展日益从思想文化宣传的小圈子融入国民经济的大循环，文化与经济交融的程度不断加深，现代化总体布局的“五位一体”的统筹发展日益协调，人民大众的文化获得感日益增强，文化的地位和作用不断凸显。文化产业发展的视野日趋现代化、信息化、全球化，与国际发达文化产业的互动能力和“走出去”的步伐显著增强，文化产业自身的结构优化与健全体系的内在要求日趋强烈。可以说，新时代文化产业在多重视野驱动下，健全产业体系已成为自身发展的逻辑必然，也是担当新时代新使命能力要求的必然。

文化产业国际竞争的实质是国家之间文化体系的博弈，它之于一个国家需要培育文化之核和夯实文化产业之基，需要铸魂强身健体。文化产业的市场竞争是产业的竞争，也是文化产品的竞争，归根结底是文化的竞争，其核心是文化价值观之争。文化产业链的高端不仅是经济效益的高附加值区，同时也占据了主导文化影响力的制高点。现实中文化产业体系某种程度的断裂，抑制了中国文化发展能力的总体性提升。对于中国文化产业而言，健全文化产业体系的目标是着眼于巩固党的文化领导权的经济基础，提高党管意识形态的执政水平，建构符合中国国情和发展道路的文化现代化体系。以健全的产业体系激发中华民族的文化创造活力，使其成为培育和践行社会主义核心价值观的有效载体。在文化产业的本质与中华民族文化本性相契合的基础上，形成在国际上有优势

竞争力的主导文化产业形态，打造中华文化的全球生产、传播和消费高地，提升中华文化在全球文化博弈中的话语权，提升中华民族在全球化舞台上的位态，使之成为有全球影响力的多元主导文化形态之一。国际话语权的博弈离不开传播体系的有效支撑，中国的外宣面孔不够灵活和表情僵化与传播体系的运作能力不无关联，只有契合传媒发展的文化产业化趋势，即传媒越来越成为产业集团的趋势，在文化贸易的市场竞争中，经由对中国文化产品的消费有效传播主流价值观，让中华文化实实在在地“走进”国际社会，才能提升中华文化的世界影响力。

美国的经验表明，意识形态的教化越来越融入文化产业发展实践，以好莱坞为代表的相对健全完备的电影工业体系，不仅维护着美国电影产业的门槛，还保障着美国电影产业的专业化水平和创新创造的冲动，因而处于全球电影产业国际分工体系的产业链高端，控制着高端的版权和资本运作，主导着衍生产品的品牌开发和产业链的拓展，从而形成了有着庞大经济能力的影响全球布局的产业集团，借此占据文化产业价值链的最高端，从而掌握了所谓“普世价值”（其实就是美国价值观的话语修辞）的话语权。其健全的工业体系可以把作为生产要素的明星片酬控制在合理范围内，其对经济效益的理性追求还使其形成了相对完善、成体系的明星培养机制，可以为包括影视领域在内的文化工业的各环节提供充足的血液，更重要的是在切合市场运作中自然地融入并有效传播了美国社会的主流价值观，使大量海外受众在消费其产品时，不自觉地接受了美国的生活方式和意识形态。美国借机在全球倾销其价值观和生活方式并建构了文化霸权，其强势文化竞争力的形成恰恰依托于美国独特高效运转的文化体制，及其完备的文化产业发展体系。因而，历届美国政府都竭力宣称要不遗余力地捍卫美国价值观的安全，其背后有着一以贯之的国家战略需求。所以，发展文化产业看似产业问题、市场问题，其实是思想问题、价值观问题、意识形态创新问题，说到底是一个政治问题。文化产业是内容产业，内容的有效传播越来越依赖健全的文化产业发展体系。文化产业的国际竞争的实质是国家文化体系之间的博弈，它需要培育文化价值之核和夯实民族文化之基，需要铸魂强身健体。文化产业的市场竞争是产业发展体系的竞争，也是文化产品的竞争，归根结底是文化的竞争，其核心是文化价值观之争。

当下，在《电影产业促进法》等政策法律的支持下，中国电影产业在规模和数量上不可小觑，中国电影市场已稳居世界第二名的地位，中国电影技术与制作能力也今非昔比，与国际产业体系产业链的高端不相上下，但讲故事的能力和主流社会价值观的传播能力、国家形象的塑造能力尚有差距，这其中的原因正如诸多学者指出的，与中国电影产业发展体系不健全、缺失体现中华民族特色的电影美学理论不无关联。这使得在中国大陆市场票房骄人的《泰囧》《西游记之大圣归来》《美人鱼》《战狼2》等，在欧美主流市场却陷入尴尬。在波澜壮阔的新时代，“小清新”的流行必将沦为矫情的无病呻吟，遍地“屌丝”绝不是“中国精神”的弘扬和价值守护，小鲜肉、视觉奇观、明星流量难以弥补电影工业体系的不健全，更难以实现国家正向价值导向的文化力量的蕴蓄，难以助力国家文化“软实力”的增强。正是电影工业体系不健全使得电影投资回报80%以上来自票房，衍生品开发举步维艰，产业链条太短又导致品牌效应难以发挥，结果滋生投资泡沫与梗阻现象。作为市场化程度最高的电影产业尚且如此，更遑论其他产业门类。国内令人艳羡的电影票房，却在世界舞台上对传播和弘扬中国价值、中国精神的作用差强人意，难道不引发我们对健全文化产业体系的溢出效应抱以期待吗？只有不断健全的产业体系才能提升专业化水平、集约化程度，才能使其在产品定位上越来越有全球眼光，才能在国际市场有效传播主流价值观。实践中文化产业体系的割裂和文化价值传播上的顾此失彼，使得中国文化产业发展尽管亮点频出，却未能发展出在世界舞台上的强势竞争力，缺乏为世界人民供给主流文化消费品的能力。须知，全球市场的制高点也是文化价值传播的舆论制高点。文化产业从理论上是一个学科群的概念，在实践中是一个产业群的概念，健全的文化产业体系是对其特性的有效维护，是文化创新的依托力量，而文化创新所形成的需求优势决定并主导着国家文化战略力量的优势及其产业布局。国际风云际会中的文化竞争，也许既不是“冷战”时期赤裸裸的意识形态之战，也不全然是亨廷顿所谓的“文明的冲突”，而是越来越呈现为世界文化经济体之间的文化经济战，其博弈的结果取决于国家文化产业体系健全的程度。文化内容的创新、艺术想象力的激发、审美品位的提升，与健全的文化产业体系呈现正向度关系，是一种促进力量而不是对文化价值创造力的压抑，是文化产业一般生产特性与“非生产劳动”特性的内在统一。因而，在文化生产力驱动下，文化产业结构的优化正是健全文化产业体系的逻辑必然。

新时代，中国越来越走近世界舞台中央，巩固中华民族伟大复兴的思想基础越发重要。一定意义上，中国文化产业发展体系的不健全影响了产业链条的完备及其延伸，尤其是全民族的文化创造创意能力的培育及其价值兑现，也制约了当代中国社会主流价值观的有效传播，使得社会主义核心价值观的培育和践行往往流于生活表层，而未能经由日常生活消费走进大众心理。这既使得中国文化产业发展因缺乏价值观的灵魂，导致自身市场竞争力的疲弱而难以强身健体，又使得大众在多元文化思潮激荡中缺乏主流价值参照系而被撕裂为不同“圈子”的“原子式”存在，导致社会治理中出现某种断裂，这种“圈子”对内高度认同、对外极度封闭，不利于增强中华民族的文化凝聚力和对外的文化辐射力。现实境遇要求我们，必须从根本上领会健全文化产业发展体系与激发文化创新创意活力、社会主义核心价值观有效传播之间的内在关联，充分认识到文化产业是当代文化生产、价值传播的一种主导方式，只有依托健全的产业发展体系，才能实现文化创造能力的提升，核心价值观传播、消费和弘扬的有效性。经由健全产业体系优化产业结构，不仅着力于文化产业发展的经济价值的增长，更关乎一个民族艺术想象力、文化创造力、审美品位提升的文化价值的增长。因此，作为对新时代文化产业发展时代命题的一种回应，健全文化产业体系不能形成文化领域的GDP至上倾向，而是着力于具有创新价值的文化内容的生产和社会主流价值的传播，通过推动文化产业的实质性增长，为国家崛起蓄积文化“软实力”，为社会主义现代化“文化强国”建设筑基。

四、产业伦理是健全产业体系的必然诉求

随着“互联网+”理念的逐步渗透，互联网作为社会发展最基础性生产力的作用日渐凸显，相继涌现出一批互联网新技术、新模式、新业态。“IP热”“VR热”“直播热”“网红热”等产业现象，彰显出以互联网为核心的新产业格局正在形成，互联网文化产业对社会发展的驱动效应日渐增强。但在产业发展过程中，“百度魏则西事件”“快播涉黄案”等年度热点案例对技术伦理规范与约束的选择性忽视，说明技术伦理的缺失已成为互联网文化产业发展的重要制约。

互联网文化产业是以现代互联网信息技术为支撑的产业类别，在产业发展的过程中如何使用互联网技术关系到产业发展的伦理价值取向。长期以来，肇始于1984年“环球电影制片公司诉索尼公司案”的“技术中立”构成了评判互联网信息技术的主要原则。百度在回应“百度魏则西事件”时，以“技术中立”原则为护身符，认为搜索结果的排序是由计算机系统综合质量度、信誉评价等因素综合计算得出的，非百度刻意为之。“快播涉黄案”的涉案者在做“公司无罪自己无罪”的辩护时，也拿“技术中立”做挡箭牌，宣称快播只是“软件技术提供商，没有内容，不算内容平台商”。可以说，百度与快播均试图以“技术中立”原则将自己从是非中抽身而出，逃离这纷争之地。

然而，在二者向我们普及“技术中立”原则时，绝不能被它们那套“技术—工具”的说辞所蒙蔽。的确，技术本身并没有善恶之分，但割裂技术与社会生产生活的关系，将技术与其相关内容割裂开来，片面强调工具的独立性，则是明显回避技术作为产业要素在产业开发中的伦理责任，无疑会将以其为核心基础的产业置于一种高危运行状态。可以说，“百度魏则西事件”“快播涉黄案”揭开了我国互联网文化产业发展乱象的冰山一角，背后是整个产业没有一套相对完善或能一致可遵守的技术伦理。易言之，互联网文化产业陷入了技术

伦理的困境，而陷入这一伦理困境的原因大致体现在以下两个方面：

一方面，市场经济体系仍不成熟，新兴产业发展速度过快。以往的发展过程重视科技对社会发展的驱动效应，却相对忽略科技的负面影响，导致技术伦理在整个市场经济体系构建中处于被漠视的边缘。与此同时，互联网技术及其相关产业快速发展凸显出技术的重要性，但互联网文化产业保持的较快增长速度又使技术伦理的构建显得力不从心。据预测，2016 年我国网红行业的市场规模约为 528 亿元，2015—2018 年网红行业的复合增长率约为 59.4%，将呈井喷式发展，但其现在的涉暴、涉黄或“打擦边球”的方式，严重干扰产业的有序发展。

另一方面，法规体系尚不完善，制度建设相对滞后。虽然践行技术伦理需要内化于产业行动，但相关制度、法规对产业行为的规范仍不可缺失。美国在伦理规范和法规建设上健全，才造就了谷歌这样将“永不作恶”设为经营理念和核心价值观念的世界一流企业。虽然 2002 年我国出台《中国互联网行业自律公约》，但自律公约仅是一种软性的束缚，需要法律做必要的补充，而文化领域相关法律法规的长期缺失，使互联网文化产业技术伦理的构建缺少硬性措施保障，致使乱象频出。因此，加快《文化产业促进法》《公共文化服务基本保障法》等法律法规的出台，不仅是构建互联网文化产业技术伦理的需要，更是推动互联网文化产业健康发展的需要。

推进互联网文化产业技术伦理构建，杜绝在产业发展中出现违法、违规、侵权、毁誉等现象，绝非一蹴而就。市场经济体系的完善是一个渐变的过程，相关法规制度的跟进又应与产业实践密切相关，而不同条件下的产业实践需要不同的技术伦理，所以在技术伦理原则构建的普遍与特殊、一般与个别、共性与个性之间，充分释放技术对生产关系的调整与改造，是一个需要多方协调的系统性工程。

（作者：范玉刚）

第八章

文化新变革：我国文化创意产业的技术迭代与形式创新

新技术改变了人类的社会、经济、文化、生态，互联网改变了我们的生存方式，而“互联网 +”则全面推进了文化科技跨界融合的进程。在这种发展态势下，文化经济、文化创意、科文融合的新环境呈现出“大、智、云、移、自，小、微、新、特、融”等十大创新 - 创意新特征。所谓社会发展的“大、智、云、移、自”，就是大数据、智慧城市、云计算、移动网、自媒体。所谓运营方式的“小、微、新、特、融”，就是小企业、微方式、新业态、酷特色、融思维。

第三次工业革命，强调互联网思维、3D 打印，那么现在风靡全国的“互联网 +”就是新的历史的里程碑。2015 年 3 月 5 日，在十二届全国人大三次会议上，李克强总理在政府工作报告中首次提出“互联网 +”行动计划。2015 年 7 月，国务院印发《关于积极推进“互联网 +”行动的指导意见》。2015 年 10 月 29 日，中国共产党第十八届中央委员会第五次全体会议指出：实施网络强国战略，实施“互联网 +”行动计划，发展分享经济，实施国家大数据战略。“互联网 +”实际上是创新 2.0 下的互联网发展新形态、新业态，是知识社会创新 2.0 推动下的互联网形态演进。新一代信息技术发展催生了创新 2.0，而创新 2.0 重塑了物联网、云计算、社会计算、大数据等新一代信息技术的新形态，形成了我国文化创意产业新的发展方向、新的可进入领域和新的发展方法与路径。

那么，互联网新技术究竟带来了什么样的变化？在“互联网 +”的最新态势下，文化创意产业如何发展？它所进一步升级换代的背景和环境是什么？它是如何实现行业跨越、地域跨越、部门跨越和所有制跨越的？

一、新技术：大数据时代的新变革

过去我们有数据库，现在为什么还要搞大数据？什么是大数据？大数据和过去的不同在哪里？

当今世界正在进入大数据时代，数据的作用前所未有地凸显，成为国家竞争的前沿、企业创新的来源。大数据是以容量大、类型多、存取速度快、应用价值高为主要特征的数据集合，正快速发展为对数量巨大、来源分散、格式多样的数据进行采集、存储和关联分析，从中发现新知识、创造新价值、提升新能力的新一代互联网信息技术和服务业态[1]。

“大数据”（Big Data）是什么？研究机构 Gartner 给出了定义，“大数据”是海量、高增长率和多样化的信息资产，它以新的处理模式因而具有更强的决策力、洞察发现力和流程优化能力。大数据技术的战略意义不在于掌握庞大的数据信息，而在于对这些含有意义的数据进行专业化处理。换言之，如果把大数据看作一种产业，那么这种产业实现盈利的关键，在于提高对数据的“加工能力”，通过“加工”实现数据的“增值”。

大数据是数据分析的前沿技术。它具有四个层面的特点：通常被概括为 4 个“V”——Volume（数据体量大）、Variety（数据类型繁多）、Velocity（处理速度快）、Value（价值密度低）。仔细来看，它首先表现为数据体量巨大。第一，从 TB 级别，跃升到 PB 级别。第二，数据类型纷繁多样。如购物记录、网络日志、微博微信、视频、图片、地理位置信息甚至弹幕表达等。第三，处理速度快，1 秒定律，可从各种类型的数据中快速获得高价值的信息，这一点也是和传统的数据挖掘技术有着本质的不同。第四，只要合理利用数据并对其进行正确、准确的分析，将会带来很高的价值回报。大数据是从各种各样类型的数据中，快速获得有价值信息的能力，这就是大数据技术。

处于世界经济发展前沿、信息技术创新前列的国家——美国，将大数据看作“未来的新石油”。大数据最经典的案例是：奥巴马及其团队创新性地将大数据应用到竞选活动中，通过对近两年搜集、存储的海量数据进行分析挖掘，寻找和锁定潜在的己方选民，运用数字化策略定位、拉拢中间派选民及筹集选举资金，成为将大数据价值与魅力发挥到淋漓尽致的典型。

2012 年 3 月 29 日，奥巴马政府宣布启动《大数据研究和发展计划》，同时组建“大数据高级指导小组”，涉及美国国家科学基金、国家卫生研究院、能源部、国防部等 6 个联邦政府部门，宣布将启动 2 亿美元的投资计划，提高从大

---

① Magoulas, Roger; Lorica, Ben（February 2009）. "Introduction to Big Data". Release 2.0（Sebastopol CA: O'Reilly Media）（11）.

量数据中访问、组织、收集发现信息的工具和技术水平。这使得美国成为全球首个将大数据从商业行为上升到国家意志和国家战略的国家①。

作为大数据的先锋国家，美国做了什么？首先，它以大数据应用来判断未来发展的大趋势，以确定国家发展的长远战略。在具体运用上，支持政务活动，如公共政策、舆情监控、犯罪预测、反恐等的开展，推动政府管理方式变革和管理能力提升。其次，以大数据应用增强社会服务能力。美国的 Facebook 等巨型社交网络，以及微博、搜索引擎等积累了海量历史数据，并在不断产生新的数据。美国的人口、交通、医疗等公共事业部门通过对这些新媒体数据的挖掘，实现了对人口流动、交通拥堵、传染病蔓延等情况的实时分析。最后，目前大数据应用的实践领域主要在商业应用中。美国商业企业运用大数据进行决策。沃尔玛、可口可乐等消费企业借助数据分析掌握消费者习惯，从而制定针对性的营销策略，成为应用大数据的早期获益者。最为人乐道的案例之一就是沃尔玛通过分析挖掘销售数据，发现并实施了“啤酒 + 尿布”的营销策略②。除上述行业外，医疗卫生、交通物流、金融等领域的机构和企业，都在逐步发现大数据的价值，加入应用大数据的行列。

在未来的国家竞争中，最稀缺的人才是大数据分析师、大数据管理师等，按照时下的命名方式，笔者将其命名为“数客”。现代人都生活在网络中，凡是鼠标所能达到的地方，大数据就能够把各种各样零散的信息通过数据的方式搜集到一起。过去作为领导，都是先听下属汇报工作，提供各种各样的资料和情况，再来做决策。现在情况不同了，大数据的收集是无因果关系的全数据搜集，更多看似没有密切关联的信息也都会被集中起来。目前，美国娱乐产业就以数据技术为新的营销策略，以网络为依托，搜索、联络、互动、交易，实现

① Howard Wactlar, CISE Directorate; National Science Foundation, Big Data R&D Initiative, NIST Big Data Meeting, June, 2012; http://www.nist.gov/itl/ssd/is/upload/NIST-BD-Platforms-05-Big-Data-Wactlar-slides.pdf.

② Segaran, Toby; Hammerbacher, Jeff（2009）. Beautiful Data: The Stories Behind Elegant Data Solutions. O'Reilly Media. p. 257.

对目标客户的数据抓取，分析数据，测写客户特征，从而为电视台、电影公司、广告商提供最优的项目和营销方案。

2015年8月30日，国务院印发促进大数据发展行动纲要。纲要提出：大数据成为推动经济转型发展的新动力。以数据流引领技术流、物质流、资金流、人才流，将深刻影响社会分工协作的组织模式，促进生产组织方式的集约和创新。大数据成为重塑国家竞争优势的新机遇。在全球信息化快速发展的大背景下，大数据已成为国家重要的基础性战略资源，正引领新一轮科技创新。大数据成为提升政府治理能力的新途径。大数据应用能够揭示传统技术方式难以展现的关联关系，推动政府数据开放共享，促进社会事业数据融合和资源整合，将极大提升政府整体数据分析能力，为有效处理复杂的社会问题提供新的手段。

目前，对于文化创意产业来说，大数据还是一个刚刚起步的操作。其重心首先是互联网时代的数字转型，是"互联网+"在文创领域以及跨界融合的全面推进。大数据在文创发展方向、战略布局、文化金融、内容产业、文化管理、文化营销与文化消费方面将发挥重要作用。目前，一些企业已经开始了数字创新实践。小米的总裁雷军说："我对大数据库云服务极其在意。我相信在新增数据量里面，小米在中国这些公司里面就是NO.1。所以如果我们不能用big data的技术，转化出价值，那我们公司再撑下去就真的破产了。它每个月都在新增，用户的数据用户不删除，我们是没有权利删除的，它是越来越多。但是我有信心。推进数据本地化，公布所有的隐私白皮书，说明白到底收集些什么数据，这些数据将怎么用，要得到用户的什么授权"。[①] 这里的关键是大数据将必然转化出价值。

"数客"的培养，特别是首席数据官（CDO）、数据分析师的选拔与培养，成为未来文创企业的标配，这对于把握企业文化、创意、营销的发展方向具有重要作用。也有人认为，首席数据官已经不够，而首席数据洞察官将成为更为

① 原载福布斯中文网（上海）2014-12-05 15:50:15 雷军：如果大数据不能转化价值，小米就破产了。

重要的角色，他们将成为大数据分析整理过程中的关键领导者。也就是说，未来的 CEO、总裁，都必须成为数据洞察师。而甲骨文公司则预测一种新型用户：数据平民（Data Civilian）将崛起。未来更简单的大数据发现工具会让大数据分析更加普遍，包括运用探索性机器学习方法来进行大数据分析。①

二、新环境：智慧城市的大格局

智慧城市是把新一代信息技术充分运用在城市的各行各业之中的基于知识社会下一代创新 2.0 的城市信息化高级形态②。智慧城市基于互联网、云计算等新一代信息技术以及大数据、社交网络、Fab Lab、Living Lab、综合集成法等工具和方法的应用，营造有利于创新涌现的生态，实现全面透彻的感知、宽带泛在的互联、智能融合的应用以及以用户创新、开放创新、大众创新、协同创新为特征的可持续创新。

智慧城市经常与数字城市、感知城市、无线城市、智能城市、生态城市、低碳城市等区域发展概念相交叉，与电子政务、智能交通、智能电网等行业信息化概念发生交集。智慧城市是建立在高新技术发明与应用，特别是互联网建设的以人为本和可持续创新当代城市发展理念与实践。智慧城市将对整个社会

① 见 http://www.evget.com/article/2016/1/6/23343.html《2016 年最值得关注的大数据领域 33 大预测》，其内容为：7. 首席数据官将成为信息技术领域的“新宠儿”，Blazent 公司首席技术官办公室负责人 Michael Ludwig 认为，首席数据官（CDO）会成为信息技术领域的“新宠儿”，永远让办公室政治更显错综复杂。他写道：“正是由于大数据很复杂，又需要完整而准确的数据，首席数据官会变得越来越重要。因而，首席技术官和首席信息官需要给首席数据官让出地方，除非确立了明确界定的角色，并成立了相关团队，否则高层管理团队当中会出现紧张局势。” 8. 首席洞察官成为大数据整理过程的关键领导者，但不是每个人都这么认为，其中包括 PROS 公司的首席远见官 Craig Zawada。“2016 年，我们会开始看到被任命的首席数据官日渐式微，这是过去的一种角色。相反，2016 年会出现首席洞察官，这类人将成为大数据整理过程中的关键领导者。”

② http://www.academia.edu/21181336/Smart_City_Roadmap.

形态，城市的未来走向和途径产生深远影响。智慧城市是继数字城市之后信息化城市发展的高级形态①。

2010年，IBM正式提出了“智慧的城市”愿景。与此同时，国内不少公司也在“智慧地球”启示下提出架构体系，如“智慧城市4+1体系”，已在城市综合体等智能化项目中得到应用。最近国家制定的海绵城市计划就是推动智慧城市发展的一项战略决策。

2013年8月，国务院办公厅就发布了关于促进信息消费、扩大内需的若干意见，意见提出要通过促进公共信息资源共享和开发利用，加快智慧城市建设来提升公共服务信息化水平。意见提道：在有条件的城市开展智慧城市试点示范建设。各试点城市要出台鼓励市场化投融资、信息系统服务外包、信息资源社会化开发利用等政策。支持公用设备设施的智能化改造升级，加快实施智能电网、智能交通、智能水务、智慧国土、智慧物流等工程。鼓励各类市场主体共同参与智慧城市建设。

2015年4月22日，阿里巴巴正在整合旗下资源，推出“智慧城市”一站式解决方案。各地政府通过接入该“城市服务”平台，可以利用手机为用户提供公共服务。

阿里巴巴方面宣布，上海、广州、深圳、杭州等首批12个城市“互联网+”城市服务已同步上线。用户通过支付宝钱包、微博和手机淘宝进入“城市服务”平台，完成交通违章查询、路况及公交查询、生活缴费、医院挂号等通用服务。这种“互联网+城市服务”，让偏远地区的用户也能够通过手机便利地享受城市公共服务，推进公共服务的均等化。

目前国内以北京为首的特大、大型城市都迫切需要解决的交通（堵车）问题、雾霾问题、生态保护、城市整体建设、公共服务、医疗保障、养老健身等问题，都可以在新智慧城市的“智慧”中，用高科技手段来逐步解决。

---

① Komninos, Nicos（2013-08-22）. "What makes cities intelligent?". In Deakin, Mark. Smart Cities: Governing, Modelling and Analysing the Transition. Taylor and Francis. p. 77.

正是由于智慧城市的发展，为文化创意产业提供了巨大的生产性消费需求和更为普遍的生活性消费需求，在“互联网+”与“文化+”的双加相互作用中，开创出更为宽广的创意空间。

三、新发展：云计算的崛起与运营

云计算（Cloud Computing）。现在大家对于“云端”的概念已经很熟悉了。严格地说，云计算是分布式计算（Distributed Computing）、并行计算（Parallel Computing）、效用计算（Utility Computing）、网络存储（Network Storage Technologies）、虚拟化（Virtualization）、负载均衡（Load Balance）等传统计算机和网络技术发展融合的产物[①]。云是网络、互联网的一种比喻说法。过去往往用云来表示电信网，后来也用来表示互联网和底层基础设施的抽象形态。云计算是继20世纪80年代大型计算机到客户端—服务器的大转变之后的又一种巨变。它被看作互联网发展的第三次浪潮，是中国战略性新兴产业的重要组成部分。它将带来生活、生产方式和商业模式的根本性改变，已成为当前全社会关注的热点。作为一种新兴的资源使用和交付模式，它描述了一种基于互联网的新的IT服务增加、使用和交付模式，它意味着计算能力也可作为一种商品通过互联网进行流通。

现在我们每个人可以把自己的信息存到云上去，无论在什么地方，只要能接通网络都可以办公，甚至拿着手机就可以办公了。上传、下载都是很方便的事情。

云计算给我们带来的好处非常多。举个例子，大家都知道动画电影的制作时间很长，每个画面制作出来之后还要放在一起用计算机再重新处理一遍，才

① Hassan, Qusay (2011). "Demystifying Cloud Computing". The Journal of Defense Software Engineering (CrossTalk) 2011 (Jan/Feb): 16 - 21.

能成为可以放映的成品，这个过程叫作渲染。以前这个渲染过程需要几家动漫公司的多台服务器连续工作一两个月才能完成，因为需要处理的数据量非常巨大。现在使用云计算中心，三五十分钟就做完了。

再举个例子，现在有一种新兴的网络电商方式，叫微店网。全国的公司都可以到微店网上来注册，把产品放上来，一批个人经营的小店、微店从中挑选产品来经营出售，卖出去以后直接通过网络把订单交给厂方，厂方通过物联网进行配送。这种交易方式不受时间和地域的限制，信息沟通上也不存在问题。在购物方式和电商经营方式上创造了新的云销售的奇迹。

这些年电商里有个特别出名的企业叫三只松鼠，成立于2012年，厂址在安徽芜湖，是一家以坚果、干果、茶叶等森林食品的研发、分装及网络自有B2C品牌销售的现代化新型企业。2013年11月11日光棍节，这家公司的干果和其他相关产品在天猫上卖了760多万元，而且全部是通过网络完成的。它是怎么做到的呢？当然是有一套网络销售的经营模式，同时也和自身的基础设施有关。其实这个公司的老板自己也不懂，但是他高薪聘请了专家来帮他打理。我们看到三只松鼠坚果的营销方式就是一种利用了云和网络营销来完成其整体发展的最典型的方式。一个普普通通的坚果公司在网络上创造了销售奇迹。

四、新机制：移动网走向主流

随着互联网技术的发展，过去我们需要在电脑上完成的事情，现在都可以在手机上完成了。我国现有网民中，手机用户占了绝大多数，其中3G、4G用户就占了很大部分。虽然说在可预知的未来手机还有很大的发展空间，但从总体上来说，移动网在全世界拥有着绝对不可动摇的地位。

美国调研发布了一份全球屏幕排名[①]，第一位是手机屏幕，紧随其后的是PC

① 来源 http://services.google.com/fh/files/misc/multisceenworld_final.pdf.

机电脑屏幕，第三位是 ipad（平板电脑）屏幕，第四位才是电视屏幕。这四种屏幕加起来占据了人们生活中信息获取总量的 90% 以上，剩下的不到 10% 是广播、报纸和期刊。广播一度沦为非常落后的传播方式，但随着私家车深入老百姓的生活中，车载广播得到了复兴。而曾经在全球传媒发展中占据重要地位的报纸期刊媒体则江河日下。

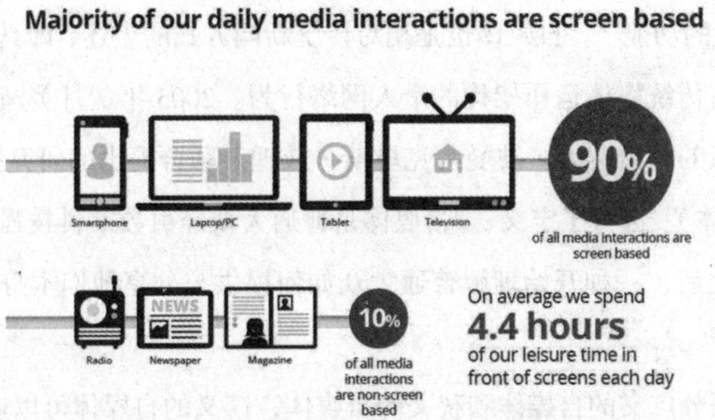

现在每天还有不少人由于职业、工作在看纸质报纸，但看的人越来越少，有些人只是偶尔看一看。全球有不少报纸杂志的纸质版已经停刊。反观有多少人每天能够不看微博、微信的？几乎没有，特别是年轻人，除了那些根本就没有开通微博、微信的人。我们过去都是通过报纸获取信息，现在不是不愿意看报纸，而是手机上的信息更快捷更简短。从全球来看，坚持看纸质报纸的人的确是越来越少了。有些报纸办了一二百年，已经非常有名了，现在都宣布不再出纸质版了。久负盛名的百年老报《基督教科学箴言报》从 2009 年起就已停刊，英国有着 168 年历史的《世界新闻报》停刊。港台流行文化杂志《YES！》、日本版权合作时尚刊《Oggi 今日风采》、财讯传媒两本国外版权合作刊《动感驾驭》和《科技新时代 Popular Science》停刊。国内更有一批纸媒停刊，如华商传媒集团的《钱经》、南方报业传媒集团的《风尚周报》、现代传播的纯文学杂志《天南》、专业数码游戏刊《数字通讯》。

五、新形态：自媒体迅速崛起

自媒体（We-Media）——互联网术语，意指在网络技术，特别是Web2.0的环境下，由于博客、微博、共享协作平台、社交网络的兴起，使每个人都具有媒体、传媒的功能[①]。自媒体也是相对传统新闻方式的表述，即具有传统媒体功能却不具有传统媒体运作架构的个人网络行为。2003年7月美国新闻学会的媒体中心出版的，由谢因·波曼与克里斯·威理斯联合提出的研究报告对“We Media（自媒体）”进行了定义：“自媒体是普通大众经由数字科技强化与全球知识体系相连之后，一种开始理解普通大众如何提供与分享他们本身的事实和新闻的途径。”[②]

自媒体可分广义的自媒体和狭义的自媒体，广义的自媒体可以追溯到20世纪末，当时的BBS个人专辑都可以叫自媒体，然后就是博客、微博等。而狭义的自媒体则是可以以微信公众号为标志，再加上之后的百度百家、搜狐、网易、腾讯等自媒体写作平台。简单地说，自媒体就是指为个体提供信息生产、积累、共享、传播内容兼具私密性和公开性的信息传播方式。

自媒体打破了过去官方媒体一统天下的局面，迅速发展起来。一个微信公众号，就会有几千人的朋友圈和几万、几十万人甚至百万以上的粉丝。总的来讲，过去那种由官方的大型传播机构来主导的传播方式已经变成了无数多元化的自媒体传播方式。

自媒体的发展是不断演进的。首先出现的是博客，当初最出名的博主是老徐（徐静蕾），她的个人主页有2000多万粉丝。这种博客的出现是一种根本性

① Dan Gillmor, We the Media Grassroots Journalism by the People, for the People, O' Reilly 2004.

② Shayne Bowman and Chris Willis, We Media: How audiences are shaping the future of news and information, The Media Center at The American Press Institute, 2003.

的转变，它标志着个体的信息发布成为公众化的媒体，这就是自媒体。后来有了微博，就出现了很多拥有百万粉丝的“大V”，比如姚晨，她的微博粉丝是千万级的。这些“大V”每个人都是一个自媒体，他们承担了过去只有官方媒体拥有的传播功能。其后便进入了微信时代，这是一个更巨大的变革，国内每月微信活跃的人数超过5.8亿。

传统媒体业与新媒体产业都是文化创意产业的重要部类，如何让传统媒体升级换代，让新媒体快速发展，让传统媒体与新媒体高度融合。当下，除了门户网站、博客、微博、客户端外，微信等新媒体（公众号，朋友圈）已经成为传统媒体拓展影响的标配。

六、新特色：小、微、新、特、融

当前，在“互联网+”的推动下，创客空间建设和创客实业发展，成为2015年最重要的经济文化发展方向之一。国务院办公厅印发了《关于发展众创空间，推进大众创新创业的指导意见》，提出“大众创业、万众创新”（双创）。“双创”作为我国经济转型和保增长的双引擎之一，迅速推动和形成了继20世纪80年代的两个创业潮——个体户创业潮、20世纪90年代网络精英创业潮之后的第三次创业潮。这次创业潮和以往的“下海”有所不同，文化科技的创新、创意与创业在此轮高潮中具有举足轻重的作用，成为“双创”战略的一个引擎。其特点可概括为“小、微、新、特、融”。

第一，小企业。现在中小企业、小微企业对于我国的经济有很重要的意义。国家越来越重视中小企业的发展，小企业越来越多，小企业的发展也越来越快，更多的人投入市场，创办自己的企业。在整个发展的过程中，现代的文化创意经济作为一种新的运营方式，和过去的那种生产线制造业的方式完全不同，要求有更多的独特性。

第二，微方式。它指微博、微信、微电影、微动漫、微视频等微媒体，微营销这些都是我们能看得到的微产业方式。微方式实际上已经成了我们生活和经济、消费活动中必不可少的方式。过去我们还在发短信，每条都要支付费用。现在我们用微信的方式，用微视频的方式直接交流。即使隔着千山万水，拿起手机就可以清清楚楚地面对面交流。

第三，新业态。我们以前讲的文化产业就是演出、广播、电视、电影、出版、文化旅游等类别。今天的文化产业每天都在产生新的业态。最近，百度、腾讯、阿里巴巴都开始通过互联网的方式介入医疗产业。阿里巴巴与上海最大的汽车公司合作，建立汽车基金。格力电器准备进军手机市场。滴滴打车、饿了么等企业获得高额投资、融资，这些都表明新业态的产生打破了原有的界限，将会创造出很多以前难以想象的东西。

第四，酷特色。“酷”这个概念就是现代社会时尚和发展的一种基本特色。日本人称自己是酷日本，韩国人说他们是酷韩国。韩国和日本的这种酷的特色对我们的影响是非常大的。几年前热播的韩剧《来自星星的你》，引发了很大的热潮。这样一种酷特色指的就是新一代年轻人，“80后”“90后”甚至“00后”青年群体性追逐的浪潮式时尚文化新潮流，新奇、新颖、新特，反叛、反抗、反向，是他们鲜明的时代标记。

第五，融思维。它指跨界的思维，融合的思维，人们有需求，精神有需求，生命有需求，人的爱好也有需求。以前在文化产业领域里，就“文化产业到底包含哪些”争论了很多年。以前官方倾向于把互联网圈定在某个范围，按照科层和整体的条块分隔的管理方式，不能越界。但是，今天“互联网+”带来的是跨界融合、行业融合。2014年国务院10号文件明确提出，文化创意与设计服务要为装备业、消费品业、信息业、建筑业服务，整体还要为旅游业、农业、甚至包括体育产业服务。既然要为这么多产业服务，互联网就是要与各产业融合在一起。我们不再需要去争论互联网中的某些企业是不是文化创意企业。文化产业发展到一定阶段一定要进入创意产业和创意经济的新阶段，这是顺应国际整体发展的必然趋势。以BAT为代表的互联网公司开始了大范围的跨界运营。易观智库最新推出的《互联网金融之互联网理财研究报告》指出，2015年跨界合作将成为常态，仅在互联网金融领域就有百度与电信行业合作的百度“沃百富”，阿里与旅游行业合作的阿里“旅游宝”，百度与电影行业合作的百度“百发有戏”、阿里“娱乐宝”，腾讯与汽车行业合作的腾讯“奥迪 A3 理财通”。

所以，今天我们谈到的“互联网 +”不再仅仅是过去的互联网思维的概念，而是由思维进入实践领域，“互联网 +”由一种观念创新、理论创新进入实践创新之中，成为一种经济行动的纲领与文化行动的动力，并开示了未来发展的方向和路径。

总之，我国“互联网 +”背景下的文化创意产业面临着从技术基础形态到文化内容产业、数字传播、体验营销的新阶段。研究这一新阶段的新特点、新方式，对于预测未来总体趋势、文创产业转型升级、文创企业发展选择，都是十分必要的。

（作者：金元浦）

第九章

独角兽竞争：我国文化创意产业发展的新领域与新形态

独角兽的发现和增长是全球综合融汇大势下文化创意产业加快发展的新趋势。独角兽企业始终将创意、创新放在企业发展的核心，坚持原创理念导引，努力发现互联网高科技时代新形势下的社会现实变革带来的新机遇、市场和消费变革带来的新需求。中美两国是全球“独角兽”聚集的中心。我国各地积极培育独角兽企业，形成了激烈竞争态势。

5G支持下的智能时代，独角兽的发现和增长是全球综合融汇大势下文化创意产业加快发展的新趋势。独角兽企业，是在当今互联网+高科技时代新兴的、高速成长的前沿企业，是全球新的经济文化发展中最具潜力的资产，是衡量一个国家、一个城市、一个地区创新能力的一把标尺。它代表着下一代新经济的潜力和发展方向，也是在新的中美竞争中谁将拥有未来的重要战略角逐。在这一领域，中美独角兽的竞争目前已显示为平衡态。这一新的战略关注点关系到我国经济、社会和文创产业的高质量升级换代，关系到未来全球发展中我国的战略位置。我国相关政府部门、行业必须进一步发现、寻找和大力培育文创独角兽，防止忽视误判，导致战略机遇丧失。

那么，独角兽时代我们怎样思考？5G时代我们为什么要发现、寻找和大力培育文创独角兽？为什么说中美独角兽之争是拥有未来之争？新时代文创独角兽企业该怎样“负重”前行？

关于传统的产业形态，美国和欧洲占有很大的优势，比如传统的文化创意企业——电视、新闻、传播、报纸、期刊；娱乐产业中的好莱坞电影、迪士尼、拉斯维加斯、NBA、橄榄球无不是全球顶级企业“巨无霸”。在这一领域，中国是后来者，是学生。它多年来努力学习，力图超越，然而收效不大。

进入互联网时代，中国向美国和欧洲学习，小有成绩，与欧洲拉近了距离。也想对美国弯道超车，奈何苦追苦赶，美国一大批头部企业——苹果、谷歌、亚马逊、微软和脸书等依然坚挺。我国只有阿里、腾讯、京东、百度、华为、中兴等一批准头部企业可以与之某一方面相颉颃。目前整体格局尚未改变，未来将怎么变化？

一、叩问独角兽为何，何为？

那么，什么是独角兽？

独角兽原是神话传说中的一种生物，它稀有而且高贵，其形象在儿童画册里被画为一匹美丽的神马，额头上长着一只角。后被引入经济领域，迅速成为美国风投界的术语，而后成为经济学概念。美国著名 Cowboy Ventures 投资人 Aileen Lee 在 2013 年将私募和公开市场的估值超过 10 亿美元的创业公司作为特定的类别与其他企业区别开来，她将这些公司称为“独角兽”。其后这一命名迅速流行于硅谷，并且出现在著名《财富》杂志的封面上。而加拿大技术独角兽则被称之为“独角鲸”；现在还有了一个新词汇，叫作“十角兽”，是指估值超过 100 亿美元的初创企业。

根据中国科技部 2017 年发布的《2016 中国独角兽企业发展报告》，中国将“独角兽”企业定义为——在中国境内注册，具有法人资格，成立时间不超过十年，获得过私募投资且尚未上市，估值已超过 10 亿美元的企业。其中超过 100 亿美元的被称为“超级独角兽”企业。

独角兽之所以被这样称颂，是在增长速度、扩张规模、创新能力和应用前景上都超越了以往企业生长的一般发展规律，创造出了一批运用新技术、新思路、新运作方式的创新企业，这些企业迅速成为行业发展的风向标。

Lee 发明独角兽概念的时候，她描绘的是一个具体历史条件下的创新企业的发展状况。从 2003 年到 2013 年间，全球只有 39 家公司从 6 万多家的竞争者中脱颖而出，实现了估值达到 10 亿 + 美元。而 2014 年之后，高增长的独角兽日益增多。

独角兽作为新兴产业，具有如下一些特性：

独角兽企业始终将创意创新放在企业发展的核心，坚持原创理念导引，努力发现互联网高科技时代新形势下的社会现实变革带来的新机遇，市场和消费变革带来的新需求。

独角兽的创新是在高科技背景下居于行业前沿的技术和管理探索，是在跨界融合的产业新态势下于产业边界地带创造的新形态。它是当前全球经济发展的新“物种”。

独角兽企业领军人物往往具有独特的气质：敏锐地发现新质的眼光；独特地发现机遇的独立思考能力；敢于拼搏和承担风险的意识；愿意接受失败的心理准备；不畏困难，勇立潮头，开拓奋进的品质。

独角兽文化创意企业高质量发展有一些必备条件或评价标准：

企业高速成长性。一般来说，独角兽企业发展迅速，创立3—5年即见成效，有些企业达到8—10年，预备上市融资。

独角兽企业一般来说都是依托互联网、移动网、人工智能、大数据、云服务、区块链或相关高科技支撑的创新企业，依靠先进的生产力大力提高生产效率。

独角兽企业一般采用风险融资方式，在若干轮融资支持下完成初创和成长阶段的发展，估值超过10亿美元以上，一部分超过100亿美元。

文化创意产业领域的独角兽在高科技基础上更强调与文化理念、文化传统、文化创意、文化市场、文化需求的高度融合；在科文融合中创造新类型、新市场。

部分外向型独角兽企业在国际化发展上具有先在优势，在跨国发展中实施全球布局、全球运行、全球购销、全球传播的新战略。

文创独角兽企业自身建设必须遵循现代企业管理和运营方式，摈弃非市场的管理和运营模式，逐步发展为符合国际准则的新型产业形态。

独角兽企业具有高速成长的特性。从互联网兴起以来，它以前所未有的速度掀开了商业变革。过去可能需要几十年甚至上百年才能打造出的商业巨头，在现在依托互联网可能只需要几年的时间。这些企业最初通常是以互联网、软件为主，但现在渐渐包括了其他高科技创新领域的行业。这批高速成长的企业广受媒体关注，特别是各国金融机构闻香采蜜，放款养育；政府更是不遗余力地支持、鼓励其迅速发展。

根据CBInsights的2017年的数据，从2013到2017年，中国从几乎没有什么“独角兽”，到拥有全球第二多的国家，仅次于美国，实现了中美之间的独角兽对话。在上榜的 214 家企业中，中国占据了 59 家。中美两国的“独角兽”占比超过了 80%，占据绝对优势，排在第三位的印度占比只有约 4%。CBInsights 是全球最权威的风投调研机构之一，为全球的风险资本、创业公司、专利机构和新闻机构提供着数以百万计的数据量，也成为预示全球经济风向、发现全球创新契机的风向标。

二、中美两国独角兽的比较

近年来，中美两国是全球“独角兽”聚集的中心。两国“独角兽”企业数量合计占全球 80% 左右。但值得注意的是，美国“独角兽”数量比例已从 2013 年的 75% 下降至 2017 年的 41%，而中国 2017 年新晋企业数量达到 21 个，数量比例从 2017 年的 26% 上升至 36%。

进入 2018—2019 年，中美之间情况又发生了新的变化。

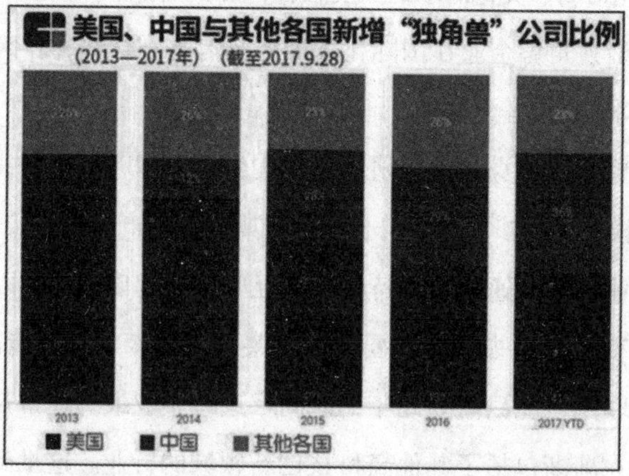

来源：观察者网

2018 年，前瞻研究院锋行链盟截止到 12 月 31 日的一个报告显示，中美独角兽之比为 205:149；2019 年，胡润全球独角兽榜中美独角兽之比为 206：203。

从各榜单看，中美之间数量有增有减，发展速度各有不同，发展重点领域各有所长。中国独角兽企业运作更着重于互联网、金融和文化娱乐；美国独角兽则更多关注企业服务、汽车交通等。全球其他国家独角兽则只有75家，显现出全球独角兽发展出现了中美两强凸显的新格局。在超级独角兽发展上，中国超级独角兽有13家，美国有12家，中美之间大体平衡。

2018年中美超级独角名单（单位：亿美元）

序号	中国			美国			
	公司名称	估值（亿美元）	所属行业	序号	公司名称	估值（亿美元）	所属行业
1	蚂蚁金服	1476.92	金融	1	Uber	720.00	汽车交通
2	今日头条	750.00	文化媒乐	2	WeWork	470.00	房产服务
3	阿里云	710.77	企业服务	3	Airbnb	293.00	旅游
4	滴滴出行	600.00	汽车交通	4	SpaceX	215.00	高端装备制造
5	陆金所	400.00	金融	5	Stripe	200.00	金融
6	口碑	300.00	本地生活	6	Epic Games	150.00	游戏
7	大疆无人机	220.00	硬件	7	JUUL Labs	150.00	硬件
8	京东数科	204.62	金融	8	Pinterest	123.00	社交网络
9	快手	200.00	文化娱乐	9	Samumed	120.00	医疗健康
10	菜鸟网络	200.00	物流	10	Lyft	115.00	汽车交通
11	微众银行	160.00	金融	11	Palantir Technologies	110.00	企业服务
12	比特大陆	150.00	金融	12	Infor	100.00	企业服务
13	京东物流	134.00	物流				

注：2018年，中国超级独角兽有13家，合计估值为5506.31亿美元，占全部独角兽估值的57.52%。美国有超级独角兽12家，合计估值为2766.00亿美元，占全部独角兽估值的49.86%。

来源：参考前瞻产业研究院发布的《2018年中美独角兽研究报告》

“字节跳动”（Bytedance）是我国文化娱乐领域的“互联网+”“移动网+”产生的一匹大黑马。2017年小试锋芒，营业收入为160亿元。2018年为500亿元，2019年约有1000亿元。该公司在2019年的融资中，估值达到760亿美元，成为全球前三位的独角兽企业，同时也是全球文化娱乐类最大的独角兽。2019年，“字节跳动”在数字广告的基础上，又在直播、搜索、知识付费、电商、游戏联运等业务上持续探索，扩大收入来源。旗下拥有App：今日头条、抖音、火山小视频、西瓜视频、悟空问答等。据“字节跳动”披露的最新数据，2020年1月，抖音日活量已突破4亿次。以大用户量和丰富的信息传递为基础，抖音已构建起了“信息流广告＋开屏广告＋KOL营销＋品牌挑战赛＋电商”的多元流量变现形式。这些营收和日活数据，足以震惊所有传统电影公司。“字节跳动”的商业模式建立在网络的正反馈效应之上，其扩张空间不是传统电影商业模式可以比拟的。其实，“字节跳动”在更早之前已经在电影、剧集、综艺领域开始布局。旗下的西瓜视频也已经开始和优酷、爱奇艺、腾讯三家展开了长视频领域的竞争，靠着今日头条的算法推荐有效地挖掘了流量红利，直追三大视频巨头。“字节跳动”本身则参与了国庆档电影《我和我的祖国》，并成为了《唐人街探案3》《熊出没·狂野大陆》两部春节档电影的出品方。现在已成为行业巨鳄。

滴滴出行以560亿美元的估值名列前茅，小米以460亿美元的估值也在前列。陆金所作为一家金融资产交易公司被估值185亿美元，位居第八。新美大，估值为180亿美元，排在第九位。在此次登榜的中国独角兽企业中，滴滴、VIPKID、知乎、途家、丁香园等在共享经济领域中占据前沿地位。其中，滴滴以560亿美元的估值高居榜首，全球共享教育平台VIPKID则以30亿美元的估值处于教育行业第一。而知乎、途家、丁香园等在知识共享、住宿共享、医疗共享方面领先的企业，估值也均超过10亿美元。

新美大（美团网与大众点评网合并后的公司）从红杉资本获得7亿美元之后，于2014年第四季度成为“独角兽”公司。以P2P为特色的平安陆金所于2011年第三季度获得由摩根士丹利和平安保险的风投资金，估值100亿美元。同一季度，无人机科技公司大疆以16亿美元估值进入独角兽版图，而截至2015年第二季度，其估值已经突破100亿美元。

需要进一步讨论的是，独角兽的发现和培育有一个重要通道：全球的旗舰企业在保持自身发展的基础上，都在提高捕获独角兽的能力，来构建自己的产业生态圈。这对于独角兽的增长和发展具有十分重要的意义。比如我国互联网企业小米，在构筑自身产业生态中，既不同于阿里巴巴，也不同于腾讯，而是在自身内部打造了一个闭环的产品型生态链：自己构建一个电商平台，自己有一个移动互联网的系统，同时自己也大力开发智能软件。它捕获独角兽的数量达到 5 个。文化娱乐、金融、汽车交通、企业服务、硬件制造各一个。它的外部生态链是围绕相关产业及行业热点进行投资。

腾讯则以社交软件为核心，延伸到多个领域，独角兽捕获数量超过谷歌。腾讯捕获独角兽的数量达到 30 个，行业横跨文化娱乐、电子商务、金融、汽车交通、医疗健康、本地生活、教育、物流、社交、房产服务、游戏、旅游，是一个教科书级的、全面布局的企业运营大手笔。

美国的超级独角兽几乎平均分布在各个领域。Uber 在汽车交通领域独领风骚，是美国最大的超级独角兽；Wework 是房地产服务企业，榜上亚军；Airbnb 是旅游行业的领军超级独角兽；SpaceX 是高端装备制造，Stripe 则是金融企业；EpicGames 是大名鼎鼎的游戏产业，JUUL Labs 则是硬件制造企业。总的看来，其布局比较平衡。

中美两国独角兽总量估值为：2018 年中国独角兽企业合计估值为 9573.31 亿美元，美国独角兽企业合计估值为 5547.90 亿美元。中国金融行业独角兽合计估值最高达到 2931.31 亿美元，而美国金融行业独角兽合计估值为 567.50 亿美元。美国独角兽行业最高的估值为企业服务，达到 1000.70 亿美元，还是比中国企业服务 1146.48 亿美元低一些。中国独角兽在文化娱乐上远超美国，近来电子商务和物流业也在快速崛起；而美国独角兽在高端装备制造、游戏、社交网络甚至旅游上远远超过中国，在房产服务、医疗健康上也超过中国。这符合我们这些年来的了解和感觉。当然这里不是全体规模的比较，而是行业领军独角兽之间的比较。比如我国旅游也有一些潜力独角兽企业如途家网、马蜂窝正在崛起，尚未进入独角兽评价之中。

从估值结构上来看，中美独角兽行业估值结构差异明显。2018 年，中国独角兽合计估值最高的主要行业依次为金融、文化娱乐、汽车交通、企业服务、物流、硬件、医疗健康等领域；而美国独角兽合计估值最高的行业依次为企业服务、汽车交通、金融、房产服务医疗健康、旅游、硬件、高端装备、游戏、社交领域。中美之间相同的是：金融、汽车交通、企业服务是共同关注的重点。不同的是，来自 CVSourse 的榜单将中国电子商务与金融均放在首位，而锋行链盟则将电子商务放在中国非常靠后的位置。这可能是先期设定的分类不同所导致的。无论如何，中国电子商务在全球一直处于前列，是一个既定的事实。

从超级独角兽的数量分布来看，2018 年，中国超级独角兽主要集中在金融行业，共有 3 家，其次是文化娱乐和物流行业，独角兽数量分别有两家。美国超级独角兽数量最多的行业为企业服务和汽车交通，均有两家企业。

中国四行业、美国六行业平均单个企业估值高于全行业平均值。从独角兽各行业平均单个企业估值来看，中国的金融、文化娱乐、本地生活、企业服务四行业的平均单个企业估值均高于全行业平均值，美国的汽车交通、房产服务、高端装备制造、旅游、游戏、金融行业六行业的平均单个企业估值均高于全行业平均值。

2019 年 10 月 21 日，胡润研究院发布首份《2019 胡润全球独角兽榜》。榜单显示，共有 494 家企业上榜，平均估值为 239 亿元人民币，总估值为 11.8 万亿元人民币。中国独角兽占据榜单前三位。

从发展看，我国独角兽数量增加迅速，势头正劲。正在拉近与美国的距离，并不断超越。特别是中国在文化娱乐方面的独角兽领先于美国同类企业，这源于我国文化方面的国民需求在持续增长。互联网、移动网的普及，使网民达到 8.1 亿人，在手机使用中，智能手机拥有率达到 98%。

三、我国城市独角兽成长呈激烈竞争态势

近五年来，我国各地积极培育独角兽企业，形成了激烈竞争态势。各地都将独角兽培育看成城市竞争力的重要标志。据长城战略咨询发布的《2018年中国独角兽企业研究报告》，从地域分布上来看，独角兽集中在“北、上、杭、深”的特征维持不变，四城的经济发达度、制造业成熟度、人才质量、政策优惠度和基础设施完善度都处在全国前列。2018年四城独角兽数量占比达85.7%、估值占比达94.5%。其中，独角兽在北京如雨后春笋般诞生、成长，其已拥有独角兽74家、较上期增加16家、总估值2979.4亿美元，荣登第一，数量占比46%，较上期增长1个百分点，比重持续增加；上海共34家、较上期增加6家、总估值1325.1亿美元；杭州共16家、较上期增加2家、总估值1946.5亿美元；深圳共14家、较上期增加4家、总估值490亿美元。此外，北京继续引领高估值超级独角兽，估值前十位的企业，北京占一半。

2019年胡润研究院《2019胡润全球独角兽榜》榜单显示，按城市排名，北京为全球独角兽之都，共有独角兽82家，轻松领先于旧金山的55家，上海47家，排名第三位，深圳18家，排名第六位。在“前七大城市”中中国占了5席。

城市竞争给各地政府、企业、金融机构带来了新的视角。新一线城市认识到独角兽对于城市未来经济高质量发展升级换代的重要性，随即引发了各个城市对独角兽的竞争性关注。这是全国独角兽快速发展的重要推进因素。以南京为代表的城市开始突破“北、上、杭、深”的格局，新一线城市独角兽开始崛起。从新生54家企业来看，2018年新增城市合肥、青岛、成都和中国香港开始诞生独角兽，2019年新增城市南京、武汉、重庆等地数量也有增加，独角兽分布格局正在逐步变化中。其中南京表现最为突出，共新生5家企业，成都正在迅速崛起。

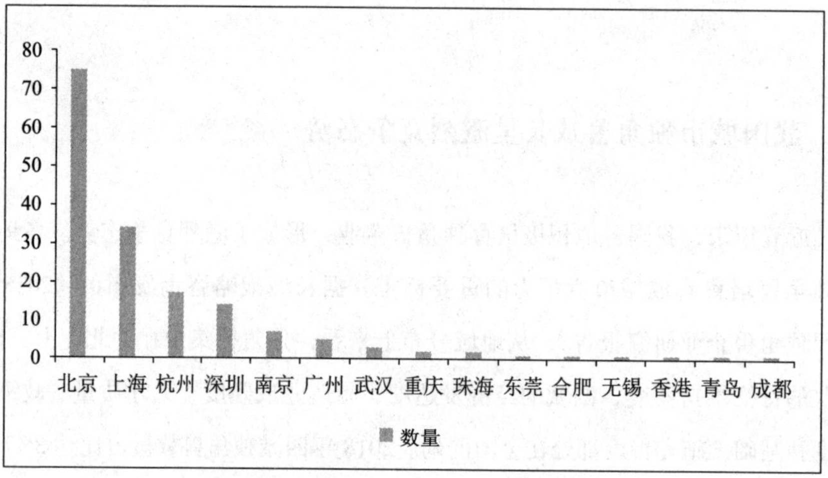

图表 9.1　2018 年中国独角兽地域分布

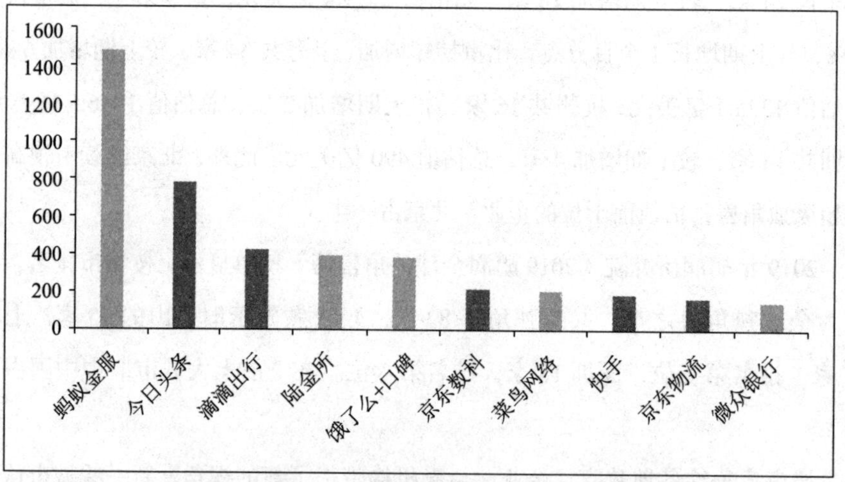

图表 9.2　超级独角兽北京独角兽情况（亿美元）

长城战略咨询在报告中筛选出 161 家估值 10 亿美元以上的独角兽企业，企业估值总和高达 7134.86 亿美元，折算为人民币接近 5 万亿元。2019 年 3 月 1 日，上交所发布的《科创板股票发行上市审核规则》规定的科创板上市标准中，尚未实现营业收入、未来发展空间大的估值 40 亿元以上的企业就可以提交上市申请。因此从《中国独角兽报告 2019》筛选出的 161 家独角兽企业基本满足科创板上市条件，这 161 家企业也是第一批科创板上市的重点备选企业。

2019年，胡润研究院首次发布季度中国潜力独角兽报告。所谓潜力独角兽企业，即瞪羚企业的精选版。胡润研究院发布《2019一季度胡润中国潜力独角兽》榜单，70家高成长性潜力独角兽企业入榜，其中北京以25家企业的数量全国领跑。此次上榜的北京潜力独角兽包括米未传媒、创新奇智、Keep、叮当快药、作业盒子等企业，涉及文化娱乐、人工智能、互联网服务、教育、电子商务、医疗健康、大数据与云计算、智能制造等8个领域。这些潜力独角兽将在未来几年，充分汲取北京这座独角兽之城的人才、技术、资本养分，蓄势完成华丽蜕变。

旷视科技完成了D轮第二阶段股权融资，总融资额约7.5亿美元。D轮融资将用于加强其在深度学习领域的技术优势，并加速人工智能解决方案的商业化落地，并将用于招聘顶级AI人才，推动国际化布局。2011年，旷视科技由印奇、唐文斌和杨沐三位“学霸”创始人设立，三人均毕业于由图灵奖得主兼中国计算机科学家和理论家姚期智院士创立的清华大学“姚班”。扎根中关村8年，在北京得天独厚的创新发展氛围中，这家AI视觉行业企业迅速成长为估值超10亿美元的独角兽。

近年来，中关村不断出台政策，加大“引才、用才、留才”力度，鼓励科技创新。目前，中关村已有近万名外籍人才和3万多名海归人才汇聚。受益于这些高端人才，2018年，中关村企业共申请专利86395件，获得专利授权53982件。中关村同时还成为全国重大原创技术的源头，截至2017年底，示范区企业和产业联盟主导创制的国际标准达330项，是2013年的2.5倍。

人工智能企业地平线机器人，2015年创立于中关村。公司创立之初就获得了晨兴、红杉、创新工场等联合投资。2016年，地平线又先后获得硅谷著名风投家YuriMilner、双湖投资等的重量级投资。截至2017年年底，红杉资本、IDG资本、DCM资本等一批全球顶尖风险投资机构均已进驻北京，股权投资机构超过1490家。越来越多的投资人凭借前瞻性眼光，瞄准北京优质创业项目，助推独角兽企业的孵化和成长。据统计，近年来，北京吸引的创业投资案例和金额，均占全国的1/3以上。除了已经诞生的独角兽企业，新的独角兽还在源源不断地孕育。这进一步表明北京在独角兽培育和拥有上的领先态势。

但是到底谁拥有未来还说不准。在2019年的潜力独角兽比较中，上海就力压北京，上升为第一名。虽然是潜力独角兽，但也不可小觑。

2019年胡润研究院搜集近1000家新兴行业非上市企业数据，从中甄选出在各个细分领域目前估值暂时未达到10亿美金，但发展势头良好，最有可能在三年内成长为独角兽的高成长性企业。之后发布了《2019一季度胡润中国潜力独角兽》榜单。与以往聚焦独角兽企业不同的是，此次首次报告聚焦"中国潜力独角兽"榜单，寻找三年内有可能成为估值10亿美金独角兽的高成长性企业。

从胡润发布的独角兽指数来看，中国独角兽企业总数上升至202家，其中互联网金融行业入选20家，以超1.6万亿元人民币总估值占据首位，占整体独角兽估值的32%。蚂蚁金服、陆金所、微众银行作为互联网金融的代表，依然占据排名前十位超级独角兽的位置。而此次"准独角兽"的发布，让市场看到更多未来3年内最有可能成为独角兽的年轻企业，代表着中国领先的创新机构。

2019年9月4日，胡润研究院发布《2019二季度胡润中国潜力独角兽》（Hurun China Future Unicorns 2019 Q2），这是胡润研究院第二次发布"潜力独角兽"榜单，旨在寻找三年内最有可能达到十亿美金估值的高成长性企业。

二季度榜单在中国大陆地区筛选出79家高成长性潜力独角兽企业，即瞪羚企业。上榜潜力独角兽企业数量较一季度增加9家，其中新上榜潜力独角兽企业13家，4家企业通过最新一轮融资成长为独角兽企业而退出潜力独角兽榜单。二季度新发现13家潜力独角兽企业，上榜总数持续上扬。而且，在潜力独角兽竞争中，上海超越北京，以26家上榜企业的数量成为潜在独角兽企业最多的城市。其次是北京，23家企业登上潜力独角兽榜，占总上榜数量的29%。4家企业：毒（潮品交易App）、妙手医生、水滴互助和作业盒子二季度由于完成新一轮融资成为独角兽而退出榜单。成立不足三年的潜力独角兽企业较上一季度增加3家，达到16家：梨视频、每日一淘、蘑菇智行、水滴互助、腾盛博药、文远知行、小黑鱼科技、新爱体育等。潜力独角兽的金融推手发挥"点石成金”的作用。红杉资本成为捕获上榜潜力独角兽最多的投资机构，共捕获17家；启明创投其次，共捕获13家；IDG、经纬中国和腾讯各捕获11家。79家上榜潜力独角兽企业平均成立5年，较上一季度的5.2年有所缩短。从总体看，互联网服务行业潜力独角兽企业最多，达到16家；电子商务、人工智能和智能制造也十分抢眼。面向大众的医疗健康行业也有15家上榜，展示了潜力独角兽关注民生的发展趋向。

从文化创意产业来说，本章特别对文化娱乐独角兽的发展加以关注与研究。

文娱媒体行业独角兽25家

公司名称	城市	创建时间	估值（亿美金）
今日头条	北京	2012年7月	750
快手	北京	2011年3月	150
喜马拉雅	上海	2012年8月	32
大地影院	广州	2006年1月	30
一下科技	北京	2011年8月	30
猫眼微影	北京	2017年9月	30
斗鱼TV	武汉	2014年1月	25
知乎	北京	2011年1月	25
灿星	上海	2006年3月	25
淘票票	杭州	2014年12月	22
苏宁体育	南京	2016年5月	20
西山居	珠海	1995年5月	15
快看漫画	北京	2014年12月	15
界面	上海	2014年9月	15
途家网	北京	2011年12月	15
一点资讯	北京	2013年8月	13
网易云音乐	杭州	2013年4月	12.5
古北水镇	北京	2011年11月	12.12
得到	北京	2014年6月	10.6
米未传媒	北京	2015年8月	10
马蜂窝	北京	2007年11月	10
蜻蜓FM	上海	2002年2月	10

续 表

公司名称	城市	创建时间	估值（亿美金）
太合音乐	北京	2014 年 8 月	10
客路旅行	香港	2014 年 5 月	10
脉脉	北京	2013 年 10 月	10

来源：恒大研究院

根据恒大研究院的榜单，文化娱乐独角兽仅次于金融，是我国第二大独角兽行业。这与各个榜单一致。相对于美国，我国文化娱乐呈现多元化发展的态势。抖音（今日头条）、快手在直播和短视频领域大放异彩，特别是 TikTok，风靡国际；快看漫画、网易云音乐、太合音乐、大地影院、猫眼微影、蜻蜓 FM 等漫画、音乐、视频等艺术型独角兽着眼新一代艺术文化需求，发展迅速；喜马拉雅、得到等也在文化、传统领域内深耕细作；途家网、古北水镇、马蜂窝、客路旅行等旅游行业独角兽将我国文化和旅游的融合发展提高到一个新的层次。

从总体看，独角兽的培育和发展对于我国文创高质量发展具有重大意义。因此我国各级政府、金融机构和企业，要进一步发现、促进、培育文创独角兽，推动我国经济实现高质量发展，推动文化创意产业升级换代。作为一个发展中大国，下好独角兽这盘棋，对于在中美竞争中保持不断发展并战而胜之，是必须做好的功课，我们千万不可懈怠。从某种程度讲，谁拥有更多独角兽，谁就拥有源源不断的潜力独角兽，谁就会拥有未来。

（作者：金元浦）

第十章

区块链赋能：新技术在文化产业中应用创新

区块链的去中心化、分布式账本、不可篡改等特点为文化产业发展提供了融合的可能，也促使产业界直面发展问题。应用场景的探索需基于现有产业的发展架构，重塑产业链条的价值形态，创新价值分配的文化生态，确立数字权益的法律依据。其有效应用必须源于行业痛点，基于产业场景，立足标准之争，才能定位应用需求，打开技术运用的发展空间。在行业痛点中，“伪应用”盲目投机造成用户损失；在产业场景中，窃取用户信息加密售卖造成危机；在标准之争中，架构标准差异造成数据共享问题。基于有益的探索，针对企业主体，建议加速技术创新，赋能场景应用，加强数据监管；针对政府主体，推动数据上链，探索合法交易，主导标准统一。区块链不是万能良药，但是其在“旧新”融合应用中，有潜力成为文化产业发展的“救星”。

习近平总书记在主持中央政治局十八次集体学习时发表讲话：区块链技术应用已延伸到数字金融、物联网、智能制造、供应链管理、数字资产交易等多个领域，全球主要国家都在加快布局区块链技术发展，我国在区块链领域拥有良好基础，要加快推动区块链技术和产业创新发展，积极推进区块链和经济社会融合发展。这“两个加快”举措淡化了区块链的货币化应用，落脚在产业和治理方面的技术融合。工信部、发改委印发《扩大和升级信息消费三年行动计划（2018—2020 年）》（以下简称《计划》），表示到 2020 年我国信息消费规模将达到 6 万亿元，年均增长 11% 以上。针对具体行动，《计划》的第二点是信息技术服务能力提升行动，组织开展区块链等新型技术应用试点工作。

区块链的去中心化、分布式记录、不可篡改等特点为文化产业发展提供了融合的可能，也促使产业界直面发展问题。“区块链 + 文化产业”的创新必须源于行业痛点，基于产业场景，立足标准之争，才能定位应用需求，打开技术运用的发展空间。区块链不是万能良药，但是其在“旧新”融合应用中，有潜力成为文化产业发展的“救星”。

一、区块链的价值与应用

工信部指导发布的《中国区块链技术和应用发展白皮书（2016）》将“区块链”定义为：分布式数据存储、点对点传输、共识机制、加密算法等计算机技术的新型应用模式。区块链技术倡导的公开透明、去中心化、智能合约降成本和提升效率等理念，为突破数字文化产业动能不足、阻碍较强等瓶颈提供了有效启发。其应用可以分为“货币应用”和“非货币应用”，相较于货币化应用，区块链在非货币化应用上的发展相对顺畅，阻力较少，已开发出智能合约、金融服务、物流管理、在线投票等多种不同应用场景[①]。

1. 区块链应用的积极意义得到共识

不同学者均对区块链的积极作用加以肯定。金元浦认为，区块链技术的集成应用在我国文化创意产业高质量发展中将发挥重要作用。解学芳指出，区块链与数字文化产业的开放性、场景化、互联互通等特性高度匹配，在资源聚合上可以实现更大程度的互联互通，实现降本提速，加快实现数字文化规模增量，更促进数字文化产业结构转型和升级。金巍提出，区块链技术将成为改变文化金融服务的共性技术和基础设施，应用前景广阔，成为文化金融新形态。胡象明认为，区块链应用于公共事务，对提高管理效率、实现管理精准，对管理过程中的平等参与、合作共赢，均具备天然优势。柴冬冬则呼吁利用区块链技术重塑文化产业的伦理秩序，保障建构公开透明、有序且有约束力的产业运营机制。

2. 应用探索基于现实，亟须法律保障

应用场景的探索是基于现有产业的发展架构。金元浦认为，“区块链 + 文化产业”应用可以分为三层。第一是原创版权层，区块链可以在版权确权、版权保护、征信管理等原创确权层面进行应用。第二是商业运营层，区块链可以应用于数字创意产业的资产运营和贸易服务（电子商务及跨境电商），文创产品供应链、消费链等物联网管理运营，文化金融等投融资平台交易服务。第三是政务监管层，政府借助于区块链技术对经济主体行为进行电子形式的确权、公证、管理、诉讼、执法等电子监管，保障合法权益不受侵害和社会公平正义。在三层应用的基础上拓展至“区块链 + 多元场景”，包括版权保护、娱乐产业、游戏产业、艺术品交易、文化旅游、非遗传承和国际文化贸易等。

应用场景的探索是重塑产业链条的价值形态。解学芳认为，区块链在源头

① 谭笑间．区块链技术发展回顾、现状与展望．中国社会科学网，https://www.xuexi.cn/lgpage/detail/index.html?id=10765376452931665849，2019-12-09.

生产上可以构建全新的数字文化价值分享平台，保障数字文化产业链中腰部与尾部原创者的利益；在中端流通上，可以变革数字文化运营与交易体系；在终端消费上，主导数字文化参与者角色多重性的回报机制。基于产业链的场景应用，来有效解决数字文化产品的盗版、版权所有者利益受损、产业收益价值分配不均等问题。

应用场景的探索是创新价值分配的文化生态。唐·塔普斯科特期望打破版权价值变现中原创者收益少的现状，以“区块链＋音乐产业”为例提出“自我发行的艺术家”这一新的生态系统，搭建价值范本、包容性版税、透明账本、微量计费、丰富数据、版权管理、拍卖/动态定价机制、声誉系统等应用丰富的独立音乐区块链平台。用区块链创造艺术家为中心而不是音乐公司和播放平台为中心，他们可以自由选择价值变现的标准，实现真正的解放。

应用场景的探索需确立数字权益的法律依据。以区块链为代表的数字经济产生了大量新的民事权利主体与客体，数据、个人信息和数字货币等网络虚拟财产催生了新型权利的需求。由于民法典对数据和网络虚拟财产的保护作出了指引性规定而无实际规范内容，未对数据权和数据参与分配机制作出明确规定，而共享经济等模式模糊了所有权的边界，智能合约等对传统合同法规则也带来挑战。杨东认为，司法机构亟须对区块链等新技术作出法律回应[①]。胡象明指出，区块链应用应有效防范和化解隐私安全风险、系统安全风险和安全监管风险，为推进我国国家治理体系和治理能力现代化更好地服务。[②]

二、区块链应用中的问题与矛盾

区块链技术有效应用必须源于行业痛点，囿于产业场景，立足标准矛盾，

① 杨东．以民法典为契机构建数字经济竞争规则．经济参考报，2020-06-16.

② 胡象明．区块链在公共事务中的应用：探索与挑战．人民论坛·学术前沿．2020（第05期）.

才能定位应用需求，打开技术运用的发展空间。文化产业场景高度复杂、领域众多，而围绕版权、数据的使用为核心的矛盾又是最难啃的“骨头”，这方面的问题层出不穷。区块链作为新技术面对的主要是旧问题，虽然有一部分新的场景应用困境，但其主体本质上依旧是“传统问题的区块链化”。

行业痛点：“伪应用”盲目投机造成用户损失。

缺乏优质应用是区块链的软肋[①]。根据中国区块链生态联盟发布的《2018—2019年中国区块链发展年度报告》，区块链技术在金融领域应用最为活跃，在跨境支付、资产管理、供应链金融等方面已经形成了一批能够承担实际业务的新产品；在电子存证和公益慈善领域取得了阶段性成果；在医疗服务、政府管理、交通物流等领域开始探索，但产品还不够成熟。

一些不成熟的“伪应用”打着区块链技术旗号投机炒作。一些应用利用平台与用户之间的信息不对称，在源头、评价等交易发生的重要节点设置虚假产品信息、虚假宣传、“水军”点评来促成交易，造成了用户损失。比如“区块链文物鉴定”等所谓基于区块链技术的应用，数据仅仅存储在自己公司的服务器上，没有同步给上下游，随时可以被篡改，并没有解决信任问题。又如文化产权交易应用中，艺术品、邮币卡等物权可以使用区块链技术中确权合法、溯源完整、信息透明、智能合约等架构进行交易，但是一旦利用区块链中的权利分配机制开展金融化尝试，则会重蹈“艺术品份额化”覆辙，造成市场投机乱象。

产业场景：窃取用户信息加密售卖造成危机。

以智能手机为代表的电子设备的普及、各大应用商店App的使用让数据窃取成为现实。2019年被查封的公信宝是基于区块链技术的去中心化交易所，宣称能帮助数据买家和卖家实现高效的点对点数据交易，而且自身也有爬虫系统，可以获取泛金融、泛电商、泛社交、个人身份等多种维度数据。该公司实际上隐瞒了其爬取社保、人行征信、支付宝等数据并对数据明码标价进行交易的违

① 郭宇航．达沃斯手记：缺乏优质应用是区块链的软肋．企业观察家，2018（第2期）．

法行为。其源头是这类公司投资的App或开发的爬虫系统能自动读取用户通讯录、相册、App使用、短信、电商交易信息等，并将这些窃取的数据打包进行区块链技术的处理，加密后进行售卖。

标准之争：架构标准差异造成数据共享问题。

由于区块链技术涉及多方实体数据互联互通，应用落地及推广需协调多方机构，区块链平台建设和协调难度较大。不同企业提供的区块链技术标准不尽相同，跨链连接存在难点。目前互联网公司纷纷紧跟技术浪潮和政策驱动，推出区块链服务。根据《2019中国区块链底层技术平台发展报告》，目前主要的技术平台包括：阿里蚂蚁区块链、迅雷链、趣链、FISCOBCOS、壹账链、众安链、腾讯区块链、百度超级链、京东智臻链、华为云区块链服务、众签、众享比特等在内的技术平台。技术平台发展基本可以分为三条路径：一是以迅雷为代表的科技公司，可为多个行业和场景提供区块链技术服务，推动各产业“链改”。二是BAT所代表的科技巨头，目前主攻公共事务、政务类应用，区块链业务主要作为维护政府关系和社会形象的工具。三是以平安壹账链为代表的，从原有产业中孵化出的区块链平台，这类平台的主攻方向明朗，基本以原有业务为依托。

同时，政府部门采用了不同区块链平台的开发系统，如杭州、北京、广州互联网法院都推出了区块链应用，存在平台难兼容、个案推广难的问题。部分区块链平台以协会、行业为单位上链，应用的覆盖面相对有限，只相当于“局域网”，还不是“互联网”。

三、“区块链+文化产业”的有益探索

文化产业的重要动力来源于政府支持，而区块链应用探索与城市主政者的推动密不可分，主政者通过顶层设计将区块链技术及应用嵌入城市发展的政务、产业、融资、科研等方方面面。2018年底，赛迪（青岛）区块链研究院发布

《中国城市区块链发展水平评估报告》从城市政策环境、科研实力、产业基础、资本支持等维度进行评分，排名前5位的城市分别为北京、杭州、上海、深圳以及贵阳。

行业痛点探索：区块链应用于文创版权的确权存证。

区块链技术实现的原创凭证和维权依据能给原创者带来巨大的价值。便捷、安全、可信、价格低廉的版权保护方式，能更好地满足作品的传播及交易需求。区块链由分布式数据存储、点对点、传输共识机制、加密算法等技术组合扩展而来，具备不可篡改、信息透明、可追溯和可共享等特征。区块链和行业相结合将具备两个非常有价值的特点：一是解决跨公司、跨集体等多个主体之间的信任问题，实现数据孤岛的联通和信息可信共享。二是商业流程自动化，在区块链技术环境中运行智能合约，解决交易双方的信任问题，提高交易的便利性。

杭州为了解决电子证据的生成、存储、传输、提取和验证问题，依托“主体信用+算法信用”实现电子数据在整个司法流程的可信传递；建立信息交换和共享常态化机制，打破数据孤岛、价值深井，推动网络信用体系再造。2018年9月18日，杭州互联网法院正式上线了全国首个司法区块链平台，基于中国网络作家村调研期间发现的网络作家维权难问题，上链后，维权者可在线上完成从创作到维权的内容全流程记录（所有和全重复）、全链路可信、全节点见证，有效解决了作者身份确定难、作品成形时间及内容固定难和侵权证据取证难等问题。2019年5月长三角四地法院引入区块链技术，全国首次实现起诉、立案、送达、举证质证、开庭、审判、执行、档案管理、数据管理等影响审判质量效率、影响司法公信力的关键环节的实时上链。区块高度超过7500万条，上链数据总量超过47亿条，通过司法区块链调取电子证据3800多条，相关案件调撤率达到98%以上。①

产业场景深耕：区块链应用于文创产品溯源

① 郑晖：区块链“牵手”司法杭州互联网法院推动长三角司法一体化发展，学习强国，https://www.xuexi.cn/lgpage/detail/index.html?id=14782602525443037421&item_id=14782602525443037421，2020-06-09.

区块链给文创产品供应链行业溯源带来三方面的好处。第一是可追溯性。区块链系统由于数据不可篡改，并且数据存储在联盟各方。过程中产生的数据可以实时获取精确定位和追溯记录的数据包括原创设计方、产品原料方、加工生产方、运输方、销售方等，这些信息在区块链系统中可以快速地获取。第二是不可篡改性。区块链技术可以避免企业遭受黑客攻击，危害企业品牌影响力。如通过利用数字签名、加密算法、分布式存储等技术，有效地从协议层面解决了篡改的问题，保障了数据的真实性。第三是数据环节的透明性。通过区块链的分布式账本以及多方记账不可篡改的特性，来解决产品设计、生产、流通、售后等一系列问题实现供应链的追踪。这能够提高业务参与方的造假成本，减少产品造假，同时在出现商品事故后，可以提高定位和召回效率。

比如中国“区块链＋艺术”创业公司 ATCC 通过区块链技术，创造了一个全新的艺术品信息溯源系统，使艺术品数据分布式存储，为每一件艺术品创建独有的数字身份。这一创新针对艺术品交易的两大痛点。一是行业痛点。艺术品信息收集难、鉴定难、估价难、追溯难、确权难。二是运营痛点。首先，藏家进入艺术品行业的学习成本高，难以了解标的物全流程历史信息；其次，画廊、拍卖行、美术馆、鉴定机构等参与方共享信息内容少、效率低；最后，保险、金融、信托、基金缺乏艺术品数据及行业信息，过度依赖专家经验，业务缺少完善的运营及评价体系。这两大以信任危机为核心的痛点造成了艺术品市场规模受限，流通交易受阻。

基于这些问题，ATCC 设置了“子母证书系统概念”，“子证书”用于配合作品标记，“母证书”用于收藏保存。公司为艺术品存证建立流程，从“注册账号—实名认证—购买藏品标签—技术配对—作品数据录入—审核—数据上链”。区块链服务并不止于上链，后续的服务还包括证鉴服务（溯源、鉴定、评估）、司法服务（藏品确权、申诉维权、藏品挂失）。ATCC 计划通过查询层、服务层、数据层这三层应用打通艺术产业链条。

四、“区块链+文化产业”的发展建议

随着区块链技术的广泛应用，人为因素造成的重大问题必然存在。这并不意味着区块链技术的本质及特性是不好的，正如区块链技术首创者中本聪提出的，“你不能在密码学里找到一个社会问题的解决方案”。区块链技术及其应用中出现的混乱不应该让我们将这项革命性的技术拒之门外，我们需要思考这些障碍到底是“证明使用区块链是一个坏主意的原因”还是“技术实施过程中需要解决的障碍”，创新者们应该将这些障碍看作需要使用创意去解决的重要问题，我们应从整体上确保区块链的潜力得以实现。区块链技术应用考验的是文化产业市场主体的伦理规范：良好的伦理规范、问题的解决方式、过错惩戒措施等。

（一）企业：加速技术创新，赋能场景应用，加强数据监管

第一，企业应加速区块链应用创新，融合内部管理和外部业务的场景创新。真正的挑战来自如何将为旧技术而设的旧规则快速可靠地开展新技术应用，实现传统运营管理经验的有效迁移。区块链信息的价值在于其流动性，通过合法合理地创新运用这些信息并加速信息增值，能够让参与者获得优质的社会福利。在区块链技术使用时，企业应避免成为去中心化的应用机构，而应该主动拥抱中心化，更好地利用中心化组织的优势解决问题。这种创新的发生必须是在真实场景和现实问题的基础上，企业应做“真应用”，而非骗取政府扶持资金或市场投资，做“假应用”。

在这一次区块链的革命中，具有创新动力的企业除了自主创新，还可以根据市场上存在的大量区块链技术“伪应用”进行深入研究。这些项目的存在具有其合理性，因为它们意味着市场有一定的需求、区块链技术架构薄弱、组织运营管理缺陷等问题。比如“区块链文物鉴定”应用需要积极利用具有公信力的文物数据，同步至上下游的主管部门、行业协会、艺术交易商等联盟，扩大

主体范围，嫁接多主体统一管理的服务器，让基础信息和交易信息成为联盟公有，建立商业信任。

第二，企业应成立区块链监管部门，加强数据使用监管。一方面，业务上基于区块链既有的加密技术、智能合约等，开展确权、存证、传递、维权、判决等数据应用。另一方面，主动成立内部区块链信息安全团队，并主动要求审计、媒体、纪检、公众等不同主体参与，定期公开信息；在内部确立信息管控制度，严格监控内部人员对利益方信息的知晓、使用等行为，对滥用、买卖区块链信息的不法行为进行法律追责。

（二）政府：推动数据上链，探索合法交易，主导标准统一

第一，政府应推动数据的有效上链，加快治理创新。政府各类部门有着大量的“沉默”数据，如社保、医疗、教育、金融、农业、气象、贸易、人口等，这些数据在不具备区块链技术的条件中，由于隐私泄露、算力有限、特征不明等限制，无法发挥现代化治理的使用价值。而在区块链技术条件下，则可以在充分保护隐私的伦理保证中用于各类场景的应用。比如本次新冠肺炎疫情期间，通过区块链、大数据等先进技术，政府在追踪潜在感染人口、保证公众的疫情知情权的同时，也避免出现了隐私泄露等有可能引发争议的伦理问题。又如推广采用“主体信用+算法信用”的互联网法院管理机制，基于中心化组织的精密管理来实现数据信息的有效利用，实现城市服务的优质供给。这些应用应基于上链的有效性，否则会造成财政资金和数据工作的浪费。

第二，政府应积极探索区块链数据要素的合法交易。区块链信息买卖会造成社会争议，但是规模信息交易的需求仍普遍存在。企业作为中心化的商业组织，自然有更大的驱动力获得交易信息和用户数据进行商业运营和创新，然而不加监管的信息私有化会产生商业垄断、违规交易、信息滥用等黑幕行为，因此政府应试行区块链数据要素交易，明确泛金融、泛电商、泛社交、个人身份等多种维度数据要素中的可交易数据和非交易数据，鼓励信息交易模式的创新。在信息交易的源头，除了基础的身份信息外，可以由用户自主选择哪些信息可

以用来进行交易，比如购买商品服务的内容、使用体验评价、快递信息、金融还款、信用信息等。购买规模信息的交易金额应平均分配给准许信息交易的用户，规模数据要素拥有企业可以收取信息的服务中介费用。

第三，政府应积极主导区块链技术标准统一。“车同轨、书同文”的标准统一经验适用于区块链技术的普及应用。政府一方面应组织不同企业试用不同的区块链技术标准，在多领域试点一定时间后形成不同标准的使用优劣报告，尽量以市场选择优先来实现标准统一，同时为对接统一标准时的企业跨链连接提供解决方案。在统一标准的基础上，不能一“标”了之，应根据区块链技术更新快、质量要求高等特性进行多轮次完善。另一方面，应设立区块链应用正面和负面清单，在正面清单的应用中鼓励多方实体数据互联互通，基于一个企业管理组织来协调多方机构区块链平台建设，避免平台难兼容、个案难推广成为阻碍区块链发展的难题。区块链标准不可能一开始就是统一的，必须基于各领域已有的主流区块链平台，进行单一领域的大规模覆盖，实现“局域网”走向“互联网”。

对区块链这样复杂的全球创新成果进行良好治理，不能只依靠政府、企业，而需要技术应用的所有利益方一起协作，共同提升领导力，来确保这项技术能够为社会服务。这个共同体更需要国家政府体制以外的社会团体、私营部门、NGO组织、公共意见领袖开展协同创新，而不能单纯依赖国家本位的机构，这个方案也是《区块链革命》一书中倡导的“全球解决方案网络”，这些参与区块链技术应用的各类个体与组织正在不断成长，实现新式的商业、政府、社会变革，并带来更多价值的全球供给与流通。

（作者：桑子文）

第十一章

问题、趋势与对策：从文化消费看大数据时代的文化贸易

从产业流程层面看，大数据支配下的文化生产场、消费场将取代直接性生产场在动态性的文化场中居主导位置，并且这一态势将成为长期性存在。在实际的对外文化贸易活动中，对他国消费市场缺乏精准把握，往往是一国对外文化贸易的劣势所在。因此，利用大数据的消费主导效应以获取对外文化贸易的价值认可，从而规避因文化差异、产品同质化等供需错节因素所造成的贸易损失，是大数据时代对外文化贸易的必然选择。鉴于此，我国应当实施文化贸易的多平台、多部门、多环节与大数据相对接的多元化战略。但这一战略的展开与文化产业的整体发展共存于一体化进程之中，二者不可分割。实践好一体多元战略，对中国的对外文化贸易与文化产业总体水平的提升，具有重大的现实意义。

文化贸易是实现文化产业的必要途径，但在对外文化贸易活动中，难以获得他国市场的认可与接受却是一个始终伴随的难题。那么如何破解这一难题，或者将其影响降至最低？如果我们将这一问题置入大数据的语境下进行考量，将会产生诸多有价值的发现。不管当今是否已经向很多学者所宣称的那样进入大数据时代，但数据规模的日益增大以及对文化生产的重要作用已经日益显现，这是个不争的事实。舍恩伯格和库克耶认为，大数据将改变我们的生活以及理解世界的方式，成为新发明和新服务大源泉。[①] 文化生产也势必不能逃离这一“连锁反应”，而进入大数据“化”的生产场态。文化生产场的变革将直接导致其当代主导模式文化产业的变革，这种变革是牵一发而动全身的。事实上，文化贸易虽然不参与直接的文化生产环节，但作为其流通展开的手段，对文化生产具有间接引导作用。因此，在大数据引发文化生产变革的背后，探讨对外文化贸易在这一“事件”之下采取何种策略，以及该如何建构策略，就具有十分重大的现实意义。当然，这一目标的展开，必须建立在厘清大数据时代文化生产场的性质与结构态势，以及大数据与文化贸易之间的理论与现实关系基础之上。舍此，问题将失去被探讨的逻辑基础。

一、消费引领：大数据时代文化生产场的结构态势

按照文化社会学的逻辑，任何社会生产活动的展开都必须依赖于特定的平

① ［英］维克托·迈尔－舍恩伯格、肯尼思·库克耶．大数据时代：生活、工作与思维的大变革．盛杨燕、周涛 译．杭州：浙江人民出版社，2013：1.

台，当我们以整体的视野来考量一种现象的社会效应时，首先应对这一现象本身进行一种相对微观的分析，如此才能明晰其本质及外围效应的演进轨迹。文化社会学家布尔迪厄认为，我们所处的社会并不是一个浑然一体的、整一的世界，而是可以分化成许多小的世界，这些小世界有着自身的逻辑和相互之间的联系，形成了一个关系空间。他将这种空间称作场（场域）。在他看来，“一个场也许可以被定义为由不同的位置之间的客观关系构成的一个网络，或一个构造。由这些位置所产生的决定性力量已经加强到占据这些位置的占有者、行动者或体制之上，这些位置是由占据者在权力（或资本）的分布结构中目前的或潜在的境遇所界定的；对这些权力（或资本）的占有，也意味着对这个场的特殊利润的控制。另外，这些位置的界定还取决于这些位置与其他位置（统治性、服从性、同源性的位置等）之间的客观关系”。[①] 场域在此强调了一种多维的关系运作，在这个关系网（空间）中，各方的位置分布、位置属性及位置的生成。文化生产内部自然也存在一个关系空间（场），但文化生产是一个历史性的存在，自人类文明产生以来，文化就一直作为生产活动存在着，只不过存在着商品式与非商品式的区别。在市场经济的强势介入下，文化与经济一体化的趋势不断加强，在文化生产场内部，商品式生产已经确立了对非商品式生产的优势地位，而占据着场内的主导位置。整个场的属性也首要是商品性，而其主要表征形式就是文化的产业化生产（文化产业）。[②]

让我们深入文化生产的内部。传统的产业流程分类，并没有将生产局限在与直接性的产品相关的环节。一般说来，文化生产的“阶段”被划分为创作、复制、发行、零售、展览、传播等六个主要环节。其中，在创作阶段，主要包含了构思、实施与最终定型，复制阶段主要是以印刷或者拷贝等形式制作复本，

---

① ［法］布尔迪厄．布尔迪厄访谈录：文化资本与社会炼金术．包亚明 译．上海：上海人民出版社，1997：142.

② 需要指出的是，生产就其本性来说具有普泛性，不管是有形的还是无形的、直接的或是间接的，人类任何活动的展开都具有生产性。因此，当探讨文化生产场时，这里是着眼于广义上的生产，它将整个产业化时代文化的运作视作一种生产活动。

而发行阶段主要有市场营销、宣传、分发和批发。[①] 可以看到，此类生产阶段划分法，将问题聚焦在如何生产出一个完整的（包括产品的最初成形与后期的包装、制作）成品上。这些阶段不单只适用于文化产业，而是具有产业普遍性，且这些阶段之间有重叠、互动与冲突的可能，但问题在于，另一具有生产性的消费环节并没有融入整个流程。在我看来，这恰恰是传统文化生产所忽视的最重要的问题所在。换言之，在传统的文化生产场中，直接性的生产场占据整体场域的主导位置。按照场的逻辑，生产占据主导地位，也就意味着生产成为文化生产场内行动者的主导习性，而重视生产则意味着会相对忽略消费习性的培养。这会造成何种后果呢？事实上，消费在一般生产活动中具有极其重要的作用。马克思在《〈政治经济学批判〉导言》中曾对此作出过经典阐述："生产直接是消费，消费直接是生产，每一方直接是对方。"在马克思看来，生产与消费是互为前提和中介的，是一个同一的过程而不是截然分裂的，从归属上讲，消费则表现为生产的要素。质言之，忽视消费将导致生产的停滞。

既然消费就有生产性，那么文化生产中的消费也具有文化生产性。"文化生产作为整体社会生产活动的一个类别，无论其是否参与商品经济，以及是否成为资本性的生产，消费都是文化生产不可或缺的必要条件。没有了消费，文化就势必会失去传承发展的机会以及转化为经济元素的机会。因此在产业领域，文化消费生产着文化生产，为文化产业提供了消费的主体与生产的动力，是实现文化产业的必要条件，也是文化产业变迁与延续的动力所在。"[②] 消费不仅仅是扩大内需的重要途径，同样也是扩大外需（出口）的重要途径。特别是当代的文化生产（文化产业）在经历了形成初期的繁荣，而后又陷入无法获得持续前进的动力困境时，文化场内原有的位置分布势必会被打乱，而亟须寻求新的布局，相应的，场内行动者（生产者）的习性也必然需要重构，才能继续推动

---

① ［英］大卫·赫斯蒙德夫．文化产业．张菲娜 译．北京：中国人民大学出版社，2007：65.

② 柴冬冬、高超．从需求拉动到产业联动——当代产业转型背景下的文化消费．江汉大学学报，2014（第3期）．

整个文化生产的发展。

那么我们所着力探讨的消费与大数据存在着何种关系？

大数据的主要特征表现为数据量的巨大，类型多且流动快，最关键的一点在于它有着巨大的潜在价值。大数据的重要价值在于建立数据驱动的关于大数据相关关系的分析，而建立在相关关系分析法基础上的预测才是大数据的核心。“大数据不是要教机器像人一样思考。相反，它是把数学算法运用到海量的数据上来预测事情发生的可能性。”[①] 大数据让我们知道“是什么”，而不过度追寻其原因，因为对瞬息万变的商业世界来说，知道是什么比知道为什么更为重要。大数据应用要真正实现的是用数据说话，而不是靠直觉和经验。大数据时代的来临和经济的发展与技术的创新密不可分，其最终目的还是要进入应用领域，用数据指导现实的生产。更进一步说，大数据进入应用的动机在于以它自身的优势使生产者洞悉市场的变化。而市场是由无数的消费者构成的，可以说，消费就是市场的属性。当大数据在文化场内的急速扩张而使得行动者的习性被大数据化时，文化就从生产的初期（生产者）被大数据化，此时大数据时代的来临就是关注消费时代的来临。在文化生产领域，大数据也开始逐步介入。美国电视剧《纸牌屋》的成功只是大数据商业效应的冰山一角。大数据应用已经渗透电影、电视、游戏、广告、出版、动漫、音乐等文化部门的日常生产活动之中，并开始扮演越来越重要的角色。大数据不仅丰富了文化产品的内容，而且促进了产业管理与运营模式的更新，使生产者能够更好地把握市场的需求。应该说，大数据的最大价值就在于对生产与消费的双向驱动。对生产的预测性，使得大数据生来就有着无限扩张的可能，另外，生产活动的无限性，更是决定了大数据在未来必将发挥更重要的作用。可以预见到，随着大数据应用价值不断被开掘，它必将加速推进整个社会的生产从生产性生产转向消费性生产。

其实在社会学领域，敏锐的理论家们早就预言了消费社会的来临，并深

① ［英］维克托·迈尔－舍恩伯格、肯尼思·库克耶. 大数据时代：生活、工作与思维的大变革. 盛杨燕、周涛 译. 杭州：浙江人民出版社，2013：16.

刻分析了消费社会的症候。在他们看来，消费社会是工业化、都市化和市场经济的产物。另外，第三产业的崛起与服务经济的出现，也加速了消费社会的形成。[①] 波德里亚从马克思主义的政治经济学理论出发，认为消费社会就是物、服务和物质财富以惊人的速度不断地增长和消费，在消费社会，“消费者与物的关系因而出现了变化：他不会再从特别用途上去看这个物，而是从他的全部意义上去看这个物”。“文化中心成了商业中心的组成部分”。[②] 可以说，消费社会注重的不再是物的使用价值，而是转向其交换价值，特别是商品所承担的复杂的文化意义。斯拉特更是直接采用了“消费文化”的概念，在他看来，消费文化就是一个社会系统中消费被商品消费所主宰，是商业革命的产物。在具体特征上，他认为消费文化是一种消费行为的文化，一种市场社会的文化，它具有普泛性而非个人性，同时消费者的需求也是无止境的，象征和符号将在消费文化中扮演主要角色，不仅如此消费文化将成为身份认同塑造和实现的重要机制。[③] 这说明，消费不仅在商品生产领域具有生产性，而且在整个社会文化领域也生成了一种场域，开始发挥其形构能力。

如此看来，消费在当代社会的凸显，直接促进了文化产业成为当代文化生产的主导。尽管存在着对物质性的依赖，但文化产业的主导产品形式还是以能够带来文化意义或者审美体验为主要目标。如果说，消费在当代社会的兴起在之前还仅仅是停留在理论家们的口号中，而没有得到社会实践的证明，那么大数据时代的来临，无疑会加速推进这一理论言说成为事实。大数据的预测性与指导性，目的就是刺激消费，扩大市场，它必将促进新一波的消费增长。

因此大数据时代的文化生产场，其内部结构态势从直接性的生产场主导，转向消费场主导[④]，这种消费场将把消费的生产性与消费性更加牢固地整合在一

---

① 周宪．视觉文化的转向．北京：北京大学出版社，2008：98、101–103.

② ［法］波德里亚．消费社会．刘成富、全志钢 译．南京：南京大学出版社，2000：3.

③ 周宪．视觉文化的转向．北京：北京大学出版社，2008：98、101–103.

④ 消费本来就应该在文化生产阶段占据重要位置，只不过被传统所忽视，大数据时代是消费发挥作用并上升为主导的契机。

起。具体结构如图 11.1 所示：

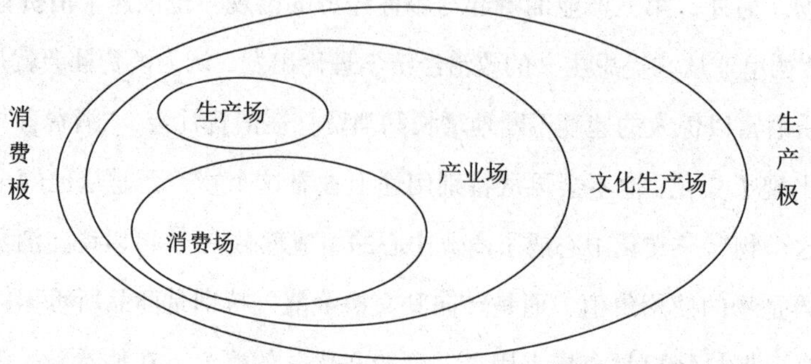

图 11.1　超级独角兽北京独角兽情况（亿美元）

二、以大数据为依托补齐我国对外文化贸易的消费短板

消费生产场的主导地位决定了在具体的文化贸易活动中必须树立市场至上的生产意识。而难以得到他方市场的完全理解与接受是任何文化“走出去”都将会面临的问题，这种因文化差异、语言、历史传统、思维方式与风俗习惯所产生的文化折扣是对外文化贸易最客观也是最基本的影响因素。不同文化之间固然存在着文化距离，然而，这并不意味着异质文化之间不具有可通约性，实际上，文化差异只是问题的一种表象，不同文化之间其实存在着可以相互认可的价值观念。人类文明自产生以来，历史上也就不乏不同国度之间进行文化沟通交流的案例。因此，只要定位好不同文化之间的价值共通之处，在此基础上调和好二者之间的差异性，文化折扣就并不是一个不可逾越的鸿沟。除此之外，在直接的交易市场上也存在着诸如供求机制、价格机制、决策机制、信息披露机制乃至他国市场的财税政策等制约因素存在，这些因素同文化差异一样，都属于市场的范畴。归根结底，如何熟悉目标市场，并根据该市场的具体特点做出针对性的生产与销售活动，才是解决问题的关键。

如上所指，大数据时代生产与消费将更加牢固地整合在一起，通过大数据的挖掘和分析，可以提供对目标市场的文化产业发展现状、消费者具体的文化品位与需求、该市场文化产品的历史价格演变等诸多制约贸易的因素做出精准的分析，涵盖了市场和非市场因素，从而能够使生产者根据具体的需求，做出生产策略的调整。根据场域理论，当消费成为文化生产的主导场域之后，场域内行动者（这里主要指生产者）也势必会生成消费主导的生产习性，反过来，习性的化约与形构能力将使得生产者生成一切从消费出发的生产意识。而这种意识的形成，也就预示着消费市场将成为大数据进入文化产业之后文化产业生产流程的重点。在经历了创意为王、内容为王以及渠道为王之后，文化产业下一阶段的发展，将呈现出整合创意、内容与渠道，来服务消费、扩大消费市场的阶段。不管是出于商业利益的驱使抑或是文化习性的形构，都将推动这一转变的实现。在这一阶段里，消费对产业持续前进的动力价值将得到前所未有的重视。那么我国文化产业的国外消费情况是怎样呢？

2012–2013 年，我国对外文化贸易在国际经济持续走软，国内处于调整经济结构、调低发展目标的宏观背景下，依然取得了不错的发展成绩。总体来看，2012 年我国服务进出口贸易总额 4706 亿美元，比上年同比增长 12.3%，占世界比重的 5.2%，中国服务贸易出口额 1904 亿美元，同比增长 4.6%，占世界比重的 4.4%；中国服务贸易进口额 2801 亿美元，同比增长 18.2%，占世界比重的 6.8%。[①] 然而，其中仍存在着诸多问题。其一，同文化贸易强国相比，我国文化产品的竞争力、文化企业的国际经营能力依然低下。其二，我国是文化货物贸易大国，却是文化服务贸易小国，在核心的文化创意与文化品牌上，依然没有优势。其三，文化产品出口市场单一，文化产业门类的出口分布不平衡。其四，缺乏文化走出去的平台，走出去的渠道与路径不畅。问题的产生是多方面的，这既与我国文化企业缺乏先进的营销理念、技术创新能力、品牌意识，中介机制不完善等主观因素有关，也与市场规则、文化差异等客观因素有关。无

---

① 金元浦. 中国对外文化贸易研究报告（2014）. 北京：中国社会科学文献出版社，2014：7.

论怎样，文化产品无法满足目标市场，这是问题的根本所在。换言之，我国的对外文化贸易并没有培育出一个合乎需求的国外消费市场。

消费疲软，不仅是对外文化贸易的问题，也是我国文化产业整体存在的一个问题。根据发达国家的经验，人均 GDP 达到 1000 美元时，文化产品和服务的消费将有一个显著的提升，达到 3000 美元时，会有一个较大的增长，而反观我国，当人均 GDP 达到 1000 美元时，却几乎没有呈现出任何文化消费增长的迹象，当达到 3000 美元时，也没有任何显著的增长。[①] 这从一个侧面反映了我国文化消费的尴尬局面。为什么会造成这种状况？首先，这与我国长期实行外向型经济与投资拉动战略相关，而我国文化产业也是由政府自上而下大力推动的结果。其次，这与我国居民的消费习惯与观念密不可分。长期的经济贫困、落后，使多数居民将满足生存需要作为首要目标，而将文化消费视作可有可无的。再次，严重的就业、住房与教育压力，也使得多数居民对文化消费望而却步。最后，市场经济体制的不完善，使得整个社会缺乏一个进行文化消费的氛围，没有形成一个真正的市场化的文化艺术市场。[②] 种种因素造成了消费成为制约我国文化产业持续发展的瓶颈。

但问题是，在国内文化消费能力不足的情况下，我国文化产业并没有将国外的文化消费市场做大。与其他生活消费产品相比，我国核心文化产品，特别是电影、电视、音乐等在消费时代的受众中拥有强大号召力与影响力的文化产品，在国外市场仍处于边缘状态，竞争力与影响力堪忧。正是基于此，我国的对外文化贸易亟须寻找一个新的突破点，或者一个新的契机，来加速自身的转型。

从现实的情况来看，消费疲软并不意味着消费停滞。在电影、电视等文化产品的对外贸易持续走低的情况下，我国游戏产业却逆势而上，成为我国对外贸易的主力军，海外市场不断壮大。2011 年我国国产网络游戏的出口额达到

---

① 金元浦．消费引领：补齐我国文化产业发展的短板．同济大学学报，2013（第 5 期）．

② 金元浦．消费引领：补齐我国文化产业发展的短板．同济大学学报，2013（第 5 期）．

4.03 亿美元，相比 2010 年的 2.29 亿美元增长了 76%。而到 2012 年，这一数字达到 5.87 亿美元，同比增长 45.7%。2010 年至 2012 年间，累计出口国产网络游戏产品数量已经突破 260 款，参与出口的网络游戏企业接近 100 家，国产网络游戏海外出口收入实现了稳步增长。[①]游戏产业在海外市场的相对成功，取决于企业在运营模式、技术水平上的积极创新，及时确立了全球化意识，积极参与到国际市场的竞争体系中，同时以目标市场为基准研发游戏，有效地降低了文化折扣。以现在我国文化产业各行业的发展态势来看，未来，游戏产业的海外市场仍将逐步扩大，仍然会在我国对外文化贸易中充当主力军。

可以看到，我国文化产品在国外并非没有市场，也并非不能占据市场。问题在于，如何保证已占据的市场，并开拓新的市场。因此，在大数据方兴未艾，且积极介入文化生产的当代，无疑给文化产业自身的转型升级提供了契机与平台，文化产业必须抓住这一历史性机遇，实现大数据与文化消费的对接，充分发挥大数据的消费属性。这不仅能够推动我国国内消费市场的扩大，而且面对相对成熟的国外文化消费市场时，更能发挥好其市场预测与生产导向作用，适时推动对外文化贸易的新增长。

三、在整合中建构对外文化贸易的新模态

大数据的核心功能与对外贸易的诉求之间具有天然的契合性。那么如何发挥好大数据的作用，推动对外文化贸易的发展？

从国内的文化产业发展现状来看，很多产业门类实际上早已开始了大数据化的进程。比如电视行业所进行的数字融合与三网融合，电影产业所进行的 020 营销，已然拉开了进入大数据时代的序曲。但这也仅是个开端。多数文化

① 《2012 中国网络游戏年度报告》，文化部，http://www.ccnt.gov.cn/sjzznew2011/whscs/whscs_zhxw/201305/t20130504_274951.html.

产业部门，实际上并未意识到大数据的重要性。在会展、画廊、演艺等传统的行业中，由于其日常的运营往往以实物交易为主，对互联网、数字媒介依赖较少，也不存在数据服务，因此其大数据化的进程实际上并未开启。因此，目前我国文化产业在大数据时代面临着两大问题：一方面，大数据的文化产业效应首先需要以国内市场为主要突破口，建立与健全其运作体系，助力我国文化产业在本土的发展；另一方面，我国文化产业的国外市场对比文化产业强国，还相对狭小，竞争力不足，大数据亟须在对外文化贸易中发挥其效力。由此，我国文化产业在面临大数据时代这一转型机遇时，必须处理好国内产业发展与对外贸易的关系，实现二者协调、互补发展。当然，一体化进程只是问题的一方面，另一方面，还要保证多元化展开，这一点是构建对外文化贸易新模式的关键。

同国内的产业情况类似，在对外文化贸易过程中，大数据的作用还远未发挥出来。在笔者看来，扭转这一现状的关键在于，实现大数据在对外文化贸易中的全方位参与，走多元化战略。

多元化战略之一就是要实现多平台的联合运作。由于大数据进入商业应用是一项极其复杂的操作程序，首先要解决的就是技术问题，而这并不是文化企业的强项。可以采取两种原则解决这一问题。其一，依靠专业化的数据企业，但这需要文化企业将外贸的相关程序、指标体系以及需要解决的问题与数据企业做好沟通工作，也就是说，二者之间要实现无缝对接。其二，有一定资金与技术实力的文化企业应当着力推进自身的数据处理能力。具体来说，可以成立自己的数据分析部门，将数据的挖掘与分析当作对外文化贸易的首要工作。目前来看，文化差异是我国文化产品走出去的首要阻碍因素，再加上国外市场相比国内市场更加多元化和复杂化，因此做好前期对市场的调研与评估相比盲目地推出产品其成功率要高得多。特别是，在国家大力号召与推进文化产业的“走出去”战略下，一些中小企业往往盲目跟风，对国外市场缺乏了解，推出的文化产品要么是中国元素过度，难以被外国消费者接受；要么是与国外同类产品同质化，没有自己的特色，难以获得市场认可。在对外文化贸易中，贸易竞争力的提升与企业的技术、运营模式与生产策略密切相关，但相比前两者，后者的影响更为根本，它直接关系到产品内容，而内容往往是消费者所首要关心的问题。因此，发挥大数据的预测作用以指导生产是规避贸易损失的首选。

目前，国内专门从事大数据挖掘和分析的企业并不多，在产业链方面还不够完善。国际上多数厂商的产品和技术都是建立在 Apache 开源的 Hadoop 分布式计算和存储的基础和平台上，在此技术之上，主流的大数据厂商分为大数据分析基础设施、大数据操作基础设施、大数据基础设施云服务、传统结构化数据库、商业智能、可视化等领域。① 对比来看，国内的大数据产业链基本上分为应用、技术与服务三个层面。应用层面，多依靠几个主流的互联网企业（如百度、新浪、腾讯）和通信运营商（中国移动、中国联通与中国电信）；技术层面，主要有网络设施（华为、三星等）、计算存储（如 IBM、HP）以及分析企业（如 SAS）等构成；服务层面，包括相关的咨询服务商。可以看到，同国际相比，我国的大数据产业链并不完善，而且本土企业的比重较小。因此必须建立起完整的大数据产业链，实现多平台的整合。同时还要树立国际化视野，展开全球化合作。文化贸易毕竟是一种国际行为，其数据的来源范围之广，非一国企业所能承担。因此，尽管我国本土数据企业的比重小，但我们在发展的同时，决不能忽略国际合作，要认识到正如产品的运营要整合全球资源一样，数据的挖掘与分析也同样需要如此。文化产品毕竟不同于一般的生活必需品，它的生产最大程度地符合需求才是根本。放眼未来，基于全球化的数据挖掘平台、数据处理平台与创新服务平台的构建，是我国对外文化贸易必须着力解决的。

多元化战略之二就是要实现多环节的切入，即实现文化企业自身运作与文化贸易运作的大数据化。企业管理的数字化进程早已开始，但这并不以挖掘与分析市场数据为首要出发点，长远来看，大数据作为企业日常业务的一个环节，参与业务活动是企业运营改革的重点。文化贸易不仅仅是基于国内的生产而直接销售产品，它其实包含着完整的运作体系，前期的市场调研、效益分析、风

① 赵刚. 大数据：技术应用与实践指南. 北京：电子工业出版社，2013：249.

险评估、后期服务以及具体运营模式的选择都必须实现与大数据平台的对接，让大数据参与项目、产品从创意酝酿到成品产出的整体流程。然而，我们必须注意到，由于我国文化产品和服务的出口企业规模不一、业务体系不一、竞争力不一，因此，并非所有企业都拥有大数据的处理能力。对此，中小企业可与专门的数据处理企业合作，将相关业务外包，也可与本行业的大企业合作，实现“借船出海”。从这个角度讲，有实力的大企业应当加速推进其外贸服务平台的建设，而且行业的相关性将使得二者的合作有更好的效率。但大企业的平台建设也必须将大数据挖掘和分析业务融入其中。目前来看，我国文化企业在走出去的过程中，建立了众多平台，如完美世界所开发的针对研发商和运营商的一站式 PWIE 平台，它为研发商提供了产品销售、包装、宣传、开发指导及定制等诸多方面服务，为海外运营商提供产品采购、评估、品质管制、运营咨询及投资顾问等服务。得益于 PWIE 平台之上，游戏企业之间可以互通有无，通过利益分成的方式，实现资源共享，既能够为众多缺乏海外运营经验和实力的中小网游厂商提供“走出去”的机会，还可以为国外厂商进驻国内，提供平台，从而为我国游戏产业的整体繁荣提供了重要途径。因此，大数据平台的建设可以参照 PWIE 的模式，也可将与之深度整合。总的来看，我国文化产业走出去的平台要么是基于产业的整体流程设计，要么是选取产业的某一环节进行专项化设计，而且国际化运营的视野已经确立（特别是游戏产业），这就为整合大数据平台提供了基础与借鉴的经验。如果能抓住这一机遇，相信我国文化产业定能在真正基于市场的前提下走出去。

多元化战略之三就是要实现多部门的联合。数据的挖掘不仅基于互联网，还涉及通信、纸媒等其他媒介，而且即使基于互联网也存在诸多限制。在对外文化贸易中，由于数据的大部分来自国外市场，这就更加重了数据挖掘的困难。首先，政府部门应在引入国际数据平台（企业）上，给予相关的政策优惠，在保证本国数据安全的基础上，适当减少准入审批程序与审批壁垒。其次，文化产业各部门企业之间应加强合作。由于文化的广度关联性决定了文化产业即使存在不同部门的划分，但产品内容具有相关性，这就决定了一种产品的数据很可能影响到其他产品的数据，特别是在消费者一方的数据上更是如此（比如小说、戏剧、电影、游戏尽管在产业形态上不同，但有时共享一个内容文本）。舍恩伯格认为，数据的价值并不仅限于特定的用途，它可以为了同一目的，而被多次使用，也可以服务于其他目的。判断数据的价值需要考虑到未来它可能被使用的各种方式，而非仅仅考虑其目前的用途。[①] 因此，发挥好各行业之间的协同、资源的共享就极为重要，任何行业挖掘、生产的数据都可能是其他行业潜在的需要。而且这也有利于壮大我国文化产业在国际上的竞争力与影响力，实现“组团出海”，发挥集群效应。大数据时代，数据的整合比部分更有价值。当我们将多个数据集整合重组在一起时，重组整合本身的价值也比单个总和更大。在大数据惊人的增长速度之下，不同数据类型之间的统一整合，会更有助于分析的进行。多部门的联合将打通、助力大数据的相关关系分析，最终提升预测的准确性。

总的来看，大数据时代为文化产业特别是文化产业的“走出去”提供了空前的机遇，它推动了文化生产（文化贸易）的消费转型，至此，如何迎合目标市场将成为对外文化贸易的首要考量因素。我国文化产业应当抓住这一机遇，尽快调整自身战略，将大数据整合进文化贸易的日常运作之中，这对于扭转我国文化贸易的不利局面，具有重大的推动作用。同时，这一进程和我国文化产业国内运作的数据化变革是一体化的。多元化的大数据战略将实现数据的产生、聚集、分析、利用的多元化，在多部门的推动下，促使文化产业大数据链的产生。这将促使当今文化的生产迈向消费时代，标志着文化生产从流程驱动到分析驱动，从产品营销到数据营销的转变。当然，最重要的转变在于思维的转变，在当前的发展中大数据与互联网已经深度整合在一起，树立大数据的文化生产观就是要发挥互联网的效能，大数据思维就是互联网思维。它的出现是高新技术与文化创意跨界融合实践的产物，尽管它依托于以互联网为基础的技术挖掘，

① ［英］维克托·迈尔－舍恩伯格、肯尼思·库克耶．大数据时代：生活、工作与思维的大变革．盛杨燕、周涛 译．杭州：浙江人民出版社，2013.

但其产生的重大效能反过来将会助其成为影响时代发展的科学范式，从而具有了普遍的认识论意义，更进一步，也会对所处时代的政治、经济、文化的实践产生重大影响。只有认识到这一点，我国的文化产业的发展以及文化“走出去”才会有更明晰的思路与战略视野。

（作者：柴冬冬）

第十二章

数客，大数据时代文化创意经济的先行官

大数据是世界经济、政治、文化竞争的新焦点，我国如何在这一轮大数据竞争中走在全球前列，在“互联网+”中，大数据是关乎全局的核心内容，也是未来我国发展需要重点突破的方向。我国文创产业要借助大数据战略实现两个升级换代——制造业走向高端的升级换代和文创产业通过高新科技的升级换代。数客（首席数据官、数据分析师、数据管理师、数据营销师）将成为未来最稀缺的人才。

大数据是世界经济、政治、文化竞争的新焦点，我国如何在这一轮大数据竞争中走在全球前列，在“互联网+”中，大数据是关乎全局的核心内容，也是未来我国“十三五”发展需要重点突破的方向。我国文创产业要借助大数据战略实现两个升级换代——制造业走向高端的升级换代和文创产业通过高新科的技升级换代。数客（首席数据官、数据分析师、数据管理师、数据营销师）将成为未来最稀缺的人才。

一、大数据是世界经济、政治、文化竞争的新焦点

大数据（big data）或称巨量资料，指所涉及的资料量规模巨大到无法通过目前主流软件工具，在合理时间内达到撷取、管理、处理，并整理成为国家、企业发展的有效资讯。在维克托·迈尔－舍恩伯格及肯尼斯·库克耶编写的《大数据时代》中，大数据指不用随机分析法（抽样调查）这样的捷径，而采用所有数据的方法。即大数据具有的4V特点：Volume（大量）、Velocity（高速）、Variety（多样）、veracity（真实性）。大数据需要特殊的技术，包括大规模并行处理（MPP）数据库、数据挖掘电网、分布式文件系统、分布式数据库、云计算平台、互联网和可扩展的存储系统。大数据采用全数据模式，样本＝总体，它还允许不精确。它通常用概率说话而不是板着“确凿无疑”的面孔。[①]

处于世界经济发展前沿、信息技术创新前列的大数据的先锋国家——美国，

① ［英］维克托·迈尔－舍恩伯格、肯尼思·库克耶．大数据时代：生活、工作与思维的大变革．盛杨燕、周涛 译．杭州：浙江人民出版社，2013：37-49.

将大数据看成“未来的新石油”。美国的苹果、谷歌、亚马逊等一批世界级互联网企业，奠基并推动了大数据的高速发展。奥巴马说：“未来，没有这样重量级的先进企业做支撑，即使靠传统产业像产油国家那样获得一时的繁荣，必将是不可持续的”。事实上，大数据已成为美国国家创新战略、国家安全战略、国家ICT产业发展战略以及国家网络安全战略的跨界领域。奥巴马对大数据可谓情有独钟。最经典的大数据案例就是：奥巴马及其团队创新性地将大数据应用到竞选活动中，通过对近两年搜集、存储的海量数据进行分析挖掘，寻找和锁定潜在的己方选民，运用数字化策略定位拉拢中间派选民及筹集选举资金，成为将大数据价值与魅力发挥到淋漓尽致的典型。

2012年3月29日，奥巴马政府宣布启动《大数据研究和发展计划》，同时组建“大数据高级指导小组”，涉及美国国家科学基金、国家卫生研究院、能源部、国防部等6个联邦政府部门，宣布将启动2亿美元的投资计划，提高从大量数据中访问、组织、收集发现信息的工具和技术水平。这是继1993年宣布“信息高速公路”之后美国的又一重大科技部署，其提出将在科学研究、环境保护、生物医药研究、教育以及国家安全等领域利用大数据技术进行突破。这使得美国成为全球首个将大数据从商业行为上升到国家意志和国家战略的国家。

2014年美国紧锣密鼓地开展了大数据战略的全民征询意见活动。5月，由总统科技顾问委员会向奥巴马提交了大数据开放战略的报告。报告建议：新的政策应该侧重于的对个人信息的具体用途是否会对个人隐私产生不利影响；政策制定的重点应放在利用数据的结果上，也即用个人数据分析在“做什么”，而不是“如何做”，以避免政策成为技术进步的障碍；政策框架应能加快开发和商业化大数据技术，这些技术不仅包括新的研究领域和潜在的技术选项，而且应包含能消除对隐私权不利影响的新技术、新方法。通过政策的引导，能更有效地利用大数据技术，让美国在立法和商业上在全球继续保持领先地位。只有解除对个人隐私受到侵犯的担忧，才能最大限度地利用大数据的好处。

其后，美国白宫发布《2014年大数据白皮书》，白皮书提出：“大数据的爆发带给政府更大的权利，为社会创造出极大的资源，如果在这一时期实施正确的发展战略，将给美国以前进的动力，使美国继续保持长期以来形成的国际竞争力。”今天的美国，从政府到企业，从医疗、教育等公共服务部门到商业、科技领域，大数据技术正在催生各个领域的变革力量，整个社会也在不遗余力地主动进行大数据技术的发展与应用。大数据的发展与应用已经对美国社会的方方面面产生了深远影响。

大数据所蕴含的战略价值已经引起多数发达国家政府的重视，他们相继出台了各自的大数据战略规划和配套法规，促进本国大数据的挖掘、应用与发展。在政府大数据战略部署和政策推动下，发达国家的政府部门、企业、高校及研究机构都开始积极探索。Gartner 公司的调查结果表明，全球 64% 的企业已经开始向大数据项目注资，或者打算在 2015 年 6 月之前将计划付诸实践。德国联邦政府启动“数字德国 2015”战略，推动互联网服务、云计算、物联网、3D 技术以及电动汽车信息通信技术等信息通讯产业的发展，推动实施基于传统制造业智能化和数据化的“工业制造 4.0 战略”，将大数据引入制造业，打造智能工厂，工厂通过 CPS（网络物理系统）实现在全球互联。2011 年，韩国就提出“智慧首尔 2015”计划，目标是到 2015 年成为世界上最方便使用智能技术的城市，2013 年 6 月，日本安倍内阁公布《面向 2020 年的 ICT 综合战略》，全面阐述 2013—2020 年期间以发展开放公共数据和大数据为核心的日本新 IT 国家战略，提出要把日本建设成为一个具有“世界最高水准的广泛运用信息产业技术的社会”的目标。

从全球来看，大数据作为蓬勃兴起的高科技新兴产业与当前全球风行的“创意经济”有着密切的联系。从某种角度看，大数据产业就是创意经济的一个组成部分，或者大量交叉运行的行业。在文化创意与数据科技二者的融合中，“大数据 +”生长出一系列创造型人才和创发型企业。可以说，文化创意产业的几乎所有部类，均可以借助于大数据进行升级换代。

贵州文化创意产业借助于大数据实现跨越式发展的案例充分证明了融合发展走向高质量的必由之路。2015 年，6 月 17 日，习近平总书记来到贵阳市大数据广场，走进大数据应用展示中心，听取了贵州大数据产业发展、规划和实际应用情况介绍。2014年以来，贵州省大力发展大数据产业，创建了国家级大数据产业发展集聚区，大力发展数据中心，远期目标为200万台服务器。还成立了大数据交易所，建设全域公共免费Wi-Fi城市。而作为大数据产业的重要载体，大数据广场汇集了51支创客团队、360多家大数据及关联企业。2014年，贵州省大数据信息产业总量同比增长62.2%。习近平总书记对贵州大数据的发展给予了肯定和赞赏:“贵州发展大数据确实有道理。”

二、习近平总书记关于大数据产业发展的全面布局

习近平同志站在时代最前沿，敏锐地把握世界新兴产业发展的前沿，带领国家迅速迈入大数据时代。在党的十八届五中全会提交的“十三五”规划建议中，我国将“实施国家大数据战略，推进数据资源开放共享”。

早在2013年7月，习近平总书记在视察中国科学院时指出:“大数据是工业社会的‘自由’资源，谁掌握了数据，谁就掌握了主动权。”

2015年5月，习近平总书记在给国际教育信息化大会的贺信中说，“当今世界，科技进步日新月异，互联网、云计算、大数据等现代信息技术深刻改变着人类的思维、生产、生活、学习方式，深刻展示了世界发展的前景”。

2017年12月8日，中共中央政治局就实施国家大数据战略进行第二次集体学习。习近平总书记在主持学习时，深刻分析大数据发展现状和趋势，结合我国实际对实施国家大数据战略、加快建设数字中国作出部署要求，为用好大数据、赢得新时代发展的战略主动指明了方向。“大数据发展日新月异，我们应该审时度势、精心谋划、超前布局、力争主动。”

2018年5月26日中国国际大数据产业博览会在贵州省贵阳市开幕，国家主席习近平向会议致贺信。他指出，当前，以互联网、大数据、人工智能为代表的新一代信息技术日新月异，给各国经济社会发展、国家管理、社会治理、人民生活带来重大而深远的影响。把握好大数据发展的重要机遇，促进大数据

产业健康发展，处理好数据安全、网络空间治理等方面的挑战，需要各国加强交流互鉴、深化沟通合作。习近平总书记强调，中国高度重视大数据发展。我们秉持创新、协调、绿色、开放、共享的发展理念，围绕建设网络强国、数字中国、智慧社会，全面实施国家大数据战略，助力中国经济从高速增长转向高质量发展。

2019 年 5 月 26 日，习近平总书记再次向中国国际大数据产业博览会发出贺信。他在贺信中指出，中国高度重视大数据产业发展，愿同各国共享数字经济发展机遇，通过探索新技术、新业态、新模式，共同探寻新的增长动能和发展路径。希望各位代表和嘉宾围绕“创新发展·数说未来”的主题，共商大数据产业发展与合作大计，为推动各国共同发展、构建人类命运共同体做出贡献。

习近平总书记在我国大数据产业的发展中高瞻远瞩，全面谋划，超前布局，不断深化。他敏锐地发现了世界发展的新亮点。他指出，现在，世界各国都把推进经济数字化作为实现创新发展的重要动能，在技术研发、数据共享、安全保护等方面进行前瞻性布局。抓住大数据发展的时代机遇，开创发展新局面，也是我国必须解答好的时代课题。

在新的全球互联的条件下，数据已经成为一种新的经济资产和政治 / 文化资本。从经济角度看，大数据时代，数据正在成为一种生产资料，成为一种稀有资产和新兴产业。大数据产业 / 数据经济已经开辟出数据材料、数据探矿、数据加工、数据服务等一系列新兴产业。任何一个行业和领域都会产生有价值的数据，而对这些数据的统计、分析、挖掘和人工智能则会创造意想不到的价值和财富。

习近平总书记指出，随着信息技术和人类生产生活交汇融合，互联网快速普及，全球数据呈现爆发增长、海量集聚的特点。作为信息化发展的新阶段，大数据对经济发展、社会秩序、国家治理、人民生活都将产生重大影响。

习近平总书记告诫我们：“机会稍纵即逝，抓住了就是机遇，抓不住就是挑战。”创新发展如逆水行舟，不进则退。面对新的时代要求，推动大数据技术产业创新发展，就要在突破核心技术、加快构建新一代信息基础设施、完善政策环境、形成数据驱动型创新体系、培育造就人才队伍等方面迈出新步伐；构建以数据为关键要素的数字经济，就要着力推动实体经济和数字经济融合发展，加快形成以创新为主要引领和支撑的数字经济，让大数据成为建设现代化经济体系的重要基石。

三、在新一轮大数据竞争中走向全球前列

据测算，目前我国的数字经济规模总量将要突破23亿元大关，占GDP经济总量近三分之一，雄踞全球第二位。商务部数据显示，2017年我国网络零售额已超7万亿元大关，同比增长32.2%，网络消费对经济发展的拉动作用明显增强。

那么我国如何在这一轮大数据竞争中走在全球前列？如何进一步按照习近平总书记“精心谋划，超前布局”的要求，实现高效高质量发展？

谋划制定大数据发展规划及相关政策。随着数据的与日俱增及其背后所蕴藏的巨大价值，大数据正在成为信息时代发展的新潮流，谋划制定大数据发展规划及相关政策，全面推动我国经济、政治、文化和生态的发展就显得非常必要。我们必须看到：大数据不仅是一场技术革命，一场经济变革，也是一场国家治理的变革。牛津大学教授维克托·迈尔－舍恩伯格在其著作《大数据时代》中说：“大数据是人们获得新的认知、创造新的价值的源泉，还是改变市场、组织机构，以及政府与公民关系的方法。”

由于各国大数据技术基础、市场基础、数据文化氛围不同，各国的政策侧重点存在一定差异。对我国而言，大数据市场刚刚起步，配套规划与政策还存在较多缺口，为加快推进我国大数据技术应用与产业发展，在政策环境构建方面：一是要加快研究制定大数据发展国家战略，战略应进一步阐明大数据的有利发展机遇，规划重点领域的大数据研究计划，布局关键技术研发方向，强化大数据基础设施建设和人才培养，加强对大数据产业的扶持，做好体制机制、

资金、法规标准等方面的保障等，真正将促进大数据发展提升为一种国家行动，为后期专项政策制定、项目规划等提供依据；二是借鉴国外政府大数据政策，勾画符合我国实际的大数据配套政策制定路线图，注重从战略技术能力储备和战略应用实施两个角度，落实相关部门职责，为大数据产业孵化、技术研发、推广应用营造完善的政策环境。

目前，我国政府根据我国文化发展的实际，拟订了相关发展的规划。2015年8月30日，国务院印发了促进大数据发展行动纲要。纲要提出：大数据成为推动经济转型发展的新动力。以数据流引领技术流、物质流、资金流、人才流，将深刻影响社会分工协作的组织模式，促进生产组织方式的集约和创新。大数据成为重塑国家竞争优势的新机遇。在全球信息化快速发展的大背景下，大数据已成为国家重要的基础性战略资源，正引领新一轮科技创新。大数据成为提升政府治理能力的新途径。大数据应用能够揭示传统技术方式难以展现的关联关系，推动政府数据开放共享，促进社会事业数据融合和资源整合，将极大提升政府整体数据分析能力，为有效处理复杂的社会问题提供新的手段。

当前，面对大众创业、万众创新的创客热潮，越来越多的风险投资机构把数客（数据分析师）所出具的数据分析报告作为其判断项目是否可行及是否值得投资的重要依据；越来越多的高等院校和教育机构把数据分析师课程作为其中高管理层及决策层培训计划的重要内容；越来越多的有志之士把数据分析师培训内容作为其职业生涯发展中必备的知识体系。

从全局来看，各省市之间已经形成关于大数据发展的竞争新格局。2014年2月，贵州印发《关于加快大数据产业发展应用若干政策的意见》，明确从2014年起连续3年，贵州省和贵阳市、贵安新区每年各安排不少于1亿元资金，用于支持大数据产业发展及应用。到2017年，贵州已形成多个大数据产业示范园区，引进和培育30户大数据龙头企业，聚集500户创新型大数据相关企业，通过大数据带动相关产业规模达3000亿元，引进大数据领军人才100名，引进和培养高端人才5000名。而在2012年到2013年，重庆、上海、陕西、广东、天津等省市已经率先投入大数据产业全区的建设工作，在产业布局上形成区域特色、网状覆盖，多省联动的大数据产业网。

近年我国大数据企业风起云涌，数百家颇具规模的企业大大推动了我国大数据产业的发展，也引发了全球的关注。2019年，由大数据产业生态联盟联合赛迪顾问共同完成的《2019中国大数据产业发展白皮书》在2019世界计算机大会揭晓了“2019中国大数据企业50强”。从基础支撑层、数据服务层、融合应用层对2019年中国大数据全产业链进行产业结构分析，并梳理出各个领域的龙头企业，推荐入围“2019中国大数据企业50强”，见表13.1。

表13.1　2019中国大数据企业50强

华为技术有限公司	南方电网数字电网研究院有限公司
腾讯	北京荣之联科技股份有限公司
阿里巴巴	北京亿信华辰软件有限责任公司
小米	帆软软件有限公司
美团	北京百分点信息科技有限公司
百度	普元信息技术股份有限公司
杭州海康威视数字技术股份有限公司	北京东方金信科技有限公司
中兴通讯股份有限公司	同方知网（北京）技术有限公司
滴滴出行	北京新意互动数字技术有限公司
浙江大华技术股份有限公司	北京国双科技有限公司
神州信息	美林数据技术股份有限公司
中科曙光	青岛大快搜索计算技术股份有限公司
广联达科技股份有限公司	三盟科技股份有限公司
上海晶赞融宜科技有限公司	长威信息科技发展股份有限公司
成都四方伟业软件股份有限公司	成都智审数据有限公司
浪潮卓数大数据产业发展有限公司	北京智慧星光信息技术有限公司
太极计算机股份有限公司	青岛萨纳斯智能科技股份有限公司
北京神州泰岳软件股份有限公司	数联铭品（BBD）
北京久其软件股份有限公司	勤智数码科技股份有限公司
软通智慧科技有限公司	重庆誉存大数据科技有限公司
北京东方国信科技股份有限公司	北京偶数科技有限公司
拓尔思信息技术股份有限公司	北京明朝万达科技股份有限公司
北京思特奇信息技术股份有限公司	集奥聚合（北京）人工智能科技有限公司

续 表

网智天元科技集团股份有限公司	上海跬智信息技术有限公司
新智认知数字科技股份有限公司	OpenCertHub

数据来源：大数据产业生态联盟（排名不分先后）

四、数客是大数据实践运行的关键要素

数字经济、大数据产业如何发展，核心看人才，关键在数客。

什么是数客？笔者这里命名的数客，是指数据分析师、数据运营官、数据管理师，特别是首席数据官，指的是在当下大数据时代，专门从事行业数据搜集、整理、挖掘、分析，并依据数据做出行业研究、评估和预测的专业人员，以及相关的跨行业顾问和有行业经验的编程人员、图形及视觉设计人员，以及将文化、技术和艺术融合为一、能将“抽象”语言形象化的人才。

毋庸置疑，数客已经成为数字时代最重要的人才之一，是当前推动大数据发展的关键所在。根据预测，未来若干年，数客将是全球最稀缺的人才。Gartner 预测，到 2015 年，全球大数据人才需求将达到 440 万人，届时仅有三分之一的需求能够得到满足。麦肯锡全球研究所的一份报告指出，美国需要 150 万名精通数据的经理人员，以及 14 万名至 19 万名精通深度数据分析方面的专家。目前，已有美国大学专门开设了研究大数据技术的课程，正在大力培养下一代的“数据科学家”。一些美国公司也向大学提供研究资助，并赞助与大数据有关的比赛。目前美国正大力关注大数据这个人类科技的新领域，以求继续保持在全球的科技领先地位。

因此，数字分析人才培养已被各国政府纳入推进大数据发展的重要议程中。美国《大数据研究与发展计划》的一个重要目标是“扩大从事大数据技术开发和应用的人员数量”。美国通过国家科学基金会，鼓励研究性大学设立跨学科

的学位项目，为培养下一代数据科学家和工程师做准备，并设立培训基金，支持对大学生进行相关技术培训，召集各个学科的研究人员共同探讨大数据如何改变教育和学习等。为促进基础研究，美国国家科学基金会采取的相关政策措施包括：将向美国加州大学伯克利分校资助 1000 万美元，帮助他们研究如何整合机器学习、云计算、众包（Crowd Sourcing）三大技术用于将数据转变为信息；在关键技术研发方面，联邦部门大数据项目详细部署了国防、民生、社会科学等领域的核心关键技术研发。英国《英国数据能力战略》研究扶持与技术研发政策，对人才的培养做出专项部署：搭建高校、研究机构的资金扶持和合作平台，确定从初中、高中就开始设立数据和计算机课程学习；大学各学科更要全面教授数据分析技能，实现跨学科交流；并通过奖学金、项目资助的形式支持高校培养满足当前和未来数据分析需求的人才。英国政府与相关专业机构一起强化数据科学的学科建设，勾画数据分析行业不同的发展道路。澳大利亚《公共服务大数据战略》强化政府部门与大专院校合作培养分析技术专家，同时计划将各类大数据分析技术纳入现行教育课程中，强化人才储备。法国《政府大数据五项支持计划》中第一步计划便是引进数据科学家（data scientist）教育项目。

目前，在互联网企业中首席数据官（CDO）、首席信息官（CIO）都已成为企业的标配，在企业发展中发挥着不可替代的作用。而数据也不再是无足轻重的一堆数字，它已成为具有重要经济和文化价值的“资产”和“资本”。企业的数据战略是将信息的各种应用场景一起思考：综合考虑数据的各种需求，并作为一个整体惊醒规划——通过交易中心的数据完成操作，通过运营报告了解情况，通过关键绩效指标衡量价值，通过分析报告了解，并通过操作数据存储来记录。

因此，大力推动大数据文化孵化器建设，培育一批新型创客、极客、数客，进而培育文化创客、文化极客、文化大数据分析师与文化大数据运营官，对于我国文化事业和文化创意产业的发展无疑具有重要的实践意义。

发达国家的大数据战略已经发挥重要功能。首先，它以大数据应用来判断未来发展的大趋势，以确定国家发展的长远战略。在具体运用上，支持政务活动，如公共政策、舆情监控、犯罪预测、反恐等的开展，推动政府管理方式变革和管理能力提升。

其次，以大数据应用增强社会服务能力。美国的Facebook等巨型社交网络，以及微博、搜索引擎等积累了海量历史数据，并在不断产生新的数据。美国的人口、交通、医疗等公共事业部门通过对这些新媒体数据的挖掘，实现了对人口流动、交通拥堵、传染病蔓延等情况的实时分析。

最后，目前大数据应用的实践领域主要在商业应用中。美国商业企业运用大数据进行决策。沃尔玛、可口可乐等消费企业借助数据分析掌握消费者习惯，从而制定针对性的营销策略，成为应用大数据的早期获益者。最为人乐道的案例之一就是沃尔玛通过分析挖掘销售数据，发现并实施了“啤酒+尿布”的营销策略。除上述行业外，医疗卫生、交通物流、金融等领域的机构和企业，都在逐步发现大数据的价值，加入应用大数据的行列。而越来越多的政府机关、事业单位，特别是大批科技文化企业，已经看到数据分析的重要性，越来越多地选择拥有综合技能的数据分析的专业人士，来为他们的项目做出科学、合理的分析、以便正确决策。美、英等发达国家力争保持全球云端的霸权，其战略目标十分明确。

大数据在商业领域获得了广泛应用，数据服务业蓬勃发展。根据预测，全球大数据技术与服务市场的增长速度大约是整体信息通信技术市场增速的7倍，到2016年有望达到238亿美元，因此美国各大公司加快了大数据方面的布局和投资。2013年2月，IBM宣布在2015年前拟支出145亿美元进行收购来完成对大数据产业链的控制。此外，还有大量中小企业从消费者、公共平台记录等数据中提取信息，将这些数据进行汇总分析，为政府及其他企业提供服务，包括产品营销、验证个人信息等。

互联网本身具有数字化和互动性的特征，这种属性特征给数据搜集、整理、研究带来了革命性的突破。以往“原子世界”中数据分析师要花较高的成本（资金、资源和时间）获取支撑研究、分析数据，数据的丰富性、全面性、连续性和及时性都比互联网时代差很多。

与传统的数据分析师相比，大数据分析师面临的不再是数据匮乏，而是数据极大的过剩。因此，大数据分析师必须学会借助技术手段进行高效的全数据处理。更为重要的是，互联网时代的数据分析师要不断在数据研究的方法论方面进行创新和突破。

大数据的发展和应用也存在着很多问题。首要问题就是如何解决公民隐私问题；第二是国家、企业和管理部门的安全和保密制度问题；第三是数据质量、垃圾信息（“垃圾进，垃圾出”）、巨量空耗资源问题；第四是数据公开与如何公开等问题。

五、我国文创产业要借助大数据战略实现升级换代

中国的文化发展与文化创意产业如何借助大数据挖掘获得战略发展并实现高质量的升级换代？

大数据在当代创意经济的各个领域中都无所不在，它与不同行业 - 企业“相加”，就形成了“大数据 + 创意产业”的新形态。它是“互联网 - 移动网”时代以数据为资本连通世界的桥梁，也是推动我国文化创意产业高质量升级换代的催化剂。

以互联网为基础的大数据与创意产业有着十分密切的亲缘关系。美国一大批互联网领军企业——谷歌、微软、EMC、SAP 等文化科技巨头，以及 Facebook、Splunk、Teradata 等一些文化创新公司，在多年的互联网技术沉淀和长期文化科技创新的积累中，形成了以硅谷创新精神为代表的时代风格，对全球产生了重大影响，也同时对大数据与文化创意产业及二者的融合产生重大影响。比如，今天的广告商们更愿意为针对性强的网络广告多支付 60%—200% 的费用。在庞大的数据系统内，广告商们不仅与大公司接触，同时还会关注一些小微企业、创客空间和新创品牌。消费者可以从更好、更实用的广告中获得

更广泛的企业信息。大数据为消费者与企业创造了巨大的价值。现在，无论是大型企业还是小型企业，人们都会更多地利用互联网、移动网和大数据运算工具。电商通过线上与线下的渠道与客户进行互动，来为后者提供量身打造的建议与最优的价格。而对消费者来说，在大数据技术的推动下，他们可以获得更加多样化和有针对性的创意产品和文化服务。

文化创意产业与互联网有着千丝万缕的关系，与移动网、手机和全民文化消费有着须臾不可分离的关系。大数据的兴起大大推动了全球乃至中国文化创意产业的发展，在电影、电视、广告、会展、演艺、娱乐、旅游、体育、休闲等传统行业发挥着重大作用，特别是在移动网、新媒体、动漫、游戏、视频、直播和电商等领域。在新闻出版、广播电视媒体行业，运营者能否准确、详细和及时地了解受众状况和市场变化的趋势，则是媒体成败的关键。

对于文化创意产业来说，重心首先是互联网时代的数字转型。我国文创产业要借助大数据战略实现两个升级换代——制造业走向高端的升级换代和文创产业通过高新科技的升级换代。大数据将在文化金融、内容产业与文化消费方面发挥重要作用。

其一，有步骤、有重点地推动我国公共文化服务与文化产业向数字化转型升级，推动文化与科技走向深度融合。根据世界文化产业发展趋势与我国文化产业实际发展情况，明确我国文化产业、文化科技创新的主要方向与现实目标，确定文化产业中科技发展的优先领域与重点攻克的科技课题，优先发展包括影视业制播技术、数字媒介传播技术、现代出版业印刷技术、电子媒介技术、网络技术、软件开发、数字图书馆技术、文化设施技术集成体系、虚拟现实技术、多功能多媒体信息智能终端技术等领域。鼓励自主创新，制定具体措施以促进高新技术与文化产业的结合，为文化产业发展做好社会服务工作。加快建立与完善我国文化产业发展的科技创新平台，整合研究攻克我国现代文化产业发展中具有共性的关键技术问题，大力推动自主创新研发，在一定领域形成技术优势，作为我国文化产业强有力的科技支撑，在挖掘我国丰富文化资源基础上，生产创造更多具有国际竞争力的、高科技含量的文化产品，形成具有一定规模的我国文化产业集群。

其二，围绕目前世界文化产业发展的核心技术，形成以文化企业为主体的产学研有机结合的现代文化产业技术创新体系。要支持企业之间开展产学研合作，组建优势互补的企业集团与企业联盟，在关键科技领域联合研发，鼓励形成具有自主知识产权的科技专利与科研创新成果。将我国文化企业科技创新能力的提高作为促进文化产业发展的切入点，并且通过制定相应政策如财政税收政策等引导与鼓励文化企业对科技创新的资金投入。对于具有较强科技创新能力、竞争潜力与抵御风险能力的中小企业，通过科学技术研发基金和政策支持等多种途径，促进与发挥它们在现代文化产业链中的关键作用，形成中小企业在科研与文化产品研发方面与大型文化企业集团相互补充的文化产业分工格局。并加快重点培养一批具有自主科技创新能力、世界一流水平的文化企业进入国际文化产业市场进行竞争。我国文化创意产业要利用大数据建立运行平稳、安全高效的产业运行新机制，不断提升文化创意生产、文化金融扶持、文化贸易运行、文化资源环境提升，以及产品质量、企业登记监管等领域数据资源的获取和利用能力，丰富经济统计数据来源，实现对创意经济运行更为准确的监测、分析、预测、预警，提高决策的针对性、科学性和时效性，提升宏观调控以及产业发展、信用体系、市场监管等方面管理效能。探索大数据与传统产业协同发展的新业态、新模式，促进传统产业转型升级和新兴产业发展，培育新的经济增长点。

其三，积极加入“互联网 +”的国家行动计划中，实现跨界融合。在公共文化服务，在文化产业内的各个行业，特别是文化创意与设计服务等领域全面落实“互联网 +”的行动规划，使我国在“十三五”这个发展的重要窗口期，全面迈向文化科技强国行列。要大力推进互联网 + 科技、互联网 + 旅游、互联网 + 艺术、互联网 + 体育、互联网 + 城市文化、互联网 + 设计 + 制造业、互联网 + 广告 + 品牌构建、互联网 + 电影电视、互联网 + 相关行业……之间的跨界融合，展开边界作业，拆除行业壁垒、部门壁垒、地域壁垒、所有制壁垒，开创互联网 + 文化发展的新格局。

其四，加紧培养适应我国公共文化服务与文化产业发展需求的文化科技人才。文化产业在根本上以高水准文化与科学技术特别是大数据创新为基础，因此对人才从知识结构到科研素质、创造能力都提出了更高的要求。但是，当下我国适应文化产业发展需要的科技人才与文化复合型人才还很短缺，因此要大力培养具有世界水平的文化产业人才队伍。一方面，从国家层面上要建立适应文化产业发展的人才培养机制，提升文化科技创新人才培养的针对性、前瞻性，整合高级知识人才、科研人才、文化人才以及社会力量等相关人力资源，构建协同创新的人才团队或团体。面向我国文化产业发展的重点领域，大力培养适应数字技术环境的文化人才、文创产业经营管理人才、媒体业制播人才以及数字技术软件开发（极客）人才和大数据背景下数据分析师（数客）等。另一方面，还要加强培养实用性人才、科技应用人才，重视专业院校和职业教育等相关人才的培养力度，要抓住全球科技、经济和市场搭中国便车的机遇期，积极完善、升级国际文化科技人才引进政策，更加广泛地延纳、聘请全球科技文化人才，加强与国外公共文化服务机构、文化产业、文化企业在各环节的国际合作，在学习借鉴中培养和提升适合我国文化产业发展的文化科技人才群。

总之，我国文化创意产业要构建以人为本、惠及全民的文化服务新体系。培育高端智能、新兴繁荣的文创产业发展新生态。开启大众创业、万众创新的创新驱动的新格局。要全面推广大数据应用，利用大数据洞察民生需求，优化资源配置，丰富服务内容，拓展服务渠道，扩大服务范围，提高服务质量，提升城市辐射能力，推动公共服务向基层延伸，不断满足互联网条件下人民群众日益增长的个性化、多样化需求。

（作者：金元浦）

第十三章

特色文化与数字科技融合的创意现实研究

在全球化的浪潮下，世界各国纷纷企图将自有的特色文化与数字科技融合，发展文化创意产业。本文结合笔者已知的文化艺术创造实践，立足变化的特色文化与数字科技，分析特色文化与科技融合的创意现实：特色文化的内容生产依赖特色文化资源的科技创新表达，特色文化的形态创新依靠数字科技的特色文化资源的激活。融合是一个“化蝶”蜕变过程，不同阶段采取不同步骤，核心是价值引领，为人的全面发展寻求生产生活新方式。

文化与科技的融合，是艺术与技术关系在当代的拓展与升级版。它的内驱力是艺术发生发展的内在规律演变的必然，它的外驱力是艺术生产力的代表科技创新手段不断提升的必然，更是人们日益正确对待二者关系的必然。

当人们对艺术创造的关注，由艺术构成的四要素：社会、创造者、文本与接受者渐次展开，当关注的目光转向接受者这一端的时候，已经为艺术的创造向文化的生产铺设了转化的轨道，这也是艺术创造规律向文化生产转身的内在逻辑使然。与此相伴的是艺术生产力的代表，艺术的技能与技巧的不断提升与发展，由艺术家们的想象层面的思接千载、视通万里，携手工程师们凭借数字科技的视听手段以虚拟的方式呈现于现实。艺术与技术的关系由"自然共生"、相伴相生到现代科技的"巨大的革新必将改变各种艺术的所有技术，并以此影响创意本身"。[①] 美的艺术的生产环境已经发生了根本性的变化。"在与当今完全不同的时代，那时的人把握事物及各种关系的能力微不足道。"[②] 但是，今天，艺术生产"所达到的适应能力和精确性"已经获得惊人的增长，艺术的生产力得到极大提升：事物及其各种关系的网络广泛建立起来，包括个体参与创新的网络也在创造活动中得到编织，文化与科技融合的通路增多，融合力也日益增强。

科学技术的发展，在不同的历史时期赋予艺术家不同的创造灵感。通过对琴弦长短粗细与音律关系的考察，古希腊的毕达哥拉斯派大大促进了乐器制造的发展；古代中国的冶炼铸造技术、音律技术导致了铜编钟的诞生；文艺复兴时期，画家利用线性透视法制造出三维空间的错觉感受，为此后六百年里的绘画

① ［德］瓦尔特·本雅明．机械复制时代的艺术作品．南京：江苏人民出版社，2006：107.

② ［德］瓦尔特·本雅明．经验与贫乏．王炳钧，杨劲 译．天津：百花文艺出版社，1999：259.

艺术带来了巨大影响；油画颜料的发明以及色彩学、光学的发展使得油画成为西方的主体绘画方式。[①]今天，当社会的发展在经历了工业化的规模生产，又步入数字科技的发展阶段，艺术也经历了艺术创造到艺术生产再到文化生产的转变，相伴的是在整个社会生产这样更大的关系范围内，文化生产经历了内容为王、渠道为王与平台为王的急剧转变。艺术生产力所经历的这样急剧的变化，又将给艺术家与科学工程师们以怎样的创意灵感，数字科技将如何与传统的内容创新结合呈现特色文化？特色文化又将产生怎样的变化？特色文化与科技融合又将有怎样的创意前景？

一、特色文化的特色及拓展

什么是特色文化？依据 2014 年 8 月 8 日文化部、财政部联合发布的《关于推动特色文化产业发展的指导意见》，文件开门见山指出：

特色文化产业是指依托各地独特的文化资源，通过创意转化、科技提升和市场运作，提供具有鲜明区域特点和民族特色的文化产品和服务的产业形态。

由特色文化产业的定义可以感知，特色文化的基础兼具自然与社会双重属性。特色文化所由生长的自然条件与地理空间是“各地独特”的；同样，由独特区域影响成长的人们创建的文化，不只呈现鲜明的自然地域特色，还烙有特定的社会民族特色。自然性与社会性是特色文化的核心。越是人类早期，地理环境、自然条件对人类的文化生产与生活的影响及其作用越是重大，越到后来，人类在生产与生活实践中所蕴含的社会创造力也越来越强。数字科技时代，对文化生产的影响：一方面，天地山川等地理的自然影响依然深远且持久，另一方面，国家疆界等社会的政治作用也依然强劲且至关重要。

特色是一个事物或一种事物显著区别于其他事物的风格、形式，是由事物

① 任广军．艺术与技术关系的历史演进．艺苑，2015（第 3 期）．

赖以产生和发展的特定的具体环境因素所决定的，是其所属事物独有的。讲到特色文化，人们首先想到的自然是传统文化、区域文化、民族文化及民俗文化这些概念。区域文化是由于地理环境和自然条件不同催生的，经过长期的历史演化，形成了明显与地理位置有关的文化特征。在中国广阔的地域范围内又形成了中原文化、吴越文化、齐鲁文化、燕赵文化、江淮文化等各具特色的区域文化。民族文化是某一民族在长期共同生产生活实践中产生和创造出来、能够体现本民族特点的物质和精神财富总和，也是一个民族在过往的历史中形成的具有明显特色的传统文化。中华传统文化是由 56 个民族文化构成的。特色文化的最大特色是对于特定时间与空间的依赖及其相伴的社会历史演化形成的差异：鲜明的区域性与民族特色。

伴随地理大发现，人们流动的交通工具与交往的交流方式的丰富，特色文化在更大范围内得到交流与呈现。因而，对特色文化的关注，要求我们由自然与社会的双重属性拓展开去，结合文化创造是连接更多个体的交互和参与这一变化现实，特色文化的生长分类，有单纯也有复杂。单纯的以人群创造特征分类：小鲜肉与老腊肉文化，这是以年龄与颜值为分界的；女性文化、直男文化，这是以性别划分的；复杂的以人类的行为和价值诉求划分：快文化与慢文化，是以群体对文化节奏的诉求差异为标准的划分；时尚文化、饮食文化、建筑文化、旅游文化是以人的衣食住行展开的。特色文化在文化快速流动的今天，呈现出丰富多样的样貌：有的在汇入与模仿中特色消融，有的在融入混杂中成功蜕变，以新的构成因素存在于新的特色中；有的则在迎合更遥远的需求和更广泛的生产过程中，经历了死亡前回光返照的短暂繁荣，从此烟消云散。总之，在更多的特色文化交流、碰撞与相互融入的过程中，更多单纯的特色文化在融入过程中消融，更多混杂的特色文化生长起来。

二、数字科技的艺术创造特征

“数字技术”（Digital Technology）是一项与电子计算机相伴相生的科学技术，它是指借助一定的设备将各种信息，包括图、文、声、像等，转化为电子计算机能识别的二进制数字“0”和“1”后进行运算、加工、存储、传送、传播、还原的技术。由于在运算、存储等环节中要借助计算机对信息进行编码、压缩、解码，因此也称为数码技术、计算机技术等。

要了解数字科技的艺术创造特征，我们必须沉浸期间进行体验，“就是要融入星球输入的电波中，融入由各个终端产生的思想调和中，并能辨识出随着交流波纹上下颠簸的变换方式。你不仅能感受到思维的延伸，更能感受到身体的延伸。这是一种身体外的经历，将同大家一同进入美学的、电子的、完全永恒的空间”。[①]文化的创新与艺术的创造处于不确定的流动中，是互联、互渗与互生的成果。产生的思想在调和丰富的文化特色的同时，又消解传统意义上的特色文化。

作为在一个特定地区存在的所有习得的行为总和的文化，它不免带有它所成长区域的时代文化特色，同时，与数字科技相伴的艺术创造，又是借助一定的设备将各种信息，包括图、文、声、像等进行运算、加工、存储、传送、传播、还原的，是汇集各种力量的文化创造，不仅仅与区域相关，还与图、文、声、像等不同艺术类别相关，更与过程相关。文化艺术经由各个终端的综合创新，不同文化背景与不同学科的创造个体的参与，艺术创造的区域特色与类别特色在变得更为丰富的同时，创造的是精致小巧的、流动变幻的、丰富混杂的特色文化，而不仅仅是代表地域与民族的特色文化。

---

① ［英］罗伊·阿斯科特．未来就是现在：艺术，技术和意识．袁小潆 编，周凌、任爱凡 译．北京：金城出版社．2012：25.

艺术家与工程师们必须携手，脑洞大开，用数字科技的互联邀约更多的人参与到艺术创造中，充分挖掘文化资源所独有的文化内涵，满足符合当代人们生态的生产生活需求，以人的官能的全面解放和丰富发展为驱动，且兼顾人类身体可以承载的发展节奏的价值诉求，实现特色文化与科技的融合。

文化与科技融合的成功创新，是文化与科技的互为促进与相得益彰。在内容生产上，文化艺术的叙事借助科技，内涵得到充分的感性呈现；而科技借助艺术的叙事，不断开发与完善自身的视听叙事潜能，并使创新变得生动活泼而不再冰冷枯燥。

三、特色文化和数字科技融合创造的可能

目前，在技术和渠道可以快速被模仿、普及并转化的今天，文化产品的内容生产和形态创新是核心。特色产生于事物所属的独有特色中。特色文化的内容生产依赖特色文化资源的科技创新表达，特色文化的形态创新依靠数字科技的特色文化资源的激活，资源利用和形态创新是特色文化与科技融合的关键，人类文明与文化承载的核心价值观与生产生活方式是内容生产的特色保证，科技内涵的价值与内容所呈现的价值在表达上契合是形态创新的内在驱动。如何利用资源和创新形态，真正融合特色文化与科技，我们将结合文化艺术的创造实践进行分析。

之一：忠于传统文化艺术的创新性视听转化。

传统文化是文明演化而汇集成的一种反映民族特质和风貌的民族文化，是民族历史上各种思想文化、观念形态的总体表征。不同民族有不同特色的文化传统，既是民族的财富，也是全人类的财富。它内含浓郁的乡土气息、淳厚的艺术内涵、生动的历史痕迹和遥远的文化价值，是当代文化艺术创新的丰富资源。特色文化资源包括传统文化艺术资源的科技创新表达，借助数字科技，对图、文、声、像等进行综合运算、加工、存储、传送、传播、还原，即汇集各

种技术力量对传统文化资源进行综合性创造，实现对传统文化资源的创造性视听转化。数字化创造，不只传承传统文化，将特色文化承载与呈现，与此同时，科技对图、文、声、像等进行综合运算、加工、存储，赋予静态的传统文化资源活色生香，在“1+1”的融合中拓展文化的特色内涵，并在传送、传播与还原中扩大影响，普及文化艺术，并在更广泛的领域碰撞出创新的火花。

众所周知，上海世博会中国馆“镇馆之宝”，是由水晶石公司为《清明上河图》量身定做的巨幅数字影像，即电子动态版《清明上河图》，因为没有一幅图能比它更恰如其分地展示出中国馆的主题：发展中的城市智慧。为此，整个《清明上河图》的创意策划历时两年多时间，又花费长达 9 个月的时间进行制作，投入技术团队超过 200 人。

《清明上河图》反映的是北宋盛世时普通的市井生活，画卷最生动的是市井生活中的各色人等。作为城市主体的人，不只创造城市生活，并能享受城市生活。这种城市理念，与千年后的现代城市规划和建设理念高度一致。城市的根本在于人，人才是城市系统的主体。城市让生活变得更美好，其关键在于人能享受得到。创意制作团队，聚焦这样的城市理念，围绕着人的日常生活，进行忠于原作的展示创意。

为营造动静合一的场景，保留原作的色调、画风及所有特征，包括每条街道、船只、树木及建筑。先把树木花草、石桥、房屋等固定不动的场景搬走，然后在剩下的图上标色，只需稍微变换身形的用蓝色，必须来来去去的角色则全部用红色。最后，让该动的动起来，包括声音。因而，我们观赏时，可以听到不同的音效，如马车声、小贩的叫卖声、孩童的追逐玩耍声、骆驼商队入城的声音、市民的赌博声等。高潮出现于画卷的虹桥处，呈现船只驶过虹桥桅杆碰到岸边，旁人慌忙拉扯的生动情景。

为了表达宋代的商业繁盛，电子版增设了 2 分钟夜景，与 2 分钟日景一起，构成一个 4 分钟的日夜循环；除了增设夜景外，还进行了有别于原著的部分人物、风景的创意。其中一幕是宋代的孩童在虹桥旁与小猪追逐，画卷夜景增设原著没有的月亮倒影、河上漂浮的莲花灯以及各式各样的灯笼等，还有女子在酒家内跳舞的场景等。大会在主馆场内，设置仿制的宋朝《清明上河图》，方便市民将原著与电子版比对。正是基于对中国传统文化的深刻理解并加以创新，公司获得巨幅数字影像拼接播放的全球首创，完成色彩、影像完美同步播放。这是一种采用现代科技对源自传统文化的内容生产，既是对传统文化的当代传承，又为丰富人们的日常生活提供了生动的文化产品。

宋朝《清明上河图》这样一种生产方式，对于传统的经典文化的普及意义重大，而且，这种忠于传统文化艺术的创新性视听转化，被放置在更广泛的创意环境中，放置在人们日常的生产生活创造实践中，具有模式及方法的迁移后的再创意空间，且具有可操作性。当前，许多旅游业的产品生产常常采用这样的方式。在传统（内容）与现代（科技）、虚（文化产品）与实（山水实景）的结合中，将艺术描绘的场景进行现实化的科技转化，重新置于旅游景区中，为自然山水实景增添人文风景，提升景区的人文艺术内涵，在充分挖掘属地文化艺术资源的同时，创造性地呈现传统文化艺术。兰州黄河母亲与云台山景区改造就是采用这样的方式，经由科技的视听化改造，丰富和创生了景区旅游的文化内涵，这也是目前许多旅游景区转型升级可以采纳的创新模式。

之二：遥远生活方式和原则的传承及网络化扩散。

21世纪艺术实践用很多方式回归到遥远过去的文化所表达的价值观，而联结文化与科技的正是古今相契合的价值。位于日本岐阜县白川乡荻町的世界著名文化遗产“白川乡合掌屋”，就是一个生动的典范。它本身的形貌样态及生活方式的存在意义不只是对于物质文化遗产——特色建筑和合掌造技法的传承，更是对一种文明和一个时代的生活方式的承续，即借助网络挽留与我们渐行渐远的农耕时代的生产与生活。

合掌屋建筑采用合掌造的方式，即不用任何钢筋水泥，使用较有黏性的木头和芦苇草，建成的高达四五层的楼房，屋顶以茅草覆盖呈人字形，因而房舍外貌酷似双手合十一般，故名“合掌”。而且，合掌屋坐落在四面环山、水田纵横、如诗如画的山村，作为承载文化的物质遗产，更重要的是，合掌屋保留了日本的重要传统：“结”，一种典型的农耕时代的生活方式与价值取向——相互帮衬与同心协力。合掌屋屋顶的茅草每三四十年就必须更换一次，每次需要约200人一起花上两天时间；全村平均一年约有2至3座屋顶需要翻修。为了能够顺利进行这项大工程，一家换屋顶，邻里左右一起出动帮忙，即全村的人就会同心协力一起努力，这种合作方式被称为“结”。

入选世界著名文化遗产的合掌屋，不只是它本身制造技艺独特，更在于它完好地保留了农耕文明的生活方式，及其与今天的人们所珍视的价值理念的契合:“结”。这既是遥远过去的文化所表达的价值，又是今天的人们所向往的价值，而且，“结”这样的生产与生活方式又为网络式联结注入人性的温暖与时代的温情。网络的扩散又将这种价值传播到更辽远与广阔的空间，引发更多的人对当代生产与生活进行反思，并提供一个可以让人真切触摸与体验的真实现实世界，特色文化与科技就交织于传统与现代的“结”上，“结”为科技与传统融合提供了契合点。

以价值诉求“结”为契合点的合掌屋的再造，是融入当代价值诉求的再造，它置身的生长环境也已经发生了变化，绿色生态理念倡导下的合掌屋，它的外在形态相比传统的村落，增添了更多的智能功能，服务于当代人的生产生活需要，尤其是对它所承载理念的传播与扩散，依靠数字科技，特色文化资源包括它所承载的价值理念不只是被激活，更是在被广泛传播的过程中发挥它的影响力。影响不同区域依据自身的特色，将理念进行适合成长的落地创造，以不同的形态呈现并落户于不同的区域。

文化和科技内涵的创造原则与方法是互为影响与促进的。数字科技的艺术应用，在激活传统文化的过程中，不只是充分发挥数字科技的创造特色，还经常借助传统美学的创造原则与方法。中国传统视觉形式美的基本原则，如主次、虚实、对称与均衡、对比与和谐、节奏与韵律、比例与尺度、画面空白的运用和空间的设计等，都能在诸如传统村落的现代改建中得到广泛采用，而且，在数码传统文化的虚拟作品中得到充分使用。从这个角度讲，数码科技艺术的产品机理与审美观念中潜藏传统艺术的深深印记。这是特色文化与数字科技深层次的融合与形态性显现。当然，真正能够打动人心的文化产品是来自人对于自然、对于社会、对于自我认识的开发，是来自这种对于价值观的关怀，这些东西是大数据、机器，也是所有人工智能无法取代的。

之三：创造新的生活方式，为未来创造遗产。

科学及其衍生的技术本身就是一种文化形态和文化力量，我们应该让它本身蕴含的文化创造力量尽情发挥出来，与相契合的文化共同携手创造。如果说机械复制时代的科技力量创制了电影和电视两种文化艺术，那么，数字化时代创制了更多的文化艺术样式，诸如动画、动漫、游戏、二次元与弹幕等，只是这些文化艺术内涵的娱乐成分，在拥有“玩物丧志”这样的文化理念的国度里，这些文化艺术样式的生产自然将受到极大的压制。以游戏为例，游戏生产在中国是伴随文化产业服务——即代理，而不是文化的创制——起步的。第一款应该是2001年陈天桥对韩国游戏《传奇》的代理。搜索百度百科“陈天桥”条目，有以下介绍：

1999年，陈天桥以50万元启动资金和20名员工为基础，创立了盛大网络有限责任公司。2001年，涉足网络游戏业，以30万美元取得韩国Actoz公司旗下网络游戏《传奇》在中国的独家代理权。其后，盛大以优质的服务、严格的密码保护等核心竞争力一举成为中国网络游戏业的领头羊。

从中我们可以发现，盛大是以优质的服务、严格的密码保护等核心竞争力一举成为中国网络游戏业的领头羊，而不是对游戏的创制。

与新兴科技伴生的文化及创造力，需要我们在不断尝试的过程中去发现，充分挖掘它独有的与文化艺术结合的创造力，并为社会发展寻求艺术新价值、生产生活新方式。独特的创造力的挖掘需要一个不断综合创新的试错过程，如网络文学，开始只是将纸质的文本挂在网站，这是网络科技与文学的第一次亲密接触，正是在网络与文学的亲密接触中，彼此慢慢找到适合相互融入的各种方式。也正是这样一个简单的链接过程，已经开启了文化艺术创造的新模式与新空间：思想的联想。从众多分散地点汇聚到一起的文本（思想与想法），被放置到不同的文化环境之中，通过个性迥异的个体连在一起，因而意义和内涵变得更加丰富。思想的相互联络交织，为丰富思想的汇聚与群体互动参与提供现实；而且，这种创造是可以无尽延续的。

思想的联想吸引并汇聚了来自全球各地的个性迥异的个体，在网络中交流、沟通、碰撞各自独特的思想，创造出思想互联与协调的文化艺术。这需要我们拓展对特色的重新认识。一方面，自然的天地山川与社会的国家疆界对文化生产的影响依然深远且重要；而且，对文化的传统与地方性的摒弃，“我们变得贫乏了。人类遗产被我们一件件交了出去。常常只以百分之一的价值押在当铺，只为了换取‘现实’这一小铜板”。[①] 另一方面，我们又必须转换并拓展对特色文化的认识，特色文化的概念在“需求牵引”与“技术推动”下，也正在发生着强烈的裂变。今天在虚拟现实技术或者数字图形技术的帮助下，历史性的特色文化资源变得比较容易再度开发与创造，因为新兴的技术“极大地改变了传统艺术在创作、保存（收藏）、交流、展示和审美欣赏等方面的模式，……最明显的变化是摆脱了传统艺术在‘物质’属性上的局限性，导致了在时间、空间上的极大自由性”[②]。

如何利用好创造的这极大自由性？在动画、动漫、游戏、二次元与弹幕等数字文化艺术的创新与生产得到鼓励的今天，当科技在这些文化产品的生产过程中也不再成问题的时候，真正需要关注的是如何进行有特色的原创。在尊重各种特色的基础上，核心是个体作为主体参与到日常的文化生产生活中，及其对民族的传统文化构成元素的创造性运用。

尊重各种特色，内涵是将充满差异的个体的积极性、创造性激发调动出来，参与到当前火热的生产与生活的文化创造劳动中。以集聚各色力量进行创新的平台为例，它并不只是一种简单的技术或工具，平台本身是平台搭建者为寻求志同道合者设计的，而参与主体主动或被动的选择，共同合力产生平台。不同主体，因共同的趣味与共同的需求，选择加入与参与，即表明主体对平台主题与功能的认同，这样以趣味相同而自由加入的方式，不只是将有共同艺术爱好

① ［德］瓦尔特·本雅明．经验与贫乏．王炳均、杨劲 译．天津：百花文艺出版社出版．1999：258.

② 李勋祥．虚拟现实技术与艺术．武汉：武汉理工大学出版社，2007：140.

的人集聚在一起，而且，也为特色文化的保存与创意提供可能。

网易云音乐等在线音乐平台就是为音乐爱好者搭建的，它不只是一个交流音乐的平台，还创制了规模化定制产品，是针对大众的“私人电台”。用户可以自己选择收听“校园怀旧电台”“英语学习电台”“文艺青年电台”“走出失恋电台”等频道，精准满足追求个性化、DIY人们的需求，一个频道只瞄准一类人群的小而精的体验，非常有效。音乐特色的生成是基于对人性的充分体贴与深刻理解。音乐爱好者们能够随着所处地点的变换、天气的变换、情绪的变换而实时变换并收听到自己喜爱的歌曲。

核心是个体作为主体参与到日常的生产生活中，不忘初心，始终吸纳民族的传统文化及其构成元素进行创造性运用。

文化产业经历内容为王、渠道为王与平台为王的快速转化，某种意义上，这些都是拜网络所赐，渠道为王也是基于网络科技的成果。而且“渠道为王”的提出，不只松动渠道与内容的边界，并为内容的全面渗入渠道提供路径，也正是线性生产方式遭遇突破的开始，内容的生产正逐步延展到渠道的传播过程中。至于内容在传播过程中以怎样的方式得到生产，这又是一个不断创新的过程。最初，只是文本内容在传播渠道中的汇聚，裹挟各种进入网络的创造力量，催生了各种想象的交织融合，致使联想具有最丰富的内涵；然后，参与想象的个体不再满足于想象，参与到产品的生产过程，如部分影视产品的生产制作，利用网络实时互动的技术，围绕电影叙事的展开，吸纳来自各方的建议和力量，并在生产中不断地改进内容的叙事，即影视产品成了剧组与观众共同创作的成果。到2015年，弹幕在中国成为被高度关注的观影方式，意味着观影个体在创造中进一步发展，这个群体已经不再满足于文化产品的共同生产，进而介入文化产品的批评中，弹幕作为艺术欣赏的一种新兴评论方式，已经成为年轻一代观赏影视产品的日常与普通的行为。科技发展吸纳个体参与到日常的生产生活中，个体作为主体，他们的创造力在影视生产与观赏的小小天地中已经成为新常态。

在内容为王、渠道为王与平台为王的快速转化过程中，内容生产的创造性再怎么强调都不为过。如何在内容的网络化与弥漫性生产过程中，保有文化的特色与传统？其中，对民族的传统文化及其构成元素的创造性运用始终是占据第一位的，尤其是在全球化的民族国家时代，虽然我们强调开拓特色内涵。

在新兴的动画、动漫、游戏、二次元等的文化生产中，我们正经历对欧洲与日本的模仿，尤其是基于地缘的亲近性，我们的相关文化产品烙有深深的日本文化的印记。如何在为欧洲、日本的相关产品代工生产十多年后，创造我们的特色？

新的特色文化的生成，需要有一个“化蝶”蜕变的过程，因而不同阶段应该采取不同步骤，核心是价值引领。可以借鉴和学习美国好莱坞的电影生产经验，在美国文化的核心价值引领下，创造性地挪用各种文化资源与形式，经历去区域化与重新区域化过程，赋予各种文化产品流通全球的特色功能，更好地落地并融入世界。现阶段中国特色的样貌形态呈现，重点在对中国价值的挖掘和传统文化元素的科技创造运用。

特色文化与科技融合的创意现实，可以有无限的创意可能与不确定的多样未来，核心在价值内容与形式样貌及其对未来的开放。特色文化的内容生产依赖特色文化资源的科技创新表达，特色文化的形态创新依靠数字科技的特色文化资源的激活，彼此互为促进依靠的是传统与未来的价值契合。此外，充分挖掘与新兴科技伴生的文化及创造力，开发人对自然、对社会、对自我认识的新领域，为社会发展寻求文化新价值，为人的全面发展创造生产生活新方式。

（作者：朱宁嘉）

第十四章

新常态下中国文化产业金融支持体系的学理探讨

在新常态下，中国文化产业具有逆势上扬的增长潜力，随着文化体制改革的深化、国家政策红利的释放以及文化市场的快速发展，文化产业投融资日益活跃。与社会主义市场经济建设相适应，中国独特的文化体制与经济体制塑造了特定的文化产业金融支持格局，即政府主导市场形成的多元多层次文化产业资本体系。要以国家文化产业发展战略为宗旨，通过政府的扶持引导，发挥资本市场的积极作用，建构中介发达、风险可控、富于创新的多元多层次文化产业金融支持体系。

在中国的“十三五”规划纲要里，明确提出文化产业在本规划期实现成为国民经济支柱性产业的目标。在新常态发展格局下，文化产业不仅要起到支撑国民经济增长、推动结构升级、实现融合发展的“支柱性产业”作用，更要作为“文化创新”的重要抓手，在市场经济和全球化的条件下，肩负起快速提升中国文化的发展活力、传播力与竞争力的战略使命。在中国特色的社会主义市场经济发展进程中，面向全面建成小康社会的总目标，建构由政府主导并服务国家文化产业发展战略要求的金融支持体系，这是新常态语境下文化产业实现“超常态”发展的关键任务之一。

一、新常态下中国文化产业发展及投融资的总体研判

经济新常态的一个显著特征就是增速下行成为趋势。从 2005 年一直到 2014 年，GDP 的增速总体往下走，2012 年跌到 8% 以下，2015 年 GDP 增速跌破 7%，整体经济进入深度调整期。最近十年以来，中国文化产业的发展势头与宏观经济发展趋势呈现一致性。文化产业在 2005 年的增长数据曾经高达 37.1%，此后基本维持 20% 以上的增幅，2010 年以来增速持续下行，2013 年甚至低到 11.1%，它的增长震荡下滑速度比 GDP 还要剧烈。见图 14.1。

尽管如此，预计在“十三五”时期中国文化产业会有逆势上扬的巨大潜能。2013 年文化产业的增长率降到了历史低位，而 2014 年又开始上升到 12.1%，与继续下滑的 GDP 增速相比，文化产业的发展呈现一个比较温和的 V 型反弹的上升势头。在未来五年中国经济下滑趋势持续的背景下，“十三五”时期文化产业要实现成为国民经济支柱性产业的既定目标，预计年均增长率要达到 15% 甚至

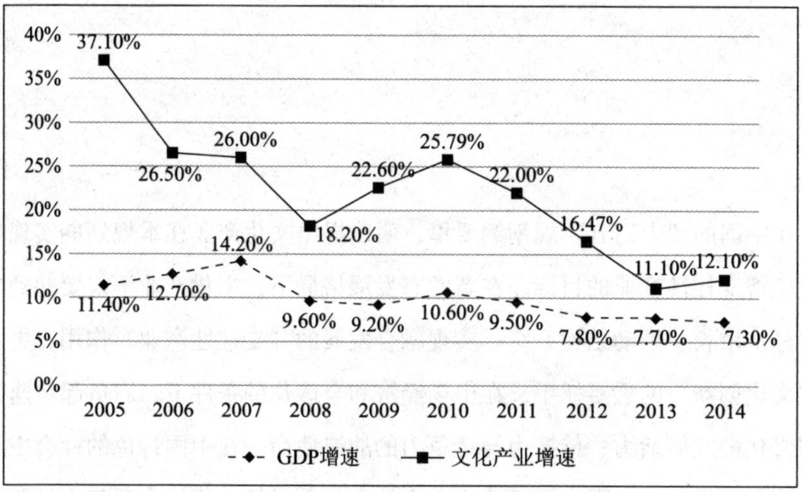

图 14.1　文化产业与 GDP 增长的相关性

（数据来源：国家统计局社会科技和文化产业统计司＼中宣部文化体制改革和发展办公室编：《2015 中国文化及相关产业统计年鉴》，北京，中国统计出版社，2015。）

更高。这个目标的达成，既要有国家战略的支持，更要有市场力量的支撑。

新常态背景下，中国要保持 6.5% 以上的中高速增长，一定得找到新的经济增长点。当前，文化产业毫无疑问被视为在传统经济下滑的同时又要保持经济中高速增长的一个战略性支点，因此在国家政策层面上才会给予如此大的支持。从市场角度来看，我国对于文化产品和服务的需求潜力依然引而未发。通过我国近十年来的文化消费支出和发达国家的经验来看，人们在解决了衣食住行等基本生活需要以后，精神文化的消费需求会保持着比较快的增长速度。[①] 总体上可以判断，在未来五年，文化产业将进入一个大发展的战略机遇期，预计会在经济发展整体下行的压力下逆势而上，成为支持中国经济转型升级的重要生力军。

文化产业是中国特色文化建设的有机构成部分，是文化体制改革的重要着力点，长期以来政府投入及国有资产运营是文化产业发展的关键保障。但随着财政收入缩减及保民生的投入取向确定，政府的文化投入增长很难维持高

① 刘玉珠．当前中国文化产业热点难点问题的深度思考．人文天下，2015（第 7 期）。

比例[①]，更多会通过改善财政投入机制，吸引社会资本参与文化建设。根据2015年财政收支情况统计，全国一般公共预算支出比上年增长15.8%，同口径增长13.17%。其中，文化体育与传媒支出3067亿元，增长9.3%。[②]从增速来看，文化体育与传媒支出要低于一般公共预算的增长支出近4个百分点。在新常态条件下，可以预期的是，未来对于整个文化领域的国家投入会更强调财政的杠杆作用，更强调与社会的合作。长期以来，具有基础建设性质的大型文化旅游项目主要由政府投资，2015年由国家发改委披露的PPP（政府与社会合作）项目的第一批和第二批中文化旅游类PPP项目已有47项，总金额2531亿元，虽然占比很小，但随着PPP模式逐渐成熟，这种政企合作模式在未来会越来越多，而且会成为一个文化旅游基础设施建设的主要方式。这也就是说，新常态下中国文化产业的主要资本来源会更加倚重社会资本。见图14.2。

随着文化体制改革的深化、国家政策红利的释放以及文化市场的快速发展，文化产业投融资日益活跃。以银行为代表的主力金融机构对文化产业的支持力度不断加大。以潍坊银行为例，2009年推出艺术品质押融资业务，2013年2月成立了文化金融事业部，2014年1月成立专业化艺术品仓储机构，同年5月成立艺术金融研究中心。[③]按照中国人民银行的数据，截至2015年12月末，我国文化、体育和娱乐业人民币中长期贷款余额2458亿元，同比增长25.7%，共有132家文化类企业通过银行间债券市场发行了652只债券，累计融资5873.19亿元。[④]从上市情况来看，截至2015年6月，我国上市文化企业数量达到180家，其中2015年1—6月新上市文化企业数量为20家。2014年上市文化企业数量27家，为近年最高峰。“并购”“重组”成了2013年文化传媒业的年度关键

① 《中共中央关于深化文化体制改革推动社会主义文化大发展大繁荣若干重大问题的决定》明确提出：“保证公共财政对文化建设投入的增长幅度高于财政经常性收入增长幅度，提高文化支出占财政支出比例。”

② 财政部国库司：《2015年财政收支情况》，http://gks.mof.gov.cn/zhengfuxinxi/tongjishuju/201601/t20160129_1661457.html.

③ 根据对潍坊银行官网（http://www.wfccb.com）资料的整理。

④ 许亚群. 2015年文化金融合作取得突破. 中国文化报，2016-02-05.

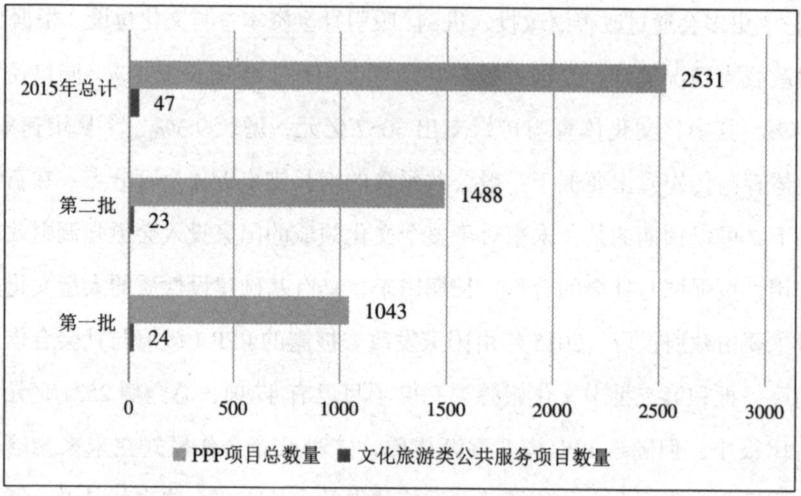

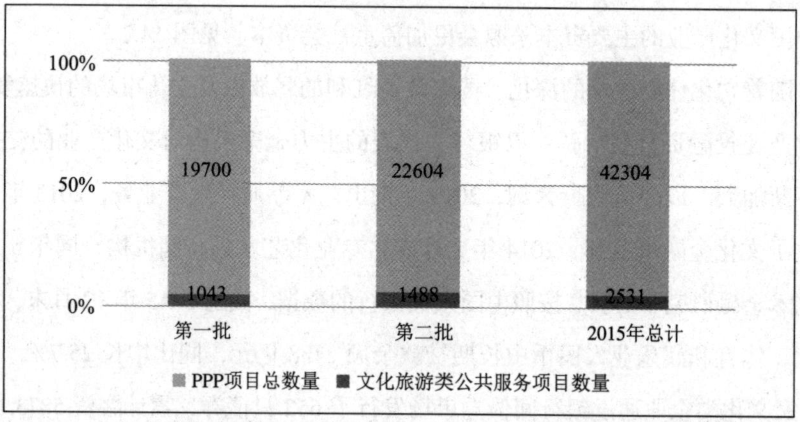

图 14.2　中国文化旅游类公共服务 PPP 项目数量与投资额度图

（数据来源：根据国家发改委 PPP 项目专栏数据的整理统计）

词。根据公开披露数据，2013 年文化产业发生 86 起并购事件，并购金额 559.2 亿元；截至 2014 年 12 月 20 日，文化产业共发生并购事件 162 起，并购总规模达 989.15 亿元人民币，2014 年前 6 个月的并购规模已超过 2013 年全年总规模。截至 2015 年 12 月 25 日，文化传媒行业共发生并购事件 166 起，数量略高于 2014 年水平。见图 14.3。①

---

① 中国文化产业投融资数据平台，文资天下网站 http://www.ccizone.com.

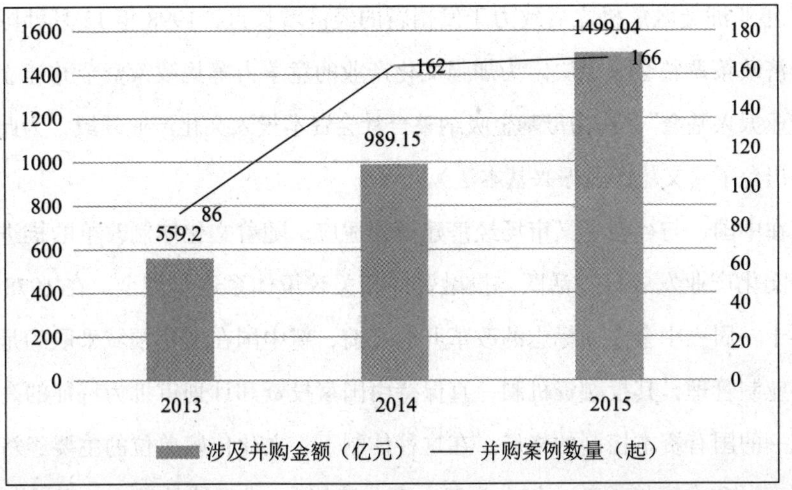

图 14.3 2013–2015 年中国文化产业并购案例总体情况

（数据来源：新元文智文化金融数据库）

二、中国特色金融支持体系初步成型

在中国，文化产业是一个非典型产业领域，具有显著的社会主义市场经济特殊性。文化产业金融支持体系建构，既要学习借鉴先发市场经济国家的经验，也需要适应并契合中国的发展现实及其特殊性。

在欧美等典型市场经济国家中，文化传媒的资本准入一般没有特别的壁垒或独特规则，文化产业领域的投融资活动和其他市场经济领域的资本融通规则总体一致，如迪士尼的投融资行为和麦当劳的投融资活动在规则上没有根本的区别。在典型市场经济国家，文化产业的金融活动从规则和体系上与一般的金融市场规则体系是相通的，在竞争性的市场领域，政府的干预很少，金融体系属于市场经济的重要组成部分，其游戏规则总体上遵从法律规制或行业自治。而在一些后发的市场经济国家，比如韩国、日本等，文化产业得到政府产业政策的重点支持，文化产业的投融资活动在国家制度上甚至也得到特别的重视和扶持，这些国家在文化产业的金融支持方面有一些专门的探索。比如韩国在

1997年亚洲金融危机之后致力于发掘新的经济增长点，1998年12月韩国政府在经济政策调整会议上决定为加强文化产业的竞争力筹集政策资金并建立“文化产业振兴基金”，作为母基金吸纳整合社会资本投入文化产业领域，为此政府专门出台了《文化产业振兴基本法》。①

在中国，与社会主义市场经济建设相适应，随着文化体制改革的推进和深化，文化产业发展日益活跃，投融资的相关政策体系逐步健全。在1978年以中共十一届三中全会为标志的改革开放之前，新中国在文化领域采取的是单一的事业制管理，其投融资机制一直保持由国家投资和计划审批为特征的高度集中统一的国有资本控制的格局。在这种体制下，文化传媒单位的主要经济来源是国家财政的直接拨款（如人头费、事业费等），或间接的政府补贴（如政府采购、项目补贴等）。这种资本格局在改革开放的进程中逐步改观。1978年末，《人民日报》等多家新闻单位联合给财政部打报告，要求尝试实施“事业单位，企业化管理”的经营方式，希望通过适度的自主经营来拓展资金来源渠道，弥补政府投入不足的缺口。这意味着中国的文化传媒单位开始打破长期以来单一的财政拨款体制，逐步探索市场化的投融资方式。

随着中国社会主义市场经济体制的确立，国家对文化体制改革的推进日益深入，发展文化产业的思路也越来越清晰，文化产业投融资的机制和体制创新也出现了难得的机遇，逐渐改变了长期以来过分依赖政府的文化投融资体制，打破投资主体单一的局面，社会资本与外资在文化发展中的比重和作用越来越显著。中共十六大以后，国家陆续出台了多项与文化产业投融资相关的政策措施，社会资本与外资进入文化产业的方向日益明确，渠道也越来越通畅，非公有资本已经成为中国文化产业发展和壮大的一支重要力量。2003年12月31日，国务院颁发了《文化体制改革试点中支持文化产业发展的规定（试行）》。文件明确鼓励各类社会资本对文化产业进行投资经营，对于那些关乎文化安全

① 权基永. 后发国家的文化产业赶超与国家的作用——以中国与韩国的文化产业政策为例. 北京大学艺术学院博士论文，2013.

和意识形态的重要文化产业领域，也降低了投资准入门槛。该文件对于中国文化产业投融资的发展起到了巨大的推动作用。2005年国务院10号文件《非公有资本进入文化产业的若干规定》可以说是在对中国文化产业的发展实践和文化体制改革进程中对于文化产业投融资的探索的一次总结和概括，标志着中国特色文化产业投融资体制基本形成。2010年中宣部、文化部等九部委联合颁布《关于金融支持文化产业振兴和发展繁荣的指导意见》，2014年文化部、中国人民银行、财政部联合出台《关于深入推进文化金融合作的意见》，文化产业相关的金融政策体系逐步构建形成。一些地方政府比如南京市组建了具备综合功能的文化金融服务中心。在政策利好的推动下，文化产业投融资越发活跃，文化传媒类上市规模不断扩大，资本市场对于文化产业的热情也日益高涨。

中国独特的文化体制与经济体制塑造了特定的文化产业金融支持格局，即政府主导市场形成的多元多层次文化产业资本体系。国有文化企业是中国文化产业的主力军，国有资本相对于民资或外资依然是大头。金融支持体系中，政府对文化产业扶持政策以及直接资助发挥着积极的主导作用。国有银行的文化产业信贷支持力度不断加大，配合国家相关政策的许多银行成立了专门的文化金融事业部。国有文化企业上市曾经享受特殊的绿色通道待遇。资本市场文化产业相关的并购日益活跃，主要集中在非公资本准入程度高的互联网与内容领域，涉及国有文化传媒企业的资本运作依然一片沉寂。总之，这就是中国特色的文化产业金融体系，有为政府是其核心动能，推动有效市场形成是其基本方向。

总体来看，当前中国特色的文化产业金融支持体系架构初显，文化金融方面的创新层出不穷，尤其是在互联网的加持下，中国的文化金融呈现狂飙突进的势头。但在文化产业金融活动繁盛的背后，风险日益滋生，弊端也日益显现。比如，2009年以后国内各类文化艺术品交易所风起云涌，成为中国特色文化金融创新的典型景观，为文化资源与金融资源的对接、为文化要素的流动配置、为文化产业拓宽融资渠道起到了积极作用，但同时诸如“艺术品份额化”交易这样的博傻资本游戏也以艺术的名义粉墨登场。[①] 再比如，中国电影市场发展迅猛，影视资本市场发挥了巨大作用，与此同时，电影票房的资本对赌问题也随之浮出水面。[②] 从简单的传统文化产品（艺术品）到复杂的现代文化产品（电影），资本炒作无所不在，这体现了中国文化产业的繁荣以及文化金融市场的活跃，但其中隐含的风险问题必须高度重视。政府推动文化金融发展的根本目标是金融支持文化产业健康发展，但现在的问题是文化产业发展中最需要金融支持的环境得不到支持，比如文化产业链的整合并购、中小微文化企业的融资；而个别领域资本火热，比如文化地产、艺术品投资、电影投资等；文化金融的创新得到充分鼓励，而文化金融的风险防控机制几乎还是空白，文化艺术成了金融的工具，不仅在伤害金融业的健康发展，也会从根本上伤害文化艺术本身。

因此，推动中国特色文化产业金融支持体系完善，这既是对新常态下中国文化产业发展的关键支撑，也是实现文化金融健康发展的迫切要求。在理论层面上，对于中国文化产业金融支持体系的研究可以算作一种学术性的推动力量。

三、文化产业的金融支持坐标体系

要以国家文化产业发展战略为宗旨，通过政府的扶持引导，发挥资本市场的积极作用，建构中介发达、风险可控、富于创新的多元多层次的文化产业金融支持体系。

（一）国家文化产业发展战略是决定金融支持体系的目标任务与结构逻辑的基础

在社会主义市场经济语境中，文化产业既是一个市场经济范畴，更是一个

---

① 魏鹏举．中国文化产业投融资体系研究．昆明：云南人民出版社，2014：312-334.

② 赵康杰．《叶问3》票房造假 揭开“票房对赌”冰山一角．证券市场红周刊，2016（第24期）．

文化建设甚或政治建设的特定范畴。在“十三五”时期，文化产业不仅要作为国民经济调结构转方式的重要抓手并成为国家的支柱产业，也要承担在市场经济条件下增强核心价值的吸引力、提升中国的文化软实力和国际竞争力的重要文化发展的战略使命。国家文化产业发展战略要求是建构金融支持体系的根本圭臬，文化产业的社会效益和经济效益目标就是金融支持体系建设的目标任务。哪些金融支持模式要丰富和强化，哪些金融支持模式要限制甚或禁止，一切要以中国的文化产业发展的战略利益为标准，不可将金融利益作为根本追求目标。要注意和防范借文化或艺术的名义乱搞金融创新、大发文化金融横财却可能造成严重金融市场泡沫和文化艺术市场隐患的系统性风险问题。

（二）协调政府与市场的关系是中国文化产业金融体系建设的内在结构

政府的作为对于中国文化产业投融资的意义举足轻重。一方面，国有文化企业还需要通过不断的改革释放文化生产力，中共十八届三中全会提出在完成转制的重要国有文化传媒企业中探索特殊的管理股制度，这样的改革发展探索需要对国有资本、非公资本进行特殊的制度设置，需要文化产业金融政策的特别支持；另一方面，政府的直接投入是中国文化产业发展的重要资本来源，也是示范和带动社会资本进入文化产业的重要杠杆性资本力量。市场机制是中国文化产业投融资的活力保障。一方面，只有文化产业具有显著的市场活跃度和成长性，金融资本才会有进入文化产业的动力和积极性，文化产业才能实现跨越式发展，文化效益才会更充分地实现；另一方面，资本市场本身就是市场经济的重要组成部分，是资源配置的高级形态，有效活跃的资本市场是建立文化产业金融支持体系的关键。

（三）健康有序富于创新是中国文化产业金融体系建设的重要使命

文化产业是一个新兴的经济领域，也是一个高风险高收益的典型轻资产、重创新行业，文化产业投融资在中国尚处于起步发展阶段，建立包括文化资本评估、法律服务、专业人才服务、风险分担机制、风险管理控制制度等中介与风控机制，是实现中国文化产业投融资健康发展的重要基础，也是建立文化产业金融支持体系的难点。文化产业的金融体系需要借鉴融合科技金融、互联网金融等新兴金融模式，更需要基于文化创意资产特性的特色金融创新。融合与创新是中国文化产业金融成熟壮大的必由之路，是文化金融创出中国体系的重要机遇。

（四）多元多层次文化资本市场是中国文化产业金融支持体系的市场愿景

以国有资本为主导，吸引并带动各类资本有序进入文化产业，这是文化产业金融支持体系的题中要旨，这个目标，既符合国家关于文化产业发展以及资本市场的基本国策，也是实现文化产业成为国家战略支柱产业的必然要求。十八届三中全会《中共中央关于全面深化改革若干重大问题的决定》及《国务院关于进一步促进资本市场健康发展的若干意见（国发〔2014〕17号）》（即“新国九条”）对于中国资本市场的改革目标设定都将发展多层次资本市场作为重要内容，这对于中国文化产业金融支持体系建设显然具有纲领性的长远指导意义。以银行为主体的间接融资体系是文化产业金融支持体系中规模最大、最为成熟稳定的部分，以各类证券市场为代表，辅之以产权交易、资产债券等资本市场，多层次直接融资体系是中国文化产业金融支持体系建设中最具战略价值的部分。

因此，关于中国文化产业金融支持体系的学理性架构可以用一个坐标系来显示：以文化产业国家战略为原点，以政府与市场关系为横坐标，以管理与创新提升为纵坐标，由六个命题构成主体内容板块。见图14.4。

建构文化产业的金融支持体系要贯彻如下原则：文化为体，金融为用，体用相生。经验表明，政府的积极财政政策与宽松货币政策往往会引来市场更激进的反应。文化产业的扶持政策密集颁布，财政资金也大量投入，在文化市场急速膨胀的奇幻景观中，文化产业投融资的泡沫隐约浮现，资本热捧电影、游戏甚或邮币卡，艺术品份额化的交易阴魂不散，文化地产风生水起，而小微文化企业却资金干涸。因此，在中国建构文化产业的金融支持体系，绝非简单地

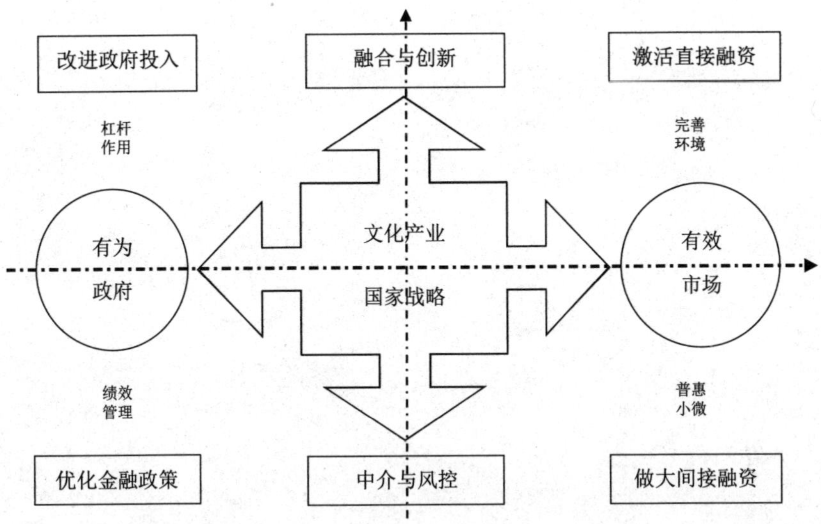

图 14.4　文化产业的金融支持坐标系

要鼓吹、推动和激励银行、债券、证券等各类金融资本投资文化产业，而是要扶持培育一个健康有序、科学合理、风险可控、富有创新活力的文化金融生态。

总体来看，进一步优化国家文化产业金融支持政策，改善政府的文化产业投入，建构政府引导、有序规范、风险可控、文化金融高度融合、富有创新活力的文化产业金融支持体系，有着显著的战略必要性和现实可行性。

（作者：魏鹏举）

第十五章

新时代创意人才集群培育的世纪工程

为实现新时代的宏伟发展目标，党的十九大进一步强调了“创新、协调、绿色、开放、共享”五大发展理念，而创新是其首要的、先导的、核心的理念。要实现这一理念，必须依靠具有创新、创意精神和能力的人才。作者认为通过分析国家新型智库是国家决策的“先锋队”，揭示了智客作为其高端成员，对国家五位一体的发展形态发挥着重要作用。在我国双创中凸显出来的创客－极客，已经在当前大数据、人工智能、云计算、移动网和自媒体中发挥出震撼性的作用。在当前大数据时代，数客——数据分析师、数据管理师、数据运营官等各种大数据人才，是最稀缺、最具未来性的人才。由个别创新性人才零星出现，到培养千千万万个智客、创客、数客的庞大的创新人才集群，直至创意阶层的形成，需要宽广的威客类平台，更需要我们做好一系列培育提升的“世纪工程”。

党的十九大再次强调“创新、协调、绿色、开放、共享”这一实现“十三五”时期发展目标所必须牢固树立并切实贯彻的五大发展理念。可以说，新的发展理念，为我们新时期的发展勾画出了清晰的路径，描绘出推动发展全局深刻变革的全新蓝图。而在五大理念中，创新居于重要的先导核心地位。创新的关键在于人才，创新的成功依赖人才。对于文化创意产业来说，创新—创意人才对整个行业的健康、快速发展至关重要。所以，当务之急是培养足够多的创新、创意人才，以满足经济行业需求和社会发展需要，以此推进整个产业链，乃至全社会的进步和发展，这显然是我们当前不得不认真思考的重要话题。

一、新型智库与智客

2015 年 1 月，中共中央办公厅、国务院办公厅印发了《关于加强中国特色新型智库建设的意见》(以下简称《意见》)：国家将新型智库定位为国家决策的“先锋队”。智库在国家发展中需要不断发挥创新和引领性的作用，在社会、政治、经济、生态、科技等各个方面，利用自身的优势，为我国正在进行的新一轮深化改革服务。在格局的布置上，我们看到《意见》将智库分为中央和国家机关所属的政策研究机构、国家高端智库、党校行政学院智库、高校智库、科技创新智库和企业智库、社会智库等不同的类型，其中更提出了明确的发展规则和发展方向，及各类不同智库发展的有效途径，这是非常具有实践意义的。如在实施规则中提出“重点建设 50 至 100 个国家亟须特色鲜明、制度创新、引领发展的专业化高端智库”的目标；提出了“完善以品德、能力和贡献为导向的人才评价机制和激励政策”等细化的内容，都将促进这些有针对性的政策更快地落地。

那么，什么是智客？我所认为的智客，是在新时代中国高质量发展中，对国家经济、政治、文化、生态和共享的发展大业提供科学的、客观的、具有前瞻性的意见、观点、研究成果的人士。他们作为智库（包括公立智库、社会智库与民间智库）的成员，具有相对较高的专业水准、较宽阔的视野、较深的研究能力。作为治理理论的研究者，社会发展的观察员，民间声音的倾听者，往往能提出一些具有建设性、警示性、预见性的真知灼见，以作为党和各级政府理论与实践的智力支持和决策咨询。

我国的新型智库发展是"面向世界、面向未来"的。在世界范围内，智库的发展已十分迅速，美国宾夕法尼亚大学2014年1月发布的《全球智库报告2014》显示，目前全球共有6681家智库，其中美国1830家，中国429家，我国已经成为世界上智库数量排名第二位的国家。但我认为我国智库的数量可能远远超过这一数字，我国的智库分为多个体系，包括党政部门、社科院、党校行政学院、高校、军队、科研院所和企业、社会智库等，基础量十分庞大，这也从侧面反映出我国智库正在迅速崛起。《全球智库报告2014》同时指出，有7家中国智库入围"全球智库150强榜单"，抛开数量而言，也说明我国智库整体水平与世界顶级智库相比仍存在一些差距。未来，我国智库及智客群体应更注重于研究质量的提升，注重于专业化发展，注重于解决现实问题，注重于完善国家的治理体系，从而更好地为我国的社会发展提供智力支持。

二、创客

创客最初指专注于利用互联网数字技术设计产品原型的具有创新天赋和爱好的群体，后延伸为所有热衷创新创意与创造、以分享最新技术和交流前沿思想为乐趣的创新群体。他们的另一个相近的名字叫"极客"（美国俚语Geek），而其中最为痴迷于寻找一切网络系统BUG的人，成了黑客（骇客），他们都很年轻，好奇和逞能是他们的本质特征。2007年以来，全球掀起了一股创客文化的浪潮。2014年，美国总统贝拉克·奥巴马将“创客”提高到“打造新一轮国家创新竞争力”的战略高度，同时宣布把每年的6月18日定为“美国国家创客日”。无疑，创客运动是新时代颠覆现实世界的助推器，是一轮具有时代意义的新浪潮。

（一）创客空间的建立与“双创”的战略决策意义重大

由个别创新性人才零星出现，到培养千千万万个创客的创意集群，直至创意阶层的形成，需要我们做好一系列培育提升的“功课”。美国学者理查德·佛罗里达（Richard Florida）在《创意阶层的崛起》（*The Rise of the Creative Class*）中，开宗明义地指出了创意团队在相关产业发展中所扮演的重要角色：“本书描述的是一个新的社会阶层的出现。”① 具体而言，创意人才的崛起，以及他们为经济社会发展所提供的智力支持、创意服务等，从根本上扭转了文化产业发展的旧有面貌，“人类创意跃升为当今经济生活的决定性特征”。因而，我们有必要牢牢把握培养创意人才这一根本“路线”，打造富有战斗力、攻关力、思想力的创意团队，夯实“智力资本”的综合容量和发展基础，不断推动文化产业的快速、健康发展。事实上，大到一个国家综合国力的提升，小到一个公司的发展壮大，创意智慧、创新思路等在其中扮演着不可估量的关键角色。许多眼光前瞻、视野开阔的著名企业家无不是“创意智慧”或“创意思维”的推崇者与实践者。有数据显示，在一些事关经济社会发展的关键行业中，如影视传媒、电信网络、工业设计、建筑规划等，一大批受过高等教育的优质创意人才对产业升级、行业发展等做出了并继续做着重要的贡献。

事实上，创意产业发展的基础是教育。创意产业的繁荣，更依托于国民素质的普遍提高和国民创造力的不断进步。1998年，英国国会在一份报告中指

① ［美］理查德·佛罗里达. 创意阶层的崛起. 司徒爱勤 译. 北京：中信出版社，2010：22–23. 78–79.

出，“人民的想象力是国家的最大资源。想象力孕育着发明、经济效益、科学发现、科技改良、优越的管理、就业机会、社群与更安稳的社会。想象力主要源于文学熏陶。文艺可以使数学、科学与技术更加多彩，而不会取代它。整个社会的兴旺繁荣也因此应运而生”。可见，积极的教育发展与创意智慧开发是创意产业可持续发展的根本前提，创意人才的崛起更离不开日益深厚的教育基础。而反观我们，当前我国文化创意产业发展，却总是出现一种揠苗助长、急功近利的心态，急于求成、乱象丛生，结果就像中国足球的发展一样，往往取得适得其反的结果。

（二）中国需要极客

在创意产业的发展中，极客的作用至关重要。极客是美国俚语“geek”的音译，是整个创意产业新模式运营的技术探索者和支撑者。他们以不断的技术创新，不断改变着互联网、移动网以及文化创意产业 / 文化经济的基本面貌。随着互联网文化的兴起，“极客”这个词含有智力超群的意蕴，又被形容于那些对计算机和网络技术有极大兴趣，并投入大量时间钻研的人群。在 2015 年举行的“极客公园创新大会”上，百度创始人、董事长兼 CEO 李彦宏第三次做客极客公园大会，而他也以一名顶级极客的身份，解读了百度的移动互联网战略：为技术的投入，既是一种信仰，也关乎产业发展的未来。

简言之，未来的立体创意产业将会不断涌现以新模式、新“态势”为标志的发展新坐标，广泛联结产业、高校、政府、经贸等经济社会发展的关键的领域，综合发展、全面整合，从而推进经济产业的快速、健康发展。

（三）跨越与融合

今天，创意人才已成为推动经济社会发展的重要力量。佛罗里达在《创意阶层的崛起》一书中也提出，与传统的行业划分逻辑不同，创意人才更是一股重要的“职业新军”，与其用传统、老套的部类人才的视角去定位社会各行各业的职业团体，不如将眼光放长远，以职业定位、人才规划的新思维去考量当下的创业产业发展。他进一步指出，创业团队已成为一股以“超级创意核心”（super-creative core）为骨干、以相关产业人才为重要参与力量的新兴职业阶层。在这股“核心”中，他们所从事的职业大多与文化创投、高新技术、休闲娱乐等行业息息相关；他们的主要工作就是凭自己的创意思维、创新理念，建设性地开发“新内容”、科学地创造“新能量”，并广泛联结着与他们工作息息相关的其他产业，如金融、商贸、保健、法律等。这些创意人才全面融入自己的行业发展中去，集思广益、开拓创新，不断研究新情况、解决新问题，俨然成为当前经济社会发展的“领航者”。

三、数客人才与威客模式

当代世界，大多数人群都连接在一个巨大的数字网络上，人类已经进入大数据时代[①]，因而人类的命运通过数字技术而日益互联、共通。习近平总书记最近指出，大数据是信息化发展的新阶段。随着信息技术和人类生产生活交汇融合，互联网快速普及，全球数据呈现爆发增长、海量集聚的特点，对经济发展、社会治理、国家管理、人民生活都产生了重大影响。我国正在加速构建数字中国。

目前，我国网络购物、移动支付、共享经济等数字经济新业态、新模式蓬勃发展，已经走在了世界前列。“十三五”时期，我国正瞄准世界科技前沿，集中优势资源突破大数据核心技术，加快构建自主可控的大数据产业链、价值链和生态系统。在这一发展态势下，以数字科技特别是大数据研发和应用的人才，如数据分析师、数据架构师、数据管理师、数据运营官等已成为全球争夺的“关键少数”。他们从事数据挖掘、科学计算、信息处理、技术拓展、趋势

① 尼古拉斯·克里斯塔基斯，詹姆斯·富勒. 大连接：社会网络是如何形成的以及对人类现实行为的影响. 简学 译. 北京：中国人民大学出版社，2013：4–5.

预测和各层次各行业的精准服务。我们可以称之为“数客”。在当前大数据时代，数客已成为最稀缺，也最具未来性的人才，据估计，这类人才需求量将有数百万之巨。

当前互联网企业，越来越重视首席数据官（CDO）、首席信息官（CIO）配置。这些人才对企业发展前瞻性、未来趋势与前景预测都具有重要作用。今天的世界，谁拥有更多数据，谁就拥有富集的经济和文化价值的“资产”和“资本”。①

因此，贯彻中央最新战略部署，培育一大批新时代急需的高端数客人才，引领我国互联网在新的全球竞争中占据优势；构建一批大数据人才孵化器，通过数据实践不断提升全行业发展水平；持续进行大数据的相关前沿理论研究，创建、完善和深化相关科研体系；不断进行最新技术的开发和利用，始终保持我国大数据技术处于世界前列；这是目前该领域的当务之急。②

如何让不同时间、不同地点、不同职业特长的创意人才协同合作和相互交流贸易呢？我国互联网界发明了“威客模式”，如“猪八戒网”。这种模式是一种全新的“非现实化”虚拟平台。创意人才在此平台上，与其他行业部类的人才广泛交流、密切合作，特别是进行线上与线下的重组与合作，以实现复合型人才和复合型群体的协同平台运行。通过越界融合，寻找新的增长点，推动文化创意、科技创新，在实践运行中实现复合型人才的培育和复合团队的协同发展。并且通过在全社会推动创造性活动，来促进经济社会文化机制的改革与创新。在未来的行业竞争中，我们唯有全面打造一支国际化的高素质人才队伍，促进人员的跨国流动，推进产业聚居区的建设，拓宽现有的数字信息化网络渠道，开创文化发展、网络技术、人才成长等环节综合一体化发展的新局面。

创客时代的创新创意人才集群的培育，是一场伟大的“世纪工程”。它将

---

① ［英］维克托·迈尔－舍恩伯格、肯尼思·库克耶．大数据时代：生活、工作与思维的大变革．盛杨燕、周涛 译．杭州：浙江人民出版社，2013：16–17、28–29.

② 张勇进，王璟璇．主要发达国家大数据政策比较研究．中国行政管理，2014（第12期）.

打造一个民族复兴的创新“阶层”。为实现这一目标，我认为要进一步落实党的十九大再次强调的百花齐放、百家争鸣，学术民主、艺术民主的重要方针。要让不同的观点都能够发出自己的声音，让不同的政策建议都能够在平等的状态下切磋争鸣。这需要我们的社会不断努力营造包容的环境，需要我们具有科学精神，更需要保持学术的自由和思想的自由，从而创造平等的讨论空间，让不同类型的人才都能在公平、平等的氛围内表达自己的建议与观点，这也是落实党的十九大精神的一个重要内容。

（作者：金元浦）

下　编

第十六章

人工智能艺术

——当代艺术的发展及创新实践

人工智能艺术是人工智能技术与艺术融合的产物，经历了从 GDD 到 GAN 再到 CAN 的演变过程。人工智能艺术具有较强的跨学科性质，且能通过深度学习和智能算法模拟人类艺术创作的思维和进行艺术加工处理。人工智能艺术是一项前沿的技术与技术探索，面临着主体性、技术性等诸多问题，需要多维度的共同探索。

在近五六十年间，人类迎来了人工智能迅猛而快速的发展，技术的崛起带来了人工智能时代的到来。“人工智能艺术”的诞生引发了人们对这一新兴领域的关注与研究，越来越多的艺术实践涌现在人们的眼前，人工智能艺术已成为当前热门的讨论话题。

一、人工智能艺术研究的背景

（一）人工智能艺术研究的缘起

自1956年人工智能技术问世至今，从寒冬破冰到野蛮生长，人工智能在60多年的时间里实现了大裂变和大发展，已成为不容忽视的时代背景。从工业智能化生产到智慧金融、智慧医疗、智慧生活，人工智能无处不在。在人工智能发展十分迅速的时代，世界各国关于人工智能的竞争也日益白热化。不少国家已经将人工智能技术的研究与应用从社会层面上升到国家层面，美国、欧盟、日本、俄罗斯等国家和地区首当其冲，纷纷在人工智能领域加大投资和研发力度，规划人工智能研究的战略布局。而我国在近几年更是陆续提出了《新一代人工智能发展规划》、建设“人工智能”创新中心等举措，从国家战略层面发展人工智能。种种迹象显明，全球范围内人工智能的春天即将到来。从个人电脑时代走进网络时代、手机时代之后，整个社会又迎来了人工智能时代。[①] 在新的技术语境下，人工智能逐渐影响到人类生产生活的方方面面，并且在各个领

① 庞井君，薛迎辉．人工智能的发展与审美艺术的未来．艺术评论，2018（第9期）．

域不断提升专业化和智能化水平，一直视为“高高在上”、不可替代的“艺术创作”也受到了人工智能的影响。

不管人们是否接受、看法如何，研究者们一直在进行人工智能艺术领域的开发与应用，挑战人类传统的创作格局和文艺观念。谷歌公司的人工智能研究涉及视觉艺术、音乐创作等领域，其研制的“Deep Dream”艺术生成器在近几年的技术变革中，已经能够实现从艺术风格的迁移、模仿进化到自主学习、探索新的绘画风格的阶段。微软公司极具代表性的成果之一就是“小冰”的诞生，微软小冰既能写诗、作曲，又懂表演、设计，其代表作《阳光失了玻璃窗》，被认为是人类历史上第一部完全由人工智能创作的诗集，微软小冰可谓“才华横溢”。

人们不断地将人工智能技术的研究成果带入艺术领域，原因不仅是出于人类对机器创造力的好奇心，而且是因为人工智能的艺术探索所具有的巨大影响力。2018 年注定是当代艺术史上具有里程碑意义的一年，这一年预示着人工智能正式进军了艺术圈。当年 10 月 25 日，由三名程序员组成的法国艺术团体 Obvious 开发的人工智能艺术作品《爱德蒙·德·贝拉米肖像》（Portrait of Edmond de Belamy，2018）作为压轴出现在佳士得艺术品拍卖会上，以 5500 美元作为起拍价，最终以 35 万美元高价售出，比同场毕加索作品的价格还要略高一筹。[①] 时隔数月之后，人工智能艺术再次登上了主流拍卖行的舞台，一件名为“路人记忆 1”（Memories of Passersby I）的艺术装置，由世界著名的拍卖行伦敦苏富比拍卖。人工智能创造的艺术品除了进入拍卖领域外，还被作为创作辅助工具开发出多款商业应用软件，并影响到当前艺术和文化产业领域，例如 Google 公司研发的 Quick Draw，可以自动识别用户画的简笔画像是什么（图 16.1）；还有当前流行的 Prisma、Deep Art 等软件可以保留目标图片的语意内容，转换源图片的艺术风格。在 2017 年淘宝网的双 11 购物节上，阿里公司的 AI 设计师“鲁班（鹿班）”基于平面设计作品数据库的学习，创下了每秒钟 8000 张

① 蔡新元. 人工智能艺术：一场前所未有的新艺术创造. 光明日报，2019-07-10.

海报设计的惊人成果，这样的创作速度和效率是人类设计者望尘莫及的，并且不只是创作速度的极大提升，人工智能的平面设计作品质量也不低。而爱奇艺公司也积极应用 AI 辅助综艺节目制作，通过 AI 的多种识别技术，例如人脸识别、声纹识别、情感识别、景别识别等，实现智能打字幕、精彩画面查找等功能，极大地提升了大型综艺节目的制作工艺，提升了娱乐生态系统的效率（图 16.2）。

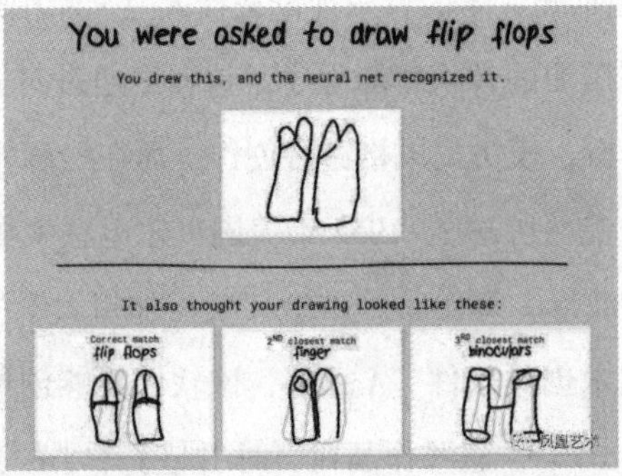

图 16.1　Quick Draw 应用界面

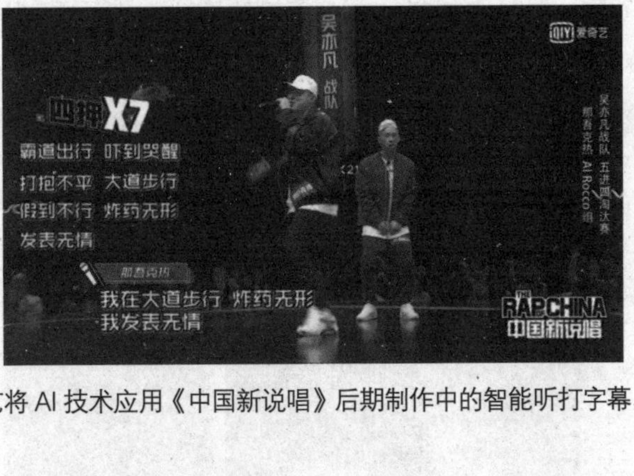

图 16.2　爱奇艺将 AI 技术应用《中国新说唱》后期制作中的智能听打字幕、精彩画面查找

（二）人工智能艺术实践的探索历程

近年来，人工智能技术发展迅猛，无论是科技公司、研究机构，还是艺术爱好者们都在积极探索利用人工智能进行艺术创作。从电子音乐生产，到诗歌、小说编辑，再到影视艺术创作，人工智能的身影早已无处不在。事实上，人工

智能在艺术领域的探索自人工智能诞生之日起从未停止过，并且不断获得突破性的进展。

20世纪40年代末，美、德两国的研究所最早开始有意识地运用计算机进行音乐创作，1956年作曲家理查伦·希勒尔与数学家伦那德·艾萨克合作的《伊里阿克组曲》，被视为真正的“计算机音乐”。1957年，美国电器工程博士马修斯与他的同事在贝尔实验室研制成功了能够合成音乐的计算机程序（图16.3）。1980年代美国加州大学的音乐理论教授大卫·库柏设计出一个可以谱写类似于“大师”风格乐曲的音乐智能程序，该程序通过对大师已有的音乐作品的旋律、曲调进行分析，模仿其风格进行创作。而在绘画领域，1949年亚当斯创作出计算机图像作品《弹球》、1952年美国贝尔电话实验室的拉波斯基则用计算机成功创作了《波形》等作品。1978年美国加州大学的另一位艺术教授哈德罗·科恩研制出艺术创作软件“Aaron”，该软件能够创作出具有独特风格的静物画和人像画（图16.4），这些作品在当时引起了不小的轰动，并陆续被旧金山现代艺术博物馆等收藏。在文学艺术领域，1962年美国加利福尼亚州的沃西等人设计出了名为“Auto-beatnik”的诗歌创作软件，并发表了由其创作的《玫瑰》《孩子们》《风筝》等诗作。1998年，美国纽约伦斯勒“头脑和机器实验室”的布伦斯沃德等人，成功研制了小说创作电脑软件“布鲁特斯”（Brutus），

图16.3　马修斯和IBM7904计算机

它能够写出“背叛”题材的小说。[①] 科学家们不断探索机器与艺术融合的种种可能性。

图 16.4　艺术创作软件“Aaron”创作的作品

进入 21 世纪以后，伴随着人工智能神经网络技术及深度学习算法的发展，人工智能的艺术探索经历了从 GDD 到 GAN 再到 CAN 的演变过程，在模仿人类创造性和想象力的道路上不断取得突破性的进展。起初，图宾根大学的研究者们应用人工智能神经网络算法对普通作品进行艺术化处理，实现了艺术家作品的风格迁移。2016 年，谷歌公司的“深梦”，即 Google Deep Dream（以下简称 GDD）通过模拟人类神经元的运作模式训练机器获得了识别和生成艺术性的视觉图像作品的能力。紧跟着，GAN 程序（生成对抗网络，Generative Adversarial Networks）被科学家们研制出来，该程序通过鉴别、学习，从而模仿人类艺术史上典型的名家作品生成新的图像，GAN 程序仍是一种较为保守系统，还是难以脱离复制的成分，所生成作品缺乏一定的创造性。2017 年，科学家们基于对 GAN 程序的改进又进一步地创造了 CAN 程序（创意对抗网络，Creative Adversarial Networks），这时候的研究者们修改了程序所要达到的目标，不再像过去的作品创作被限制在预设训练组之内，而是让其尽可能偏离艺术史上已有的艺术风格，但又要保持在艺术的范畴内。不得不承认 CAN 程序的改进工作具

① 杨守森．人工智能与文艺创作．河南社会科学，2011（第 1 期）．

有很大的创新性，修改了鉴别器的原有标准，让两个关键性的问题，即“作品是不是艺术”以及“所生成的艺术属于什么风格类型”进行对抗式运作，从而保证了作品的艺术性和创新性。从以上的梳理可知，人工智能艺术的探索之旅充满了惊喜，且未来可期。

二、人工智能艺术的概念与形式

（一）人工智能艺术的概念

随着越来越多的人工智能艺术实践与理念的出现，不少的学者在人工智能概念的基础上提出了“人工智能艺术”这一名词，学者张海涛在其专著《未来艺术档案》中提出，人工智能艺术是指利用人工智能的理论和手段创造的各种艺术形式，借助于人工智能系统，模拟人类艺术活动的规律和审美诉求，让计算机自动完成或者在用户的参与下实现创作的艺术形式。[①] 这种人工智能的艺术创作实践首先需要的是构建智能的人工系统，然后制定相应的规则，让人工智能依据规则进行艺术创作。苏露露和苏峰的论文《人工智能艺术刍议》提出，所谓人工智能艺术乃是科技与艺术的跨界融合，具体表现为人工智能辅助艺术家或者直接作为创作主体进行创作。[②] 李四达的专著《数字媒体艺术概念》中并未明确指出人工智能艺术的定义，作为“智能艺术”的计算机绘画需要带有一定的自主性和随机性。谭力勤在《奇点艺术》一书中主要是将人工智能艺术作为奇点艺术、后智人艺术、强智能艺术来认识的，作者认为人工智能艺术创作中的技术要求较高，是在拥有现代智能传感技术、网络技术、智能仿真技术、虚拟技术、生物技术、纳米技术、智能材料技术、智能打印技术等先进艺术的

① 张海涛．未来艺术档案．北京：金城出版社，2012：147.

② 苏露露，苏峰．人工智能艺术刍议．大众文艺，2018（第5期）.

基础上，实现创作全过程的智能化。[①] 从以上学者们对“人工智能艺术”所下定义的变迁过程就能得知，人们对于人工智能艺术的认识和理解是随着实践的发展不断在深化的。

事实上，人工智能本属于交叉学科，而人工智能艺术方面的相关研究又具有很强的跨学科属性，且处于不断发展变化的过程中。因此，无论对于“人工智能”本身还是对于“人工智能艺术”而言，都很难对其概念进行明确的界定。当前国内的学者们对于“人工智能艺术”这一概念尚未达成统一的共识，许多学者并不认可这一新兴的艺术形态和现象，这也成为现今学术界一大研究热点。但总体而言，从当前人工智能艺术实践及其发展历程来看，人工智能艺术乃是当前科技介入艺术领域的新产物，是人工智能技术成果在对传统艺术领域模拟与创新过程中所产生的一种新的艺术形式。人工智能主要通过以下两条路径从事艺术实践，一是人类艺术家作为创作主体，人工智能作为一种技术工具，发挥着辅助作用，在艺术家的主导控制下进行艺术创作；二是人工智能开始脱离人类的操纵，自己作为所谓的创作主体，让计算机系统本身去发挥创造力和能动性进行艺术创作。无论是从哪一层面来说，人工智能是否作为独立的艺术主体而存在都对当前的艺术领域产生了深刻的影响。

（二）人工智能艺术的形式

而就如今的人工智能艺术形式而言，也处于不断发展变化之中。在大多数的人工智能艺术品中，主要是利用人工智能的理论方法和算法技术等手段进行创造，例如基于大数据对广袤的艺术信息进行检索、分析与学习，从人类已有的艺术创造成果中汲取思想精华与创作经验，其本质上是对人类艺术活动规律和审美诉求的模拟，人工智能深度学习的诸多算法模拟人类艺术创作的思维和行为过程对内容进行艺术化处理，基于对已有艺术作品的学习从而生成新的艺术作品。因此，此种人工智能艺术的形式大致遵循传统艺术门类的形式，比如

---

① 谭力勤．奇点艺术：未来艺术在科技奇点冲击下的蜕变．北京：机械工业出版社，2018：33-123.

应用在视觉艺术领域就成为人工智能绘画作品，应用在听觉领域就成为人工智能音乐作品等，但前者具有比人类绘画作品更加细腻的色彩层次，后者则可能比人类音乐作品具有更加丰富的音色和节奏。微软的“下一个伦勃朗”项目让伟大的艺术家伦勃朗离世三百多年后“重新开始作画”，基于对伦勃朗已有作品的分析（图 16.5），识别人物的性别、年龄、发型、服饰、头部方位等特征，并将这些特征转化为数据进而生成新的伦勃朗风格的画作（图 16.6）。[①] 再以人工智能音乐创作为例，人工智能音乐创作程序的开发乃是基于人工智能专家和专业作曲家、音乐人的深度合作，通过机器学习的方法对上万首流行歌曲进行深度分析和研究，包含近些年的流行音乐文化及其发展趋势，从而在歌曲本身与受众的反馈之间建立直接联系，将大量的非结构化数据转化为情感洞察，探索出最容易打动人的主题和旋律。由 IBM 的 Watson Beat 携手艺术家创作的音乐作品《Not Easy》正是因为正确把握了当前听众的音乐喜好和时代的流行趋势从而获得了 Spotify 全球榜中单曲榜第二名的好成绩。

图 16.5　对伦勃朗原作结构几何分析

图 16.6　AI 生成的“下一个伦勃朗”

① 人工智能创作艺术会不会成为下一个伦勃朗，艺术国际网 http://collection.sina.com.cn/hwdt/2016-04-12/doc-ifxrcizs7318613.shtml.

当前的人工智能既能写诗、作曲，又懂绘画、设计，人工智能在艺术领域的尝试越来越广泛，其艺术形态也越来越丰富。一方面，人工智能不断地将有机生命体、纳米材料等智能材料引入艺术表达中，为艺术圈增加新的艺术种类和形式。另一方面，人工智能促进不同艺术形态之间的交融，实现了不同媒介和文本之间的融合，拓宽不同类型、不同样式和不同体裁艺术所处的文化疆域。人工智能等新兴的技术以数字编码的方式实现了不同媒体、文本之间的整合，使得不同形态的艺术之间不再界限分明，图像、文字、声音与光电信号之间的彼此转换成为可能。2018 年 5 月，一场名为“Poetic AI”的展览在巴黎的一个艺术场地内拉开帷幕，人工智能通过机器学习及回归神经网络创建了 2000 多万行的文本和几何无限式图案，通过 136 台投影仪转化为视觉图像投射在 3300 平方米的空间中，再由算法自动生成展厅内光线、投影的运动效果，从而为观众提供一个充满诗意且互动性极强的艺术和情感体验空间（图 16.7）。[①]

图 16.7 “Poetic AI”的展览

当前人工智能技术、虚拟现实技术、3D 打印技术等新兴技术的身影越来越多地出现在各种大小艺术展览上，随之而来的人工智能艺术、虚拟现实艺术、

① “Poetic AI”的沉浸式体验颠覆你的感官！ http://www.szzs360.com/news/2019/6/2019_7_zs56099.htm?from=groupmessage&isappinstalled=0.

3D 艺术等多样的艺术形态展现在大众面前，人工智能也作为巧妙的工具和技术渗透到绘画、雕塑、装置、行为、影像等各个艺术范畴。越来越多的艺术家运用机器学习的人工智能算法、深度学习神经网络算法等创作艺术作品，以科技挖掘和创新艺术形式，表达自我对自然和社会现实的反思。而人工智能艺术作品则呈现出形态多样、极具互动性与智能化的特征，且将世间万物，例如大自然、社会经济、艺术史和艺术家个人思想的表达等融合在一起。以 2019 年 11 月 2 日登陆深圳的科技艺术重磅大展“科技艺术四十年——从林茨到深圳”为例，此次展览让观众对人工智能艺术作品的形式与内容有了深刻的理解，得以共同想象并塑造人与机器共生的未来世界。来自土耳其的拉菲克·安纳度工作室通过收集深圳机场一年内的风速、风向、温度等数据，开发了一套定制软件，以 20 秒的时间间隔，读取、分析这些数据，形成了一组流动变幻的诗意绘画《深圳的风》(图 16.8)。[①] 艺术家利用大数据的收集与整合，将自然界看不到摸不着的“风”呈现在观众的面前，用科技挖掘人类肉眼所看不到的大自然之美。而艺术家夸尤拉的作品《遗迹》(图 16.9) 基于对自然和古典风景画的重新演

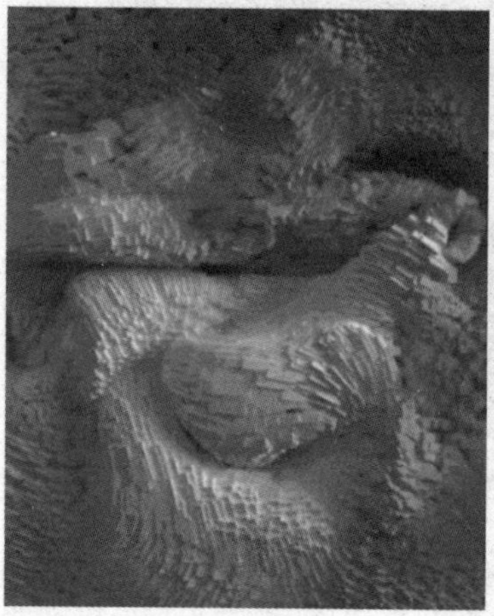

图 16.8　深圳的风 (Refik Anadol)

图 16.9　遗迹大卫·夸尤拉 (Davide Quayola)

① 朱蓉婷. 重磅大展“科技艺术四十年：从林茨到深圳”惊艳开幕. 南方都市报，2019-11-10.

绎，使用高精度激光扫描仪捕捉大量高分辨率的自然景观，经计算机软件的数字渲染后，输出到大画幅的收藏级相纸上，从而赋予自然环境以新的意义。越来越多新颖的人工智能艺术形态涌现出来，不断地带给人惊喜。

三、人工智能艺术研究的若干问题

当前人工智能的研究已经成为社会一大热点，出现了许多相关的专业书籍和文献资料，例如，《与机器人共舞》《情感机器》《人工智能的未来》《脑机穿越》《图灵大教堂》等书，系统地介绍了世界上人工智能前沿领域的研究成果。但有关人工智能技术在艺术领域应用的研究较少。伟大的发明家、未来学家雷·库兹韦尔在其著作《奇点临近》和《机器之心》中提出了大胆的论断：科技正以史无前例的速度发展，人机结合是未来发展的趋势。作者在《机器之心》中描述了机器人写诗、谱曲、绘画的创造天赋，认为人工智能在创作层面还缺少“背景”（人类所拥有的现实世界的经验）和人类的情感。[①] 著名艺术家、“奇点艺术”概念的提出者和布道者谭力勤，在其《奇点艺术：未来艺术在科技奇点冲击下的蜕变》一书中指出，随着强人工智能时代的降临及“人机交互艺术”的产生，强人工智能艺术将重构艺术家创造力，挑战艺术的本质和特征，并且憧憬了未来的人工智能艺术、虚拟现实艺术、纳米技术和4D智能打印艺术的具体形态和应用。《奇点艺术》一书与雷·库兹韦尔的《奇点临近》、凯文·凯利的《科技想要什么》和《失控》有着相同的思想，均乐观地认为机器人和其他非生物智力同样可掌握艺术和艺术创造力。

总体而言，国外对于人工智能艺术领域的研究较为具有前瞻性，倾向于认为技术智能在开发艺术家创造力的同时也在重构艺术。技术启发了艺术家的思

---

① ［美］雷·库兹韦尔．胡晓姣，张温卓玛，吴纯洁．机器之心．北京：中信出版社，2016：203–243.

维模式，也在重塑艺术意识的技术和语言，触发更多具有颠覆性的新艺术语言和形式出现。[①] 不得不说，国外的研究者们对于未来艺术做出了非常美好的设想和预言，但我们想要从弱人工智能向强人工智能方向发展还有很长的一段路要走。虽然强人工智能艺术短期内还不能实现，但对于现今人工智能艺术的研究仍有启迪作用。

从国外学者的研究成果和内容可以很明晰地看出，有关人工智能艺术领域的研究非常具有前瞻性，并且对于人工智能的未来有着较为伟大、乐观的猜想和预设。当前国内有关人工智能相关的成果有：腾讯研究院与工信部高端智库倾力创作的《人工智能：国家人工智能战略行动抓手》、李开复的《人工智能》以及资深传媒人士杨澜的《人工智能真的来了》等。这些著作列举和分析了人工智能技术在翻译、写作、绘画等人文和艺术领域所进行的若干尝试，但都倾向于认为人工智能虽然能够在越来越多的行业协助甚至取代人类劳动力，但在个别领域，例如艺术创作方面，人工智能还是缺乏艺术创造力和情感共鸣。未来思考的应该是让人工智能来帮助人类做更多的事情，例如可以利用机器超强的学习能力和对大数据的储备，给人类艺术家的创作提供素材支撑等。[②]

总体而言，当前有关人工智能艺术的研究专著相对较少，但相关的专业论文文献资源丰富，成果颇丰，主要从以下三个方面表达了学者们对于人工智能艺术相关研究的思考。

（一）人工智能艺术的主体性问题

在人工智能艺术领域的研究范畴下，一个非常重要的问题就是界定“人工智能艺术”的主体，主体性问题的探讨最终指向的乃是对于人工智能作品艺术性的质疑，即人工智能创造的作品究竟是不是艺术作品的问题。当前学术圈之所以还没有对“人工智能艺术”这一概念达成共识，就是因为人们对人工智能

---

① 谭力勤．奇点艺术：未来艺术在科技奇点冲击下的蜕变．北京：机械工业出版社，2018：33-123.

② 杨澜．人工智能真的来了．南京：江苏凤凰文艺出版社，2017：176-184.

的主体性和人工智能作品的艺术性存疑。

针对这一问题，学术界存在着多种不同的声音，一种较为普遍的观点认为人工智能创作的作品不具备艺术性，很多学者基于传统艺术理论当中的艺术本体论、艺术家“身体”的在场、“灵魂”与“人性”方面的相关讨论做出了否定的回答。例如欧阳友权在《人工智能之于文艺创作的恰适性问题》一文中论述了人工智能艺术创作是基于人类审美经验的积累和沉淀出现的，且无法带给人情感上的“心灵颤动”，也没有那种融合了生活感悟、历史意识、精神信仰与哲学思辨的艺术想象力，更无法做出对社会现实和人伦道义的价值判断，因此作者否定了人工智能艺术的“恰适性”问题。[①] 翟振明教授（2017）则从人工智能与艺术的未来出发，点明艺术创造和自由意志不能被机器取代，人工智能作为一种辅助性工具替代的只是人的脑力劳动，无法替代人的创造力。[②] 杨守森（2011）分析了人工智能的发展前景，认为本质上属于机器的电脑尚无法创作出真正具有人性境界的作品，当前的人工智能并不具有情感能力、知觉能力、回忆经验和思维能力，因此人工智能性的文艺创作还是一个梦想。[③]

学术界对人工智能艺术的未来持乐观态度的人亦有之，在雷·库兹韦尔提出“奇点”理论的基础上，谭力勤积极预测了未来艺术将会在科技奇点的冲击下实现新的蜕变，奇点艺术将是人类智能与人工智能高度融合阶段的艺术。庞井君也认为人工智能作为人类智能和科学技术发展演变的必然结果将会为审美艺术带来新的发展，他认为人工智能时代将会进化产生新的艺术主体，这一主体乃是随着脑神经科学、脑机接口技术和生物科技的深入发展实现的“人机一体”，人和机器融为一体，人工智能注入人的精神和灵魂中，大大增强了人的智能，提升了艺术创造力和鉴赏力。[④] 曹再飞在分析了当前人工智能艺术创作领

① 欧阳友权．人工智能之于文艺创作的恰适性问题．社会科学战线，2018（第11期）．

② 孟繁玮，缑梦媛．艺术创造和自由意志不能被机器取代——翟振明谈“人工智能与艺术的未来”．美术观察，2017（第10期）．

③ 杨守森．人工智能与文艺创作．河南社会科学，2011（第1期）．

④ 庞井君，薛迎辉．人工智能的发展与审美艺术的未来．艺术评论，2018（第9期）．

域所取得的成绩后，预测在未来人机共存的世界里，人工智能也能拥有自我意识，创造出有价值的艺术作品，给人类提供精神文明；但作者认为人工智能并不会替代那些真正富有创造力的艺术家，因为人类艺术家的自我反思能力、内心的灵性、天才与灵感是很有价值的，未来有价值的多元艺术将是人机协作的成果。[①]苏露露和苏峰也认为人工智能创作具有极大的复杂性，虽然人工智能艺术创作的核心是“数据”和“算法”，但由于“深度学习”，人工智能在创作过程中也开始表现出一定的能动性，能够创作出设计者预料之外的艺术作品，因此很难创作主体；另外作者认为人工智能创作的作品虽不完全具备现代艺术观念上对艺术品的特定要求，但也不能将其排除在艺术之外。人工智能创作是技术发展的产物，而且是站在人类智能的起点上发展而来的，未来有可能将改写艺术的定义，成为一种新的艺术模式。[②]还有一些学者将人工智能艺术视作数字艺术或者数字媒体艺术的自然延伸，例如张海涛认为人工智能艺术的最终作品是由计算机创作的，即是由人工智能系统产生的，而艺术家是作品的设计者，艺术家所做的工作主要是创造产生艺术作品的系统，然后这个人工智能系统再创造艺术作品。但是人工智能系统产生作品的艺术价值的判断，还需要艺术家的把握，最终才能实现艺术创作。[③]

现如今学术界对于人工智能艺术问题的诸多争议，一方面是由于对其认识不够，另一方面也是由于人工智能的发展具有很大的不确定性，未来人工智能是否能发展出自由意志决定了其能否成为真正的艺术创作主体（尽管目前的人工智能还不具备自由意志）。对于当前的人工智能而言，当其绘制出一幅艺术作品时，那么这幅作品的作者，已经不能简单归结到艺术家或者程序设计者身上，人工智能的参与也至关重要。当前的人工智能艺术所表达的乃是人类感性思维与机器理性思维的融合，尽管目前人工智能在艺术创作中还只是扮演着工具角色，但科技发展日新月异，在不久的未来人们或将迎来强人工智能艺术的诞生，

① 曹再飞．人工智能时代的艺术图景．艺术广角，2018（第1期）．

② 苏露露，苏峰．人工智能艺术刍议．大众文艺，2018（第5期）．

③ 张海涛．未来艺术档案．北京：金城出版社，2012：147.

人工智能将成为真正的艺术家。因此，有关于人工智能主体性的问题仍需学者们密切关注与研究。

(二) 人工智能艺术的技术性问题

人工智能在艺术领域的应用乃是奠定在人工智能技术发展的基础之上，技术性问题的研究将有助于我们了解人工智能创作的原理及其本身的复杂性和艺术性。许炎骏和陈端端的《人工智能艺术领域阶段性应用调研报告》一文，不仅分析了随着人工智能技术的发展所催生的一批与艺术存在直接或间接关系的软件应用，而且为我们分析了其背后具体的算法和技术。作者认为人工智能艺术不同于当前计算机与艺术结合的CG艺术（computer graphic, 是通过计算机软件所绘制的一切图形的总称），人工智能算法的应用触及的是原本被认定只有人类才能够实现的艺术表达层面。基于深度学习的人工智能艺术应用软件具有学习能力和创造性，可以自己学习并呈现更多艺术家的笔触与色彩风格，并不需要通过软件设计人员对之进行升级或程序修改。文章分析在人工智能数字绘画领域主要是图像识别，图像识别的技术基础是具有深度学习能力的人工智能算法，被称为“卷积神经网络”的算法工作原理模仿了人类的视觉系统来工作，而人工智能绘画得以实现的另外一个技术基础乃是机器视觉的语义识别。[①]

冯寅、周昌乐《算法作曲的研究进展》属于计算机科学领域的专业文章，文中讨论了当今算法作曲这一研究领域中存在的一些主要问题，评述了其中的关键技术，包括Markov链、随机过程、基于音乐规则的知识库系统、音乐文法、人工神经网络技术和遗传算法，作者认为当今的作曲系统应朝着集多种方法为一体的混合型系统的方向发展，创新人机交互手段，并且建立具有民族特色的计算机作曲系统。[②]

人工智能艺术创作的关键技术乃是大数据和深度学习，大数据主要是基于

① 许炎骏，陈端端．人工智能艺术领域阶段性应用调研报告．艺术学界，2017（第1期）．

② 冯寅，周昌乐．算法作曲的研究进展．软件学报，2006（第2期）．

网络上开放的数据资源进行数据库的建立从而服务于人工智能的学习行为，而深度学习的诸多算法则让人工智能实现对海量资源的智能化处理。人工智能艺术创作基于大数据的强大能力可以对广袤的艺术信息和资源进行检索、分析和学习，而深度学习则是模仿人类艺术创作的思维和行为进行创作。对于人工智能艺术创作技术原理的探究能够帮助人们更好地认识当前新涌现出的艺术现象。

（三）人工智能艺术的应用性和影响性问题

人工智能的应用将会促进艺术领域的创新，同时成熟的人工智能艺术应用也会促进艺术创作、艺术领域产业化的发展。刘晓莉（2015）分析了人工智能在内的新媒体艺术具有的观念性、互动性、虚拟性、技术性和连接性等特征，对人类文化的影响乃是呼唤人性化和个性化的回归。[①] 静涵（2017）认为新科技与艺术的结合已经成为当代艺术创作领域的一个新趋势，以“人工智能”为代表的“黑科技”能够为艺术创作的媒介和预言提供更多可能性，例如提供图像创作和鉴别等。[②] 张激《AI来了！算法艺术史解析》一文独辟蹊径，研究人工智能对于艺术史研究的重大意义，作者认为依托于当前巨量的图像数据库以及人工智能识别技术、无监督学习方法、机器学习艺术史知识模拟计算机自然语言处理，人工智能将成为优秀的数据挖掘工具，帮助人们处理巨量的艺术作品，承担图像志检索、分类、对比等工作，并且提供客观的相似性测量和创造力估算。[③] 张苗认为人工智能将会带来艺术创作新时代，人工智能的兴起将会使当代艺术放低门槛向大众开放，帮助没有专业艺术技能的普通人借助数字艺术程序发挥自己的灵感并进行创作，人工智能将带动网络文学、创意写作、智能音乐产业的发展，全面满足大众文艺创作的需求。[④] 陈端端《艺术传播的人工智能应用需求研究》主要研究了人工智能技术在艺术传播领域的应用，借助计算机的

① 刘晓莉．新媒体的人工智能作品对人类文化的影响．大连工业大学，2015.

② 静涵．“黑科技”为艺术创作提供多种可能．中国文化报，2017-07-22.

③ 张激．AI来了！算法艺术史解析．新美术，2017（第5期）.

④ 张苗．人工智能带来艺术创作新时代．中国社会科学报，2018-03-06.

联网、精确与高速的识别与处理信息、计算与存储的云端巨量化以及快速索引等优势，人工智能能够快速、准确地从海量艺术信息中分辨和选择受众更喜爱的艺术作品，实现目标受众的精准化推荐。王新喜的微信推文《AI 创作会给数字音乐平台带来第二春吗？》认为在当前高品质的音乐内容无法满足观众的巨大市场需求的情况下，将 AI 音乐引入数字平台将重建音乐产业。AI 可以帮助音乐家参与创作一些有效生成的歌曲，通过 AI 平台带动音乐人及普通用户的音乐创作，降低音乐创作的门槛以及后期制作成本。AI 在提升音乐产业生产力的同时，也在以一种娱乐大众的方式吸引着更多人参与，从源头上增加了音乐内容的生产。音乐成为一种媒介，使文化消费者与平台内容生产者、制作者之间建立起深层次的交流互动。人工智能技术在影视行业的发展乃是 AI 赋能影视行业全流程，从创意、编剧、制作到触达受众，AI 成为影视产业发展的革命性新动力。[①] 从音乐产业、影视产业到游戏产业，随着人工智能的影响力逐渐深入，学者们的理论探索也在不断深入。

四、人工智能艺术未来的突破方向

当前，虽然学术界对于人工智能与艺术方面问题的研究是在不断深入的，但仍然存在许多不足。首先是缺乏前沿的译注性作品，国内对于国外人工智能艺术方面的研究知之甚少。笔者通过查阅相关资料发现，国内外有关“人工智能”的书籍和资料较多，主要侧重于人工智能的技术原理分析和产业化发展现状、对策研究，针对人工智能在艺术领域应用相关资料的缺乏。随着越来越多的人工智能技术应用在艺术领域，科技给艺术带来的影响将是多领域、多层面的，人工智能艺术也将成为一个热门的话题。由于当前有关人工智能艺术研究

---

① 马平. 人工智能（AI）——影视创作的革命性新动力. 现代电影技术，2019（第 8 期）.

的著作较为缺乏，因此也急需更多的研究者们关注这一领域，积极译著和引进国内外前沿研究成果，深化人工智能艺术研究相关的理论深度。

其次是缺乏对人工智能创造物艺术性的研究，由于学术圈面向人工智能艺术的研究较少，至今还没有实现对人工智能艺术的主体进行明晰地界定，甚至还缺乏明确的概念界定。一些学者始终坚持认为所谓的人工智能艺术品归根结底还是人类的创造，由于缺乏情感和自由意志而不具有艺术性，也有一些学者提出人工智能基于神经网络的深度学习能力，已具有一定的能动性和创造性，虽然人工智能不同于人类艺术家的创作方式，但也不能将其排除在艺术之外。在这种主体混乱的情况下各路学者对于人工智能创造物的艺术性存在质疑，还缺乏对人工智能艺术本质性问题的探讨。

最后是对于人工智能的价值认识不够，缺乏完善地介绍人工智能对艺术领域的影响性文章。虽然已有一些学者开始研究人工智能给艺术生态领域所带来的影响，但涉及篇幅较少且较为分散，研究浮于表面不彻底。很多研究者困在人工智能的艺术性这一问题上，忧虑人工智能的发展替代人类艺术家的存在，于是很难跳出这一藩篱，但其实我们可以不纠结于此，走向更广阔的研究领域。人工智能作为技术发展的自然产物势必会影响人类生产生活的各个领域，作为深刻反映社会现实和人类思想的艺术自然也在其中。对于艺术生态而言有着多个参与主体和组成要素，例如艺术家、受众、艺术作品本身、艺术制度等，人工智能技术的介入对于艺术生态的影响将是多方面、多角度的。我们不能只看人工智能对于艺术创作的影响，还要从艺术传播和艺术接受等多个角度探讨这一问题，同时还要注意人工智能带给艺术生态的不仅有正面影响，而且人工智能艺术在其本身的发展中还有很多的局限性。

在当今这个全球多元文化竞争的时代，科技发展与艺术创新并行，人工智能艺术的产生乃是适应人工智能时代语境下新的艺术范式。人工智能的发展已成为各个国家关注的要点，艺术研究已成为新的热点话题，立足于当前技术研究的前沿动态和前人的研究成果，理应对这一领域予以重视。相较于当前的对于 VR、AR 等技术在艺术的传播和消费上产生的影响，人工智能乃是在根本上动摇了艺术的存在，通过影响艺术生态当中的艺术家、艺术作品、受众和艺术制度等重新定义艺术生态的存在。因此笔者计划下一步通过分析人工智能艺术产生的背景及其内涵，梳理人工智能技术在写诗、画画、音乐等具体文学艺术领域的应用与实践，从多角度、多层面分析人工智能给艺术生态带来的影响，最终探讨未来艺术的发展如何拥抱人工智能技术。

（作者：高梦雪）

第十七章

移动短视频生产

——主体的“众神狂欢”与秩序治理

移动互联网深度普及的文化语境带动了抖音等短视频平台强势爆红的“众神狂欢”的文化景象，成为“草根全体”权利置换新场域、主流核心价值与优秀传统文化传播的新空间，为公共文化服务与文化产业发展注入时尚元素与新活力。但“抖时代”短视频生产利益驱动的市场逻辑挑战文化价值，有意增加拥堵黏度的平台设计与用户行为上瘾带来“疾患”矛盾等问题，深度凸显互联网文化生态问题。移动短视频行业未来将呈现以并购、兼并为主要形式的市场删汰趋势，亟须提升企业、平台的社会责任感与准入门槛，鼓励平台提高技术审核能力，完善举报投诉机制，建立短视频行业内容规范，提高监管效率和处罚力度，完善政府、平台与用户之间合作共治的长效机制，构建互联网生态下的文化理性。

作为当前公众休闲娱乐与信息获取的主要方式之一，以长短视频、网络直播等为主要代表的网络视听产品，以其丰富的媒体化内容满足了人民群众的精神文化需求和文化消费需求。据中国互联网络信息中心（CNNIC）2018 年 7 月份发布的第 42 次《中国互联网络发展状况统计报告》显示，截至 2018 年 6 月，我国网民规模为 8.02 亿人，手机网民规模达 7.88 亿人；其中手机网络视频用户规模达到 6.09 亿人，较 2017 年底增加了 3014 万人，增速提升显著，相当于每天新增 16.7 万人手机网络视频用户。网络视听产业在强烈的市场需求、政策的鼓励引导及企业的资源支持下呈现出全面繁荣的态势。

作为移动互联网飞速发展的产物，以抖音、快手为代表的移动端短视频应用在 2017 年迅猛发展，并在 2018 年保持了强劲的增长势头。据易观千帆数据显示，2018 年 2 月短视频综合平台行业活跃用户数持续增长，达到 40354.6 万人的历史新高；人均单日使用时长已达 76.7 分钟，用户黏性也在稳中提升[①]。短视频已然成为人们的一种话语表达习惯和生活方式，青年人喜欢的一种移动传播时代的“标准格式”。

一、移动短视频行业的火爆与“抖”时代

短视频何以如此火爆？这一方面得益于智能终端与移动互联网的迅速发展，以及网络用户碎片化、个性化的使用意愿；另一方面是短视频“短、小、快”的传播优势，迎合了互联网这样一个“万事加急”时代，且创作门槛低，娱乐

① 拓展场景催生新玩法，行业竞争倒逼细分市场．搜狐科技，2018-04-19.

性强，能够带给用户超强浸入感。诸多优势都使得短视频行业成为 2018 年最火的风口产业之一。此外，除了短视频的这些共有特征，抖音也为我们“抖”出不少启示。

作为短视频综合平台行业的一匹黑马，抖音在 2017 年下半年开始发力，目前已迅速攀升至 AppStore 摄影与录像类应用第一名与免费总榜第二名。仅 IOS 应用商店 2018 年 5 月当月的下载量便高达 700 万次，远超过快手 300 万次与火山小视频 30 万次的下载量。据极光大数据发布的数据显示，目前抖音短视频的市场渗透率已达 14.34%，这就意味着市面上每 100 台活跃终端中，就有超过 14 台装有抖音[①]。在各路媒体眼里，“抖音似乎要干掉一切了”；在深度用户日常生活中，“刷到停不下来”已经成为再正常不过的状态。

（一）刷内容：“传媒革命”联姻“社交革命”

抖音是互联网技术的产物，抖音 App 将人脸识别、肢体识别和 3D 渲染技术应用到全景贴纸、尬舞机、AR 贴纸、3D 染发等创意中，为用户提供了更精致的视频拍摄和视频体验，是传媒技术的创造性应用。但传媒技术本身的革新并不足以支撑抖音的迅速走红，而传媒与社交的高度融合才是抖音成为爆款 App 的核心。

Facebook 运营主管尼古拉·门德尔松（Nicola Mendelsohn）曾经指出：“讲故事的最好方式其实是视频，这种内容形式为我们提供了大量的信息。[②]”以“记录美好生活”为口号的抖音正是这样一个以视频形式讲述故事、记录生活的平台，因而平凡生活中的点滴、大千世界被手机屏幕所容纳，高山大海、野草野花都成为被记录的对象，配合上不同类型但又恰到好处的音乐，经过“鬼畜式”剪辑，15 秒的短视频便具有了魔性力量，使得“刷内容”成为人们重要的生活方式。这些内容或引起共鸣、引起好奇、引发欲望、引发思考，或提供感

① 果真为当红辣子鸡？抖音市场渗透率已达 14.34%. 搜狐科技，2018-03-13.

② Facebook 高管：文字分享将枯竭 5 年后或许全是视频. 新浪科技，2016-06-17.

官刺激、满足受众幻想、帮助获取价值、引导探求未知——这些都是优质内容之所以具有强势吸引力的核心力量。而飞速发展的短视频行业需要的正是优质内容的支撑，无论互联网时代用户注意力怎样稀缺，精品化的内容总能够满足文化需求。

当然，精品化的内容绝非特指“阳春白雪”式的高雅文化、小众文化，而是一种以大众需求为导向的文化创新，是扎根于社会的平民文化、通俗文化对主流文化的有益补充。当大多数受众不能满足于传统视频所提供的单一内容与形式时，人们便开始不再迷信权威，开始了自我创造，新的传播秩序应运而生。它体现的是公众渴望自我展示、自我表达而不受限制的强烈意愿，满足了公众放松娱乐、获取信息与展开社交同步完成的节奏需求，引发了一场“传媒革命”与“社交革命”。移动短视频为这场宏大的、开放式的对话提供了一个绝佳的平台，因而获得了井喷式的发展。

（二）刷评论：社交二次延伸的用户黏性策略

“刷内容”本身仅是抖音作为传播平台为用户提供了可供消费的文化内容，而促进抖音从传媒平台向社交平台完成身份转变的，恰恰是视频评论的存在。围绕视频内容即时互动，是视频发布者与点击者共同的心理需求，短视频的本质归根结底在于社交。看“抖友”在评论区里如何“抖机灵”，是众多抖音用户“心领神会”的乐趣所在。

由于抖音用户群相对高学历化、年轻化，且一线、二线城市用户群占比高等原因，抖音评论区中常常出现各种脑洞大开、自带笑点的评论，这些评论经常能令人捧腹的同时引起强烈共鸣，这便带来了视频交流后的社交二次延伸。评论是对视频内容信息再加工的过程，是对视频内容生产的主动参与。评论发表的不仅仅是一种见解，更是话题交流的重要形式。从企鹅调研平台发布的一项数据来看，51.5% 的抖音用户热衷于看评论[①]。而抖音也顺势将热门评论置顶，

① 抖音快手用户研究报告：靠“模仿”记录生活？. 搜狐科技，2018-04-10.

确保用户点进评论区后即可看到最热的优质评论，这样的举措无疑更加激发了用户跟帖评论和在线交流的意愿，这就使得“刷评论”成为抖音重要的结构性内容，拓展了抖音的平台社交功能，同时也进一步增强了用户黏性与活跃度，将互联网的“口碑再传效应”发挥到了极致。

需要指出的是，“刷内容”与“刷评论”是抖音获得用户高度关注的核心要素，此外，对抖音的一些其他推广途径也进一步提升了抖音的人气。通过对受众高度契合的综艺节目《中国有嘻哈》的“精准”赞助、举办抖音 iDOU 夜年度狂欢嘉年华、吸引流量明星入驻等多种推广手段，均有力促进了抖音在众多短视频平台中的异军突起，将短视频行业推进“抖”时代。

二、刷屏时代指尖催生的文化“众神狂欢”景观

文化与互联网的高度融合，催生了文化业态不断涌现，提升了文化发展的活力。随着移动互联网的深度普及，一个以智能终端为载体的刷屏时代已然来临。抖音等诸多短视频平台的强势爆红，是刷屏时代为公众提供的可同时用于文化创造与精神释放的最佳渠道，形成了一种较过去而言规模更为宏大、时间更为持久、内容更为深刻的复杂文化景象，出现了指尖上的“众神狂欢”。

（一）“草根群体”权利空间置换新场域

法国学者埃德加·莫兰在《时代精神》中这样写道：“文化和个人生活从未如此地进入商业和工业的流程，世界的梦呓从未如此同时地被工业地生产和商业地销售。”[①] 移动互联网时代，短视频平台因其天然的“草根性”特点，打破了传统媒体对参与主体的苛刻限制，为普通人提供了自由表达内心想法、进行自我展示的权利空间，每一位视频发布者都可以自由发出自己的声音，自主分

① ［法］埃德加·莫兰．时代精神．陈一壮 译．北京：北京大学出版社，2011：3.

享资讯，同时又能够在用户与创作者之间自由进行身份切换，对他人分享内容表达看法、即时互动，因而创造出了生机勃勃的“草根文化”新景观，成为当前中国特色社会主义文化充满活力的组成部分。

以抖音为例。不同于过去在线视频哗众取宠、同质化严重的戏谑搞笑，抖音中更多的是对现实的记录或是颇具创意性的表达。一段舞蹈、一道美食、一处风景、一个孩童，都可以成为被记录的对象，至于一个有趣的梗或是一个好的创意，更是能够得到大量点赞，获得超高认同感，这无疑为公众提供了尽情释放才华、进行情绪宣泄的绝佳渠道。例如，抖音用户 @ 欧波无尽在平台上晒出了自己写的钢笔字，得到了“抖友”92 万次的点赞，1.7 万条评论；一位医学专业学生 @peanut 晒出自己密密麻麻的医学笔记，更是得到了 479.6 万次的海量点赞，引发了 12.2 万条的评论。

“记录美好生活”的 slogan 正意味着所有人都有可能成为网络文化生产的主体。从企鹅智库发布的数据来看，高达 57% 的用户会关注抖音上“有意思的普通人”，53.3% 的用户会关注有才艺的达人，而热衷于关注名人明星的用户比只有 20.9%。[①]“互联网作为一种新型媒介，刚好为文化发展建构提供一种全民参与、全民沟通、全民创造的一种新的路径[②]”，而抖音类的短视频平台更是为公众在文化建设中发挥自觉性、主体性作用提供了开放、便捷、共享的渠道。

（二）社会主义核心价值观与优秀传统文化传播的新空间

从最初“娱乐至死”的批判、“文化经典濒危”的担忧，到当前的开怀接纳，社会对于互联网文化这种新兴文化形式的态度已经从最初的怀疑、指责乃至排斥、抵触，逐步走向包容与理解、参与和支持。这一转变的原因在于互联网文化内容不能与“三俗”、文化失控等现象画等号，相反，这一日渐成熟的文化形式正在成为传播正能量、弘扬社会主义核心价值观、诠释中华优秀传统文

① 2017-2018 年抖音 & 快手用户研究报告. 搜狐财经，2018-04-13.

② 邢立双. 浅论互联网推动下的文化发展与繁荣. 中国广播电视学刊，2012（第 5 期）.

化的重要场域。

首先，短抖音等新兴短视频平台完全可以成为弘扬主旋律的利器，实现正向能量引领。例如，2017 年 11 月 15 日，抖音用户 @ 浙里有警发布了一段司机横车挡车流、帮助老人安全过马路的短视频，触发了 2568.7 万次的点赞，186803 条评论。许多网友留言道："正能量满满的""善良的司机，向你致敬向你学习""突然想哭！莫名感动"。这正是对社会主义核心价值观中"文明""和谐""友善"的生动诠释。在平面文字迈向立体视频的过渡时代，这是刷在墙上的标语所无法达到的层次。不独如此，社会主义核心价值观的各个层面在抖音平台上都能够找到对应的"抖音语言"。因而有网友感叹："刷了一天抖音，感觉像是走过了千山万水，看过了百态人生。"这就要求我们必须及时抓住短视频这一风口开展正面宣传引导，创新宣传形式、语态，取得良好的传播效果，让舆论空间充满正能量。

其次，借助于短视频这样的传媒新力量，传统文化也能"抖"起来。互联网是中华优秀传统文化创造性转化和创新性发展的重要场域。当前，西安、济南等历史文化名城和糖画等非物质文化遗产在抖音上相继走俏，古老和时尚的碰撞为传统文化注入了新的旺盛生命力。并且 15 秒的短视频还为推动中华优秀传统文化走出国门、讲好中国故事注入了新的活力。例如，2017 年抖音在短视频平台 musical.ly 上全球同步推出了 # 我们来自中国 # 活动，网友们上传的包括中国美食、书法、传统手工艺在内的富含中华文化气息的短视频，对世界各地的外国网友带来了强烈的视觉冲击和文化冲击，引发海量点赞。新兴短视频与传统文化的融合创新，成功地打开了一扇向世界展现中华魅力的新窗口，能够使更多人了解中华传统文化资源，传承优秀传统文化。

最后，作为迄今为止与马克思所言"实现人的自由而全面的发展"最为接近的一种文化发展样式，包括短视频在内的互联网文化打破了时间与空间的束缚，突破了行为半径的限制，去掉了人心之间的藩篱，以视野相交、知识共享、心灵交汇的天然优势，助力全人类向"自由全面发展"这样的宏大理想迈进。

（三）公共文化服务与文化产业发展的新活力

《关于加快构建现代公共文化服务体系的意见》中指出，要加快推进公共文化服务数字化建设，提高资源供给能力，鼓励各地整合中华优秀文化资源，开发特色数字文化产品[①]。当前，抖音的迅速蹿红凸显出巨大文化张力，这种文化形式已经成为公共文化事业有益补充。博物馆开启的"抖音之旅"，充分展示了抖音这一现代传媒载体与公共文化设施相结合所产生的良好效果。近日，中国国家博物馆、南京博物院等七家国家一级博物馆集体入驻抖音，并合作推出了文化创意短视频《第一届戏精大会》，四天时间里累计播放量突破了1.18亿次，相当于大英博物馆2016年全年参观总人次642万的184倍。[②]"博物馆＋抖音"这一形式，是公共文化服务形式的创新，在实现公共文化产品与日常生活相融合的过程中，极大地满足了公众对时尚文化的需要。

移动互联时代，公共文化服务若要真正满足公众需要，就不但要"触网"，而且要善于利用"双微一抖"等App搭建出的共生平台，顺势而为、借势创新，从而"让亿万人民在共享互联网发展成果上有更多获得感"。例如，文化馆、美术馆完全可以通过网络直播等各种新兴互联网传播手段，打破"领票看演出""场馆办展览"的传统方式，扩大艺术传播的行为半径，加速全民艺术普及。"只有公共文化服务的政策、理念和方法越过文化馆的围墙，才能最终打通公共文化服务的'最后一公里'"[③]。

对于文化创意产业的发展来说，善于借力互联网新兴传播手段的锐势同样重要。以抖音为代表的大众文化创意完全可以为其他相关文化产业门类注入新的活力，文化旅游便是最显著的受益行业。随着抖音的爆红，神秘湘西挂在瀑布上的芙蓉古镇、重庆穿楼而过的二号轻轨、茶卡盐湖与稻田亚丁纷纷成为

---

① 《中共中央办公厅、国务院办公厅印发＜关于加快构建现代公共文化服务体系的意见＞（全文）》. 中央政府门户网站.

② 张书乐. 短视频不能"短"文化. 中国文化报，2018-5-28.

③ 王文戈、亓程. "互联网＋文化馆"建设的方法论探析. 人文天下，2018（第5期）.

“网红景点”。摔碗酒的爆红更是让老城西安意外成了“抖音之城”，抖音平台上一项 # 西安 # 的挑战，吸引了 12.5 万人的参与，“带着抖音吃遍西安”成为众多“豆芽”（抖音迷）们的必备体验。比起文化营销的其他方式，15 秒的短视频因为兼具特效与“神曲”而变得魔性十足，呈现出强烈的艺术感、创造感与现场感，从而使受众产生想要身临其境、一睹为快的强烈意愿。这在为当地带去巨大经济效益的同时，也让“文化 + 旅游”多了时尚意味与年轻元素。

借鉴旅游业“牵手”抖音的成功经验，其他一些文化产业领域，特别是创作表演类、工艺美术品类的企业也可以用短视频或在线直播的形式对企业进行包装推广，通过搭建“可视工坊”、开设“匠人直播”的做法，一方面使得这些产业类别能够共享互联网时代“注意力经济”优势，谋求更好发展；另一方面也凭借其深层次、难以模仿的内涵，为当前的短视频领域提供更多优质内容，在提高公众审美的同时，也为当前的互联网文化生态注入正能量。

毋庸置疑，这一复杂的文化景象，是由多元文化主体构成与创造的。无论是进入互联网空间“草根群体”，还是以核心价值观、传统文化为核心的内容主体，还是产业生产主体、公共文化服务供给主体，在这场“众神狂欢”中，短视频以其自由、轻松、娱乐、时尚和创意为主色调，装扮和丰富着当代文化的形式与内容，并迅速占领市场，成为时代耀眼的符码。

三、短视频狂欢：文化盛宴还是数字毒品

众神狂欢的时代，必然也是众声喧哗的时代。大众文化作为自发的、带有一定盲从感的文化，并不一定是先进文化，也有可能是低俗文化。互联网这道文化大餐的背后，无序与混乱仍然存在，低俗、暧昧、暴力内容充斥其间，侵损人性高贵精神和美学追求，引发道德阵痛，互联网文化生态亟待秩序回归。同时，“刷到停不下来”已经开始透露出极具危险的气息，而正如亚当 · 奥尔特指出的那样，一切才刚刚开始，这样一个“行为上瘾的时代尚处在揭幕的

阶段”[①]。

（一）利益驱动的市场逻辑挑战文化价值

点击量是短视频发布者的重要追求，这就形成了社交媒体短视频和短视频聚合平台以注意力经济为导向的发展形态。然而，注意力这支“指挥棒”与优质的文化内容供给之间似乎存在着某种天然的悖论，在突如其来的巨大变现诱惑面前，文化引领的责任很可能被消解。海量信息加剧了视频发布者的竞争意识，为博取眼球、追逐高社交资本不惜进行无底线的吐槽、自黑与低俗炒作，出现与文化引领相背离的“秀场模式”；一些短视频平台为抢夺注意力，不惜挑战道德底线，对低俗内容予以最大程度上的放纵与展示。所有这些都在冲击着社会主流价值观，造成网络文化环境的严重污染。

一方面，网民尚不够自觉。自觉既是检验消费群体整体素质的基本要素，也是检验一种新型文化业态是否运营在健康轨道上的重要标准。互联网自由性、平等性、开放性神话的建立，社交网络对每一位普通人的赋权，意味着网民的素质无法得到保证。为众人所喜爱和追捧的网络现象和网络事物，并不绝对包含深刻的文化底蕴，相反，可能只是由于迎合了弗洛伊德所谓被社会道德规范所长期压制的“真实”的“本我”，满足了某种低俗与猎奇口味而疯狂“吸粉”，因而各类恶搞视频与色情类短视频高频出现。

从一种较为积极的层面来说，“吸粉”本身并没有错。在众多行业中，“吸粉”既决定了产业营销的成败，也决定了新型文化业态的生死。尤其是对以社交互动为基础的抖音平台而言，“吸粉”不仅是平台存在的基础，更是其价值的一种体现。作为草根文化的核心要素之一，“恶搞”始终是互联网舆论场中的“一大看点”，也是“吸粉”的一种低俗手段，频频出场的抖音恶搞视频某种程度上也给抖音造成了不良的影响。近日，抖音被爆侮辱英烈邱少云的视频，将

---

① ［美］亚当·奥尔特．欲罢不能—刷屏时代如何摆脱行为上瘾．闾佳 译．北京：机械工业出版社，2018：7、3、12．

恶搞魔爪伸向了英烈，造成了恶劣的影响，刺痛公众神经。这是对法律、对道德底线的挑战与践踏，是精神迷茫与信仰缺失带来的价值观扭曲与文化畸变在互联网领域的集中反映，对社会主义核心价值观的巨大消解力不容小觑。有论者指出："对英雄形象肆意污名化，摧毁的将是几代人的集体记忆，引发的将是人们对历史的怀疑，这将大大削弱人们的民族凝聚力和向心力"。[①] 因此，无论从法律、道德和文化的角度而言，一再出现的网络恶搞不但无助于网络平台"吸粉"，培养受众，而且会影响网络平台本身的健康发展。所以，培养网民的媒介素养，引导公众从单纯的娱乐、感官刺激，转为追求欢乐的同时更注重提升自我，提高其内在道德自觉性和自律意识，是净化网络环境、遏制网络伦理失范、推动短视频行业有序健康发展的关键之举。

另一方面，平台缺乏自律。网络自律是网络法治的基础，当前由于必要的网络自律意识并没有完全建构，就使得短视频行业出现了各种乱象，尤其是短视频制作门槛较低且易于传播，视频内容良莠俱现的现象较为突出，这就更加凸显出网络伦理在产业发展中的重要作用。由于短视频无法像文字内容一样通过提取关键词直接进行筛选和屏蔽，因而就出现了平台把关困难的客观情况。加强平台自律，强化平台作为"第一把关人"的意识，需要短视频企业切实承担起治理主体的责任，多举措入手，对传播内容予以甄别，保证平台传播内容始终健康积极向上。同时，作为短视频发布与传播的"第一把关人"，短视频平台的伦理责任意识尤为重要。从目前情况来看，抖音、快手等平台并不直接生产内容，只是为广大用户提供上传渠道与聚合、推送等服务。

但这并不意味着企业就可以奉行"只做技术、不问内容"的经营逻辑，用可怕的"菜刀理论"模糊善与恶、对与错的界限。所谓的"技术中立"论者，就是将技术从社会体系之中剥离出来，忽视了技术本身的"社会使用是现存社会秩序的一个组成因素"[②]，这种将技术视为纯粹的客体，而不重视技术在整个社

---

① 李良荣．"英雄诋毁说"的本质及应对．人民论坛，2015（第 19 期）．

② ［荷］西斯·J·哈姆林克．赛博空间伦理学．李世新 译．北京：首都师范大学出版社，2010：24．

会生活和产业发展中所发挥的作用和应负的道德责任的认识是偏颇的。尤其是当偏执地坚持“技术中立”，为了实现商业利益舍弃社会效益，甚至挑战制度与法律时，就会加剧网络生态恶化。抖音平台从属于的今日头条声称“算法没有价值观”，但这并不意味着算法和技术背后的人就应当抛弃价值观，并且在复杂的文化语境失去坚守价值观的责任。“我们没有理由指责技术的善恶是非，却有理由对技术研发者、供应者的不作为、非法作为进行谴责和制裁。这也是媒介伦理的核心内涵和关键点所在。”[①] 否则，当文明投降于技术，淫秽、低俗、暴力、欺诈充斥整个互联网时，人们会像深处大海中一样，“到处都是水，但没有一滴能喝”。

“技术中立”的视角明显回避了技术根植并依赖于社会应用的制度安排的发展事实。“任何一种经济模式，不仅有着财富生成方式上的意义，还带有着文化与价值观上的意义。”[②] 也就是说，当技术与产业活动发生联系，成为生产和流通中的重要组成部分，成为整个产业链中的主要组成部分，技术中立的原则便不能成立。注意力经济也不例外，短视频平台“吸粉”，追逐商业利益并不是唯一的社会责任，而应将其本身作为社会整体应用中的一个元素。也就是说，互联网企业在追逐商业成就的同时，还必须尽力顾全社会的基本道德与商业伦理，真正出于社会责任感来设计企业未来的发展道路才是光明之途。就短视频行业而言，文化赋能、品质提升或许是平台未来发展唯一的出路，新兴短视频没有必要也不应该成为哗众取宠、拉低受众审美、扭曲社会价值观的“‘三俗’放大器”。

（二）“行为上瘾”导致“文化消费”悖反

移动互联时代，互联网像水电煤一样成为嵌入人们生活的基础设施，而手

① 蒋晓丽、杨珊．大数据时代媒介技术的伦理问责．西南民族大学学报（人文社科版），2016（第7期）．

② 侯卓沅．警惕“网红”经济对社会主义核心价值观的消解．中国集体经济，2016（第3期）．

机则日益演化为人体的“电子器官”，相当一部分人的功能甚至要依赖手机才能得到更好的完成，比如记忆功能、人际互动与文化创造。麦克卢汉曾言及的“媒介即是讯息”的理论在移动互联网时代得到彰显，手机成了人肉体和神经系统的延伸。“电子媒介是人类中枢神经系统的延伸，其余一切媒介（尤其是机械媒介）是人体个别器官的延伸。媒介延伸人体，赋予其力量，却瘫痪了被延伸的肢体。在这个意义上，技术既延伸了人体，又‘截除’了人体。”①可以说，任何技术都有两面性。即便我们很谨慎地使用“上瘾”这个词汇，我们也不得不承认，在我们告别5元30M、普适计算助力大跨步迈进全城Wi-Fi的时代后，高度发达的社会互联互通、智能手机的过度使用、各类程序设计的“用心良苦”，已经使我们“行为上瘾”。警觉的人越来越发现，刷抖音本来是要填补碎片化的时间，结果却是时间被越切越碎；安装各式各样的App本来是要消费文化，但实际上成了“被文化消费”。

为更好地增强抖音对用户的黏性，抖音的界面交互设置便可谓“别有用心”。与快手需要返回上级界面再进入下一条短视频的浏览模式不同，抖音只需上滑屏幕即可轻松切换到下一条，这样便达到了鼓励用户不停浏览的目的，从而使得“停下来”变得极其困难，“一刷到天亮”成为很多深度用户的日常；同样，手游王者荣耀设定的匹配机制，会让一窍不通的新手发现自己“越来越难输”，从而获得一种难以抗拒的积极反馈，进而在逐渐升级的挑战中难于自拔，最终导致行为上瘾。因此，“大街小巷玩王者，男女老少刷抖音”的出现有其深层次原因——“问题并不出在人缺乏意志力上，而在于屏幕那边有数千人在努力工作，为的就是破坏你的自律”。类似的网络产品越是有黏性，便越是让人“欲罢不能”。黏性是App能够在市场上存活的关键，“能够成功锁定用户，增强用户黏性是移动社交网发展的重要影响因素，重视用户黏性，提升用户忠诚度及用户质量则是移动社交网长久发展的保证”。②黏性虽然锁定了用户，提升

① 徐昊、马斌．时代的变换：互联网构建新世界．北京：机械工业出版，2015：114.

② 周洁如．移动社交网平台企业商业模式及其创新．上海：上海交通大学出版社，2015：56.

了短视频平台的品牌影响力，但也犹如一位毒药，使用户成为“瘾君子”“欲罢不能”的后果显而易见。

长期沉迷与终日追逐类似这样的消遣娱乐，就好比早已断奶的成年人仍在毫无意识地吮吸奶嘴，看似获取了令人陶醉的快感，但短暂的欢愉之后，往往是更甚于前的空虚和迷茫，只能重新塞上“奶嘴”，或是迫不及待寻找能够为心灵带来短暂安抚、立竿见影的下一颗“糖果”。虚拟世界里毫不费力的快感获取替代了现实生活里专注与奋斗之后才能产生的充实感和获得感，长期如此就会进入“娱乐至死”的状态却浑然不自知，带来的必然是专注力的下降、对现实世界的漠视乃至思考能力的丧失。“娱乐至死”是文化消费主义在当代互联网语境中传播的极端表现，过度追求娱乐化与市场效益，就会使得消费主义彰显出有违于社会的负面效应。另外，网络上热络的“点”“赞”“转”，诱发的却是现实社会里的社交低效、社交焦虑乃至恐惧。有相关实验表明，当两个人坐在一个房间里试图对话交流时，“光是手机的存在（哪怕并不主动去使用），也极具破坏性。它们叫人分心，因为它们提醒我们，外面有个超越眼前对话的世界”。虚拟空间的巨大诱惑力正在消解人们在现实生活中进行彼此沟通的欲望，危害人际关系的质量，最终将不利于和谐友爱的社会风气的形成。

因此，刷屏时代如何远离行为上瘾、如何用行为上瘾做些好事，是值得当下每一个“手机人”深刻反思的问题。从短视频内容生产与提供的方面来说，对这一问题反思的目的是使短视频摆脱“三俗”的标签，进一步提升短视频的高质量发展。也就是说，新形势下如何提供优质的互联网文化资源与精准的文化服务，为我们当前及未来一段时间的文化治理提出了新的挑战。

四、秩序治理才可能让“狂欢”更好地延续

互联网文化治理是保障互联网文化健康快速有序发展的重要基石，面对汹涌而出的互联网文化新业态，面对各种类型与各种形式的文化内容，以及各类

层出不穷的文化乱象，加强互联网文化的秩序治理，才能更好地持续与推动互联网文化的“狂欢”。

当前，用户观看短视频的动机已经从最初的休闲娱乐扩大到获取信息、寻求知识、了解世界乃至感悟人生，娱乐不必也不应该成为网络视听的全部目的，促进社会幸福、实现文化引领才是其义不容辞的使命与担当。这必然对优质内容提出更严格的要求。利用短视频这一超越书写文明的立体呈现方式，以优质内容为支撑，成功对接视频观看者的深层次需求，是移动短视频优质化、精品化发展的路径选择。未来伴随着无人机的普及、VR技术的成熟，短视频的制作将会更加成熟，前景将更为广阔。可以预见的是，短视频将会突破当前的特定意义，成为像文字、图片一样极为普遍的内容信息载体，互联网文化盛宴更加丰富。当然，无论形式怎样变幻，人类所追求的始终都将是永不消亡的美学价值与人文精神。

但需要指出的是，短视频创造的文化价值、美学价值和产业价值，是以粉丝为核心的社群因认同以主播为核心社群的价值而产生。因此，短视频平台均围绕社群进行增值，并通过粉丝群体来提升平台的传播力和影响力，以及实现价值的变现。然而，在意识到短视频具有重大文化价值和产业价值的同时，也应看到，短视频业态在产业化发展中面临的功能与定位不清，是究竟把短视频行业视为文化盛宴还是数字毒品的根本所在。

任何产业的发展在受众群体培育和产业扩展的时候，均面临无秩的发展状况，短视频行业也不例外。随着短视频市场的深入拓展，以BAT为代表等网络巨头纷纷涉足，斗鱼、陌陌、快手、映客、火山、YY、花椒等直播平台更是你方唱罢我登场，在短视频App的排名已形成激烈竞争的态势。可以说，众多短视频平台的竞争充分彰显出这一业态本身具有较大的市场价值和广泛的受众群体，然而，在众多平台竞争的过程中，各平台内容同质化现象是较为突出的问题，各大短视频平台的视频多集中在娱乐、搞笑、卖萌、表演和商卖等领域，内容相差并不多，这就使得用户群体的类型和内容产品的类别相差不大，因此，可以预见，在不远的将来，以并购、兼并为主要形式的市场删汰将成为短视频行业的重要发展趋势。这既是市场优胜劣汰的必然结果，又是各产业平台找寻自身特色和优势的选择，更是产业在经历了发展初期的无理性、无秩序扩张，向健康有序的发展阶段迈进的必然性趋势。

对于当下而言，移动短视频行业尚未形成所有参与主体都能实际遵守的道德准则，因此，提升短视频行业的高质量发展，形成健康有序的发展规范，就使得建立政府、平台与用户三方之间的长效管理机制、构建互联网生态下的文化理性显得尤为重要。应当加强行业自律，提升企业、平台的社会责任感与准入门槛，鼓励平台提高技术审核能力，对“灰色地带”进行严格“自清”；进一步完善举报投诉机制，通过“一键举报”等多种方式，提高监管效率；尽快建立清晰的短视频行业内容规范，加快相关法律法规建设普及，依法履行监管职责，对违规行为加大处罚力度。作为网络文化这种大众文化的创造主体，互联网文化的治理关键在于人的治理。要着力提升网民道德观念与媒介素养，在文化引领下不断提高公众道德自律精神与文化素质，改善其文化需求的品位，提升公众审美。在三方力量的共同推动下，最终实现由协作性文化治理格局，让互联网“文化狂欢”更好地延续。

（作者：高宏存）

第十八章

移动短视频消费

——视觉的审美逻辑及其困境

作为一种重要的视觉文化现象，短视频消费的火爆与审美和技术的媾和关系密切相关。在审美和技术的包装下，短视频极大地释放了大众进行图像生产的热情，推动了视觉消费的新变。但技术维度的无限扩张，亦有可能致使审美被技术绑架，进而引发视觉伦理危机。对此，审美应当秉持自身的感性解放价值以实现对技术的文化间性超越。实现这一目标需要构建技术、审美和资本的文化间性，并以审美品位重建生产者和消费者的主体间性，还应积极培育创作主体、消费主体和运营主体的批判精神。

2017年来，在互联网文化消费市场，以抖音、快手等为代表的短视频开始超过直播的热度，下载量暴涨。数据显示，2018年中国短视频用户规模达到5.01亿人，市场规模116.9亿元，预计2020年用户规模将超过7亿人，市场规模接近400亿元[①]。短视频消费的火爆无疑成了当下最重要的视觉文化现象之一，集中代表了数字新技术语境下视觉审美范式的变革。但这种新的视觉审美形式在满足大众精神文化需求的同时，也存在诸多混乱和失序，特别是在塑造青少年基础审美观、审美能力和文艺趣味方面更是产生了严峻问题。这种现象无疑极大地弱化了图像本身的人文价值和美学追求。本文立足这些问题，以审美与技术的关系为入口窥探这一新的视觉审美形式运作的逻辑及其潜藏的困境，并试图提出相关应对思路。

一、审美与技术的媾和：短视频消费与视觉审美范式的新嬗变

短视频何以如此火爆？除了产业层面不遗余力地推动外，还与审美和技术之间的媾和关系紧密相关。具体来说，审美作为一种主要发生在感性世界的想象性、虚构性活动在新的语境下与表征为物质形式的技术达成了一种新的契合，二者共同促进了短视频作为一种视觉审美（消费）现象的流行。那么这种媾和关系是否也意味着短视频作为一种新的视觉审美范式的形成呢？如果是这样的话，审美和技术的这种媾和又秉持何种逻辑呢？要回答这些问题，我们需要进

① 艾媒网．2018–2019中国短视频行业专题调查分析报告．https://www.iimedia.cn/c400/63582.html.

一步剖析审美与技术之间的相互关系。

历史地看，审美和技术之间一直存在着一种复杂的纠葛关系，这首先体现为技术的革新能够促进审美观念、审美形式的变革。比如，波普艺术作为一种艺术审美形式的出现就直接益于现代机械复制技术的发展，其代表人物安迪·沃霍尔最典型的创作手法就是利用丝网印刷技术印制大量的商业插图画，通过呈现技术产品的批量化、无个性化、大众化的特点来表达一种反历史、反精英、反经典的审美追求。而在视觉审美领域也同样如此，几乎每一次视觉技术革命都会带来新的视觉经验，并生成新的审美范式。比如，镜子的发明就不仅使画家找到了反映现实的理想模式，还使其反观自身成为可能。而照相机的发明则使得古典时代以来模仿再现的视觉审美原则被彻底祛魅，不仅写实模仿不再是一个神秘而又难以操作的绘画技巧，就连图像的机械复制也首次成为可能。如果说镜子是模仿再现的象征，相机是机械复制代表的话，那么电脑的发明则使一种虚拟的图像生产和消费模式成为可能[①]。

另一方面，技术的革新和发展其实也有审美层面的动力支持。在技术作为“技艺”的阶段，技术和艺术是合一的，技术天生就是为服务于审美而存在。以透视法为例，它作为一种绘画技艺的出现正是画家不断追寻再现美学理念的结果。在技术作为科学“工具”的阶段也同样如此。假如没有制作者对电影美学表达形式的持续探索，也不会推动 3D、4D 电影制作技术的出现和发展。技术其实并不依赖于其自身的逻辑出现并流行，而是出于社会的需要对已经存在于头脑中的特定目的和途径的追寻。因此就视觉审美而言，新的视觉技术之所以每次出现都会取得空前的盛行，还与其迎合了大众的图像接受需求有关。一方面，观看作为人与世界产生关联的基本途径决定了其不会天然排斥新的视觉审美形式，只要其具备一定审美价值就会存在受众层；另一方面，一定程度的视觉审美氛围的营造也会影响、形塑人的视觉接受取向，加速视觉技术的发展。

① 楚小庆．技术进步对艺术创作观念和审美价值取向的影响．艺术百家，2016（第 1 期）．

这种互动逻辑在电子媒介主导视觉生产的时代尤为突出。鲍曼就曾指出："电子设备最大的作用就是把一种已经充分形成的需要变得更加迫切和显著。"① 电子设备无疑对视像的生产带来了极大便利，促进了视觉消费的日常化，而消费无疑又会推动生产，这种互构关系最终使视觉审美成为社会生产的基本场域。

从某种程度上讲，短视频消费的火爆正是建立在这一逻辑之上的。在技术层面上，它植根于智能手机的普及，相较于普通的网络视频，其生产流程更为简单、制作门槛更低、大众参与性更强，这使视觉消费呈现出了前所未有的即时性和便捷性。在这里，人人都可以成为图像的生产者和消费者，从私人图像到家庭图像、公共图像，从生活图像到社会图像、政治图像，从艺术图像到娱乐图像、商业图像等，五花八门的图像可以随时随地，甚至随心所欲地生产和消费。不管是农民工、打工族，还是都市白领、时尚青年，每个人都能找到自己感兴趣的图像。当然，除了得益于新的图像生产和展示技术外，短视频的兴起还与 4G 移动网络的普及与人工智能、大数据技术的发展相关。在 4G 带宽红利的驱动下，短视频生产和消费的效率大大提升，并逐渐形成完整的技术形态，而基于人工智能、大数据的智能化算法则在分析消费习性，进行内容整合，提升用户黏性，提高社交化水平和生产效率等方面具有重要作用。目前，社交化和用户生产内容是短视频的两大特点。用户生产内容为短视频提供了广阔的产品基础，但在泛社交化趋势下，无论是摄影类、娱乐类、社交类还是生活类短视频 App，社交几乎是每个平台的基础性功能。而社交化所推动的用户黏性的增长无疑又强化了内容的生产，提升了生产效率。这是一种建立在移动互联网、智能手机、大数据、人工智能等数字新技术基础上的视觉审美新形式，无论是在内容形态，还是在审美模式上，它都区别于传统的网络视频。

事实上，自短视频诞生以来，伴随着用户规模的增长，其使用时长也在高速增加。2018 年 12 月中国短视频月总使用时长达到 167.6 亿小时，同比上涨

---

① ［英］齐格蒙·鲍曼．来自液态现代世界的 44 封信．鲍磊 译．桂林：漓江出版社，2013：08．

170%,超越在线视频成为仅次于即时通讯的移动互联网第二大行业[①]。这意味着短视频的成长其实还有着大众审美需求层面的支撑。尽管短视频的短、小、快使用户难以进行长时间的沉浸式体验，但这绝不意味着短视频只能作为纯粹娱乐化的工具，毫无格调、品位可言。互联网文化并不能同“三俗”画等号，好的短视频作品亦可以发挥积极的审美价值。如抖音平台推出的活动“我们来自中国”就是利用短视频向全球介绍中国美食、书法、音乐、传统手工艺，以展示中国的历史文化。目前，利用短视频传播正能量与高雅的审美品位已经成为整个产业新的增长点。数据显示，2019 年中国短视频用户使用动机中，分享精彩生活、学习知识技能的份额分别占据了 64.3% 和 63.3%[②]。而随着产业链中 PGC（专业人士创作）和 PUGC（专业机构创作）两种新模式的发展，这一趋势还将增强。这种审美对技术的能动效应，为短视频的发展带来了广阔前景。

然而，如果更深层地看，审美和技术之间的积极互动态势其实并非是一蹴而就的。在美学史上，审美与技术之间长时间被认为是存在裂隙的，审美在更多情况下是与实用的、理性的、功利的技术现实相脱离的，是一种纯粹性、自律性的活动。这一认知从“审美”概念的提出者鲍姆加登，到康德、席勒等古典美学的代表，甚至一直延伸到 20 世纪的法兰克福学派。在鲍姆加登看来，审美属于感性认识领域，审美经验是一种纯粹的知觉经验。席勒认为，审美作为感性王国和理性王国之外的第三王国，可以摆脱物质压迫和道德的强制，使人获得彻底的自由。[③]康德则认为，审美经验属于想象和虚构的领域，审美经验不涉及功利、欲望、道德评价等因素。“美的艺术本身不必被视为知性和科学的产品，而是天才的产品，因而是通过与具有确定目的的理性理念本质不同的审

① 未来智库. 短视频行业深度报告：从抖音爆发探究私域流量变现的可能边界. https://www.vzkoo.com/news/2646.html.

② 未来智库. 短视频行业深度报告：从抖音爆发探究私域流量变现的可能边界. https://www.vzkoo.com/news/2646.html.

③［德］弗里德里希·席勒. 席勒经典美学文论. 范大灿 译. 北京：生活·读书·新知三联书店，2015：230.

美理念获得其规则的。”[①] 而到了霍克海默、阿多诺、马尔库塞等法兰克福学派的理论家那里，则直接演变为对技术的批判，他们认为，由现代技术催生的大众文化和艺术，抹去了高雅与低俗之间的界限，是一种“伪个体性”的具有欺骗性的意识形态，最终导致了人和文化的异化。凡此种种，不同的理论家虽论述的侧重点不同，但大体上沿袭了审美与技术相区分的基本判断。

这种对审美与技术关系的界定是建立在对审美的乌托邦想象基础之上的，实际上隔断了审美与政治、经济、社会的深层联系，缺乏改变现实的真实行动力。这种观点在20世纪美学中逐步得到修正。海德格尔、本雅明、杜威、舒斯特曼等学者对此都有过不同贡献，但特点最突出的当属实用主义美学家杜威和舒斯特曼。在杜威看来，审美经验并非康德所认为的那种理智型的接受经验，阻力、动荡、苦难等日常事件在审美经验范畴中也占据重要地位，“恢复审美经验与生活的正常过程之间的连续性”对艺术研究者来说至关重要[②]。舒斯特曼也认为：“不好将审美经验看成一成不变的概念，仅仅等同于对美的艺术自给自足的接受，那很狭隘”。[③] 简而言之，修正的后果就是肯定审美活动和日常生活的联系，而日常生活显然为审美指向了更为复杂的资本、技术、政治、宗教等维度。以此为出发点，杜威甚至对美国的电影、爵士乐等与技术相关的大众流行文化的审美意味进行了理论论证，可谓开风气之先。

应该说，审美与技术关系的修正是后工业时代以来日常生活的审美化驱动下审美与文化工业不断深度融合的结果。换言之，是社会生产结构的转变导致了审美溢出了固有的自律性疆界，走向了泛化，由此成为经济活动中一种新的硬通货。阿苏利在考察审美资本主义问题时就曾指出：“资本主义演变的特点在于捕捉例如美丽、娱乐、审美这些无实际用途的多余产物，并把它们转化成可

① [德] 伊曼努尔·康德. 判断力批判. 李秋零 译. 北京：中国人民大学出版社，2010：171.

② [美] 约翰·杜威. 艺术即经验. 高建平 译. 北京：商务印书馆，2005：1–2.

③ Richard Shusterman. “The End of Aesthetic Experience”. *The Journal of Aesthetics and Art Criticism*.1997（1）.

以估价、可以买卖并能够覆盖社会生活的大部分领域的价值。这种演变是从文化进入经济中心开始的。”① 韦尔施指出，日常生活的审美化，大都是服务于经济目的的，它一旦与美学联姻，甚至无人问津的商品也能销售出去②。然而，商品的装饰、包装的审美化仅仅是这一进程的浅层，更深层的表现在于技术和传媒对我们的物质和社会现实的审美化。“今天的审美化不再仅仅是一种‘美的精神’，抑或娱乐的后现代缪斯，不再是浅显的经济策略，而是同样发端于最基本的技术变革，发端于生产过程的确凿事实。”③ 不仅如此，“日常生活与微电子生产过程的交互作用，导致我们的意识以及我们对现实整体把握的一种审美化”④。可见，随着社会经济结构的演变，审美这种原本属于抽象的想象世界的理智型活动，最早是从物质、实用、感性的活动中产生出来的，在经历了长期的分离过程之后，在科技驱动、组织社会生产的今天又进行了一次回返。于是，技术与审美开始变得相互支撑了。这不仅是一种观念上的变革，更是现实实践的要求。

事实上，审美早就成了一种生产和消费的重要因素。阿苏利指出，欧洲早在封建时代就发展出了一种以闲适和品位为特征的生活方式，以好的品位来彰显其社会地位。后来随着文化产品的不断丰富，“当审美品位的疆界变得模糊，不同历史时期、体裁、对象、属性、感受间的组合表现出了品位的兼收并蓄，导致了传统等级制度的混杂和坍塌”⑤。时至今天，随着文化产业以时尚、个性、体验等元素为核心审美品位不断扩张其市场规模，审美已然成为人们进行消费的潜在前提。而与之相伴随的是，技术开始成为人们审美活动的主要媒介和工具。在经历了数十年的发展后，当手机、电脑这些同时具备图像生产、传播、

---

① ［法］奥利维耶·阿苏利．审美资本主义：品味的工业化．黄琰 译．上海：华东师范大学出版社，2013：09.

② ［德］沃尔冈·韦尔施．重构美学．陆杨等 译．上海：上海译文出版社，2006：06.

③ ［德］沃尔冈·韦尔施．重构美学．陆杨等 译．上海：上海译文出版社，2006：09.

④ ［德］沃尔冈·韦尔施．重构美学．陆杨等 译．上海：上海译文出版社，2006：09.

⑤ ［法］奥利维耶·阿苏利．审美资本主义：品味的工业化．黄琰 译．上海：华东师范大学出版社，2013：36.

展示、复制、保存的工具成为普通人的必备品，人们早已习惯本雅明所说的那种“机械复制时代”的视觉审美规则：视觉效果转向了触觉特质，久久回味的静观体验转变成当下即刻的震惊效果，图像的膜拜价值让位于展示价值，个人化的品位被集体观赏所取代。甚至波德里亚所担忧的虚拟现实阶段的审美逻辑也随着 VR、AR 等虚拟现实技术的产业应用而逐渐被人们接受。在这一阶段，图像不再表征现实，甚至与现实无关，它们依循自身的逻辑来表征。即虚拟的非真实的影像比比皆是，这些影像以逼真的面目出现，假的东西比真的东西更加真实。

这是一种总体的视觉审美氛围的转变，短视频消费的盛行正是得益于这些观念的铺垫，这是审美与技术在经历了长期争斗之后在新的时代语境下达成的一种媾和状态。从这个角度讲，短视频无疑践行了一种全新的视觉美学。在这里，审美主体改变了机械复制时代以来的被动性局面，图像的生产、传播和消费变得极其便捷化；审美对象以其自由、轻松、娱乐、时尚和创意，不断营造一个又一个视觉奇观；而审美体验则逐渐走向了虚拟性、交互性和平面性。短视频的出现是视觉文化在数字语境下的进一步发展，在技术的包裹下它极大地释放了大众进行图像生产和消费的热情，并以其独特性丰富着当代文化的形式与内容，成为时代耀眼的符码。

二、技术对审美的绑架：短视频消费的视觉狂欢及其表征

不可否认，借助审美和技术的媾和关系，短视频消费获得了空前的增长，但这一增长对审美和技术本身还会带来反向的驱动效应。也就是说，审美和技术亦能借助短视频来扩张自身的意识形态。然而，这种扩张对双方来说却不是均等的，突出体现在技术对审美形成了优势性，逐步呈现出一种“绑架”的态势。这种态势的形成实际上依然与审美和技术在新时代背景下存在方式的变革有关。历史地看，在手工业时代，技术之于人类文明仅仅是一种工具，而不是

组织社会生产的方式，进入工业时代以后，技术由于打破了人的感觉和身体结构的限制，并通过量化的方式增大了对自然的控制能力，就逐渐演变为组织社会生产乃至人类生命活动的主要方式。芒福德指出，自人类进入机器阶段以来，技术的价值体系就不仅仅在于实际存在的产品，也没有局限在工厂和市场，而是进入生活的其他领域，特别是意识形态和精神领域。[①] 对审美领域来说，这一进程所带来的不仅是新的审美文化的产生，更是新的审美观念的产生（古典审美理想的崩溃），而审美观念变革无疑又极大地促进了审美生产的技术化进程。于是技术则从表征审美的工具，变成了审美得以实现的本体。

说到底，没有技术的支撑作用，短视频审美的交互性、即时性、多元性等独特性便无从谈起，更不可能演变为一种产业形态。可见，短视频消费的狂热归根结底是由技术所驱动和策划，它张扬了新的视觉生产、复制与展示技术对当代人类文化生产与消费的组织作用，一场新的视觉狂欢盛宴。当然，这不意味着审美会完全退场，而是说，审美作为一种修辞的工具，成了技术延伸的外衣。对消费者说，能否通过短视频获得良好的视觉体验才是首要因素。

（一）刷屏即“合理”：视觉欲望的凸显

据新浪 VR 发布的《2019 中国短视频行业发展趋势报告》显示，2019 年 12 月中国短视频 App 的日启动次数达 26.1 亿次，同比增长 14.1%，用户日均观看时长开始稳定在 3 亿个小时左右，每日启动次数超过 4 亿次的短视频应用达到 4 款，而 2019 年全年短视频用户打卡超 10 亿次，人均送出 80+ 赞。[②] 为何人们对这种“刷屏美学”欣然接受且爱不释手？究其根源，除了 App 本身提供的丰富资讯与评论外，还与人们固有的视觉欲望有关。不能忽略，观看活动乃是人的基本生存状态之一，它是人与外部世界联结的桥梁，而且人天生有着观看的

① ［美］刘易斯·芒福德．技术与文明．陈允明等 译．北京：中国建筑工业出版社，2009：282.

② 新浪 VR. 2019 年中国短视频行业发展趋势报告 . http://vr.sina.com.cn/news/report/2020-02-27/doc-iimxyqvz6109265.shtml.

欲求。但这种欲求绝不是被动性的，而是积极主动的。阿恩海姆指出，视觉是类似无形的手指存在的，它“在周围的空间中移动着，哪有事物存在，它就进入哪里，一旦发现事物之后，它就触动它们，扫描它们、寻找它们的边界、探究它们的质地”。[①] 短视频新奇有趣的题材、别出心裁的剪辑、夸张搞怪的特效对原本就处于积极移动的视觉来说，无疑更能激发其积极性。值得注意的是，视觉欲望在此不仅包含了一般性的视觉快感，而且还隐含了更为复杂的窥视癖，即人们参与奇观和窥视他人的欲望以及无限制的自恋情结。

在短视频中，这种逻辑最具代表性的表征无疑就是身体的狂欢与消费。从打扮时尚的帅哥美女，到日常的吃饭、睡觉，再到海草舞、喵喵舞、炸裤裆、吞钢钉等身体表演，为了博取眼球和进行宣泄，身体几乎可以充当任何“角色”，而观看者则在这场由“他人”构建的视觉叙事中享受着视觉快感，满足其窥视心理。不仅如此，观看者还可以通过评论、私信的形式进行实时互动，保证视觉欲望的最佳满足。为了不断刺激和强化主体的视觉欲望，短视频 App 的交互设计也“别有用心”。如抖音只需要向下滑屏就可以轻松切换到下一条信息，这种界面交互模式无形中鼓励了用户不停浏览，甚至使其患上了“刷屏上瘾症”。相关数据显示，2019 年 12 月中国短视频核心用户平均每分钟刷屏条数已从 2017 年 12 月的 3.8 条，上升到 6.7 条。“刷到停不下来”“一刷到天亮”似乎已成为众多用户的“常态”，刷屏俨然已化身为短视频消费的“理性”，成为一种理所当然。目前，从“短视频 +X”模式向“X+ 短视频”模式转变已成为一种新风向，短视频一夜之间成为众多移动 App 的标配，刷屏之风正前所未有地改变着互联网文化的消费生态。

（二）好看即“正义”：视觉奇观的营造

当图像的生产传播变得极其简单，如何在五花八门的图像洪流中抓取眼球

---

① ［德］鲁道夫·阿恩海姆．艺术与视知觉．滕守尧 译．北京：中国社会科学出版社，1984：48.

就成为短视频生产者们最关心的问题。这使得他们格外注重内容的品质，不仅“有趣”，还要“有料”。换言之，好看才是“正义”。这里的“好看”既可以指审美性的内容，也不排斥审丑，美丑在此不是评判好看的标准。好看简而言之就是要有吸引力，能够使观看者在观看过程中产生快感。为了满足用户对好看的欲求，短视频生产者绞尽脑汁地制造出了一系列的视觉奇观，用以激发消费者（也包括他们自己）的幻想和欲望。比如，快手用户“吃货凤姐”表演吞灯泡、金鱼和仙人掌，迅速引来超过10万名粉丝围观；抖音用户“密子君”则凭借超大胃口直播吃各种海量食物，《速食10桶火鸡面用时16分20秒》曾经获得超过173万次的点击量。这些别具“风味”的视频在各大平台有着强大的吸引力。

需要指出的是，“奇观”在这里主要有两层意思：首先，短视频自身的追求构成更加倾向于表层的、直接的视觉快感，而非内在的、深度的意义。其次，叙事性和文学性在短视频中已经极大弱化了，无限放大的只是观赏性，文本更倾向服从于视觉奇观要旨。当“密子君”狂吃时，她并不会对这些食材本身做任何审美层面的介绍，甚至不会过多关注吃什么，而只是意在凭借“吃得多”这一奇观特点吸引观众。实际上，用户本身也是带着猎奇心理观看短视频的，并不会过多希望短、平、快的短视频带有多么深刻的文化内涵，只要好看即可。如果不好看，便会立即滑动屏幕。这是一种生产端和消费端的双向契合。事实上，在经历了后现代式拼贴、戏仿、开放、颠覆、反艺术等文化观念的长期浸润后，图像审美早就被消解了深度性，这是当代文化场域内任何行动者的共同习性。不管是生产者还是消费者似乎都明白短、小、快的短视频不可能带来深度性、沉浸式的审美体验，好看、好玩才是这类图像审美的正义所在。如快手的广告语就是“6亿人在玩的App”，土豆转型短视频平台后的口号也转变为“只要时刻有趣着”。从某种程度上讲，恰恰是“好看”的心态为一个又一个视觉奇观的培育提供了土壤。

（三）展示即“正途”：视觉权力的构建

视觉展示往往带有鲜明的权力特征。马丁·杰伊曾指出，我们处在一种

"视觉政体"之中，视觉具有强大的规训性力量[①]。但在不同的视觉方式中，权力机制并不相同。福柯曾用"全景敞视监狱"来隐喻展示的权力逻辑。在他看来，"全景敞视监狱是一种分解观看 / 被观看二元统一体的机制。在环形边缘，人被彻底地观看，但不能观看一切；在中心瞭望塔，人能观看一切，但不会被人看到"。[②]这种视觉机制集中反映了观看者在观看中的绝对权威以及被观看者的被动性地位，展示在这里仅仅只是观看者的欲求，被观看者被迫生活在规范性的眼光之下。但德波认为现代社会已经成为"景观社会"，在景观社会中被观看者获得了权力而不是被施加了权力。为了解释这种展示机制，德波提出了"全景敞视舞台"的概念。在这套机制中，舞台处在中间地势较高的台子上，观众席组成一个圆环形或者扇形包围着舞台中心。尽管处在舞台中心的表演者是被观看者，但是其展示活动是主动的，并渴望受到关注，表演者也不会去看某一个具体的观众，因为观众在台下是一个模糊的群体。对观看者来说，与其说他 / 她的目光是在主动注视着被观看者，不如说是被拉过去的。即观看朝着有利于被观看者的方向发展，如掌声、荧光棒、尖叫声等就是确认了被观看者的影响力。

尽管短视频也是一种视觉展示活动，但其权力关系与上述两套机制有所不同。不管是"全景敞视监狱"还是"全景敞视舞台"，这两种机制均强调的是一种基于"在场"的视觉权力关系，而短视频所发生的权力关系却是非在场的，它以虚拟的互联网展开展示，观看者和被观看者都可以以一种虚拟的线上身份非在场地互动。在这里，观看者尽管饶有兴致地被吸引进展示程序之中，但不能以一种具有掌握性的、规定性的眼光去注视被观看者，而其也并非完全丧失主动性，能够以在线评论的方式对被观看者施加影响；被观看者也不会因其专注于表演（因为表演在这里是提前编排且经过技术处理的）而忽视个体的观看

① ［美］马丁·杰伊．在注视的帝国里：论福柯与二十世纪法国思想对视觉的贬义．迟庆立 译．载《2001 年度新译西方文论选》．怀特等 著．桂林：漓江出版社，2002:110.

② ［法］米歇尔·福柯．规训与惩罚：监狱的诞生．刘北成、杨远婴 译．北京：生活·读书·新知三联书店，2003：226.

者，也可以回复评论对观看者施加影响。展示在此不仅是观看者的欲求，也是被观看者的目标。由此看来，这似乎是“全景敞视舞台”和“全景敞视监狱”的集合体：观看者和被观看者都在进行权力运作。但还应注意到，在观看者和被观看者的背后，还存在着一个由平台掌控的“上帝之眼”，它全程监视展示，并通过大数据和智能化算法了解观看者和被观看者，为提升平台的经济效益服务。因此，展示在这里其实是与权力、资本（商业资本、文化资本）乃至欲望直接挂钩的，展示就是“正途”，没有展示便不会有观看活动，也不会获得关注和赞赏，平台、生产者和消费者任何一方都不能实现自身的权力诉求。

正如巴赫金所指出的，狂欢节是全民的，所有人都参与其中，以往存在的等级关系和官衔差别系统在这里暂时取消，表演和宣泄占据了主导地位。[①] 毋庸置疑，短视频这一复杂的视觉文化现象与狂欢的逻辑是高度契合的。因为无论是观看者还是被观看者都格外重视观看活动所带来的宣泄快感以及权力效果，而视频内容本身的审美性则不再是首要的参考系。进而言之，由技术所驱动的视觉狂欢超出了审美的效应，审美沦为了技术的外衣。

三、审美对技术的超越：短视频消费的视觉伦理与正义

就技术美学层面而言，短视频消费的盛行无疑表征了数字新技术在审美层面的巨大潜力，它不仅带来了新的审美形式，革新了审美观念，更带动了视觉权力场的变革。但当前的短视频消费呈现出来的是一种视觉狂欢特征，而非深度性的审美。当然，狂欢也并非一定意味着负面性。问题在于，如果任由狂欢发展，而视审美弱化于不顾，则必然会出现问题。以抖音平台为例，近年来为了博取观众眼球，一些制作者不惜挑战道德底线，对低俗内容予以最大程度上

---

① ［苏联］米哈伊尔·巴赫金．巴赫金全集第四卷．白春仁等 译．石家庄：河北教育出版社，1998：127.

的放纵与展示，如“洗澡门”“更衣门”“马震门”等事件均造成了不良的社会影响，而观众似乎也对这些内容“来者不拒”，沉溺于表层叙事所带来的视觉体验之中无法自拔。这无疑弱化甚至消解了图像时代应有的人文深度。

平台的逐利、生产者的道德失范等当然是造成这一现象的重要原因，但从审美生产的角度来看，技术维度的无限制扩张及其对审美维度的绑架无疑是深层原因。那么又是什么原因造成了技术维度的空前扩张呢？这里显然不能回避技术理性及其所催生的“技术依赖症”。马尔库塞曾指出，技术理性作为文化、政治和经济融合的中介，不可避免地具有社会倾向性[①]。一方面，它能把政治、经济结构安排得合理有序，为社会发展带来物质效益，进而缓和社会矛盾；另一方面，它会对人的精神世界形成一种控制，能够成为和工具一样方便使用的模式和思路，最终使人的世界观和感性生活单一、僵化、压抑。对审美来说，这种负面效应将驱使审美活动从人的本质力量的显现转向本质力量的丧失，即审美生产成为纯粹批量化的、漠不关心的抽象活动，它越来越依赖技术，最终将丧失个性化和创新性。

短视频作为新的数字复制技术实践应用的代表，效率、标准、客观等技术理性因素当然是其生产的重要尺度，甚至技术已经借由它对传统文化和精神信仰控制着的社会意识形态展开冲击，展现出对文化的一种“统治”态势。但还不能忽视短视频的视觉独特性。从根本上，短视频依靠技术特性强化的是“看”与“被看”的主体意识及其内在张力，视觉在此成了一个意义的生产和竞争领域，“它不但是社会互动的场所，而且也是根据阶级、性别和种族身份进行界定的场所”[②]。对观看者来说，视觉窥视这一在传统社会被边缘化甚至被当作非道德化行为的视看活动成了常态。观看当然是观看者的生理欲求，但在现代视觉机器的作用下，急速膨胀的图像却使其面临越来越多的诱惑与刺激，使原本被印刷文化所遮蔽的原始观看欲望被激活。而互联网所创造的虚拟观看情境，则

① ［德］马尔库塞．单向度的人（导论）．张峰 译．重庆：重庆出版社，1988：7.

② ［美］尼古拉斯·米尔佐夫．视觉文化导论．倪伟 译．南京：江苏人民出版社，2006：04.

使得窥视更为自主和随意，有效地降低了窥视的风险性，于是传统观看行为的伦理规范便失去了约束力。对被观看者来说，视觉展示转变为一种极具个人化、自主化的行为，社会常态的理性与伦理约束逐渐被个人化的展示欲求所僭越。当私人的展示欲与资本的逐利性相契合，便会创造越来越多的视觉诱惑，于是生产者的责任很有可能被消解，消费者的品位也有可能降低。

那么该如何规避技术红利的负面影响呢？政策性的引导、规范固然重要，但只是外部因素，实现审美对内容的净化才是根本。这就需要回到技术美学维度，不仅要纠正审美和技术的失衡状态，还要实现审美对技术的超越，实现两个差异体系的可通约性。那么该如何寻找这种可通约性呢？或许我们可以从二者的本质属性层面予以回答。对技术来说，工具仅仅只是其呈现形态，从本质上讲它应是人和自然进行能量交换的产物，或者更精确地说，是人为了实现自身的目的，以诸种实践活动展开对自然的改造，以摆脱受制于自然的自在状态的产物。而审美呢？自费希特倡导实验美学以来，审美虽力图注重实验，但终究未能科学化，无论是在古典美学还是在现当代美学那里，审美都要诉诸感性实践，以丰满人性，提升人的本质为最高境界。马克思和恩格斯说过，艺术起源于劳动，而“劳动是从制造工具开始的”[①]。可见，审美和技术都是一种劳动实践，可统一在人的生命进程之下。

既然作为人的劳动实践能打通技术和审美，那么二者一定可以进一步统一在某种更为具体的劳动实践中。历史地看，这种活动就是文化。在原始技艺合一的阶段，技术与审美其实就已经统一于人类文化（文明）发展进程之中，其分裂是强制分工的产物。因此，审美与技术并不存在天然对立关系，二者统一在文化实践中。这意味着审美对技术的超越必须以文化维度为基础。具体来说，审美可以和技术形成超越性的文化间性关系，在二者相互对话、沟通和谈判中，形成对立中介的第三生成物，实现二者之间的动态平衡关系。“间性”在这里意味着承认审美和技术的差异，二者互为对方的“他者”，但二者之间并不是孤立

① 马克思恩格斯选集（第 3 卷）. 北京：人民出版社，1995：457.

存在的，不能单个地自成意义，而是在一种交往的态势中，通过对话、沟通的方式可达成视阈的融合，获得共在性、协同性、共赢性。由此出发，审美与技术的超越性的文化间性关系应当是审美和技术作为不同的文化实践，以文化作为共通属性展开交往而发生意义重组，进而实现新的意义的生成，但在这一过程中，审美将以其实现人的自由与解放的属性对技术的负面倾向进行改造，促使技术回到健康的轨道。

构建审美与技术的超越性文化间性关系可以通过审美的人文性内涵来改变和熏陶技术“霸权”，凸显年轻一代的精神状况。马尔库塞曾将进入发达工业社会之后人的状况归结为单向度的思想和行为模式，认为人的感性能力、批判意识和否定精神遭到了文化工业的载控，人们关于美好生活的理想也受到遮蔽。这一警醒虽具有意义，但从间性的角度看，今天在技术与资本的融合下，人类创造了无与伦比的高科技审美新对象与新业态，审美与技术之间相互调和、互渗，赛博空间所创造的复制性、震惊性、娱乐性的审美文化氛围正在“致中和”。年轻一代成长于此，其审美权力、审美品位和审美能力已发生重大变化。完全返回古典的审美状态已不可行。唯有在肯定技术化审美的基础上，重新发挥审美的解放作用、反冲作用，推动审美在间性基础上对技术的超越，才能获得自由的新状态、新境界。

构建审美与技术的超越性文化间性关系还是维护良好的短视频文化生态的需要。任何高科技的发明，都需要文化生态的检视，监测其是否合于人道的、伦理的、人文的共同规范，像基因测序这种高科技，就不能用于人的生育。技术审美文化产品也是如此。如果不能对社会发展和人的自由的实现产生积极的推动作用，甚至推行技术崇拜和传播三俗信息，最终不仅会影响到产业的健康发展，还会造成对技术审美化的盲目否定。目前来看，整个社会舆论对短视频已不再持盲目批判态度，而是逐步走向了包容与理解，像李子柒视频所传播的中国农村传统生活图景就产生了积极的国内外影响。正是这种创造性的平衡，才使得短视频逐步成为传播正能量，提高优质文化供给的重要途径。可见审美对技术的超越绝不是全面否定技术，而是借力技术，进而实现超越。

构建审美与技术的超越性文化间性关系更是发挥视觉审美之社会治理价值的需要。电子媒介时代，视觉文化具有强大的影响力和规训力，其社会治理价值既突出体现在视觉文化的创造性开拓，展开了人类感性的新建构——毕竟5G条件下VR/AR、3D、AI等视觉图像以人类从未有过的新、奇、特延展并深化了人类的视觉、听觉、味觉、嗅觉、触觉功能，同时又体现在它本身强大的魅力吸引了无数消费者特别是年轻一代的喜爱，从而获得巨大的经济效益。视觉审美既立足于个人的感性审美实践又立足于丰富的经济社会的物质实践，如果能将审美和技术以超越性文化间性关系进一步优化，可规避其中不良倾向，为社会治理提供了新媒介。比如，国家博物馆和南京博物馆联合开设的“抖音之旅”就将视觉审美的“无用之用”转化为了具体的审美生产力，既成功推广了传统审美文化，也满足了大众对时尚视觉文化的需求。

可见，审美对技术的文化间性超越应当成为短视频的视觉伦理与正义所在。但毕竟文化间性只是对一种关系的描述，且审美和技术只是具体的承载，因此要将其落实还需要具体的短视频审美活动参与者在观念、态度、策略等层面的转变。具体可从三个层面予以努力：

首先，要重建技术、资本、审美三者的文化间性。纵观短视频产业的成长史，技术和审美层面的支撑是基本性的，而其产生巨大的社会影响则依赖于资本介入后所进行的产业化推进。然而正是在资本逐利性的作用下，短视频消费才会急速扩张，引发乱象。如果一味地追求技术和审美的资本价值，对其产生的不良影响予以忽视，那么所带来的就不是社会的进步，而是技术依赖症的爆发与人的精神世界的退化。此外还应注意，资本所带来的异化现象其实并不在于资本本身，而在于其运行的社会经济制度。如马克思所言：“资本不是一种物，而是一种以物为中介的人和人之间的社会关系。”[①]在积极层面上看，资本的发展能带来社会关系和社会交往的进步，并创造新的社会形态，让社会中的

① 马克思恩格斯文集（第5卷）. 北京：人民出版社，2009：877.

被压迫阶级从繁重的劳动中得以身体解放，实现感性解放[①]。因此，既不能盲目排斥技术，也不能任由资本主宰，适时地将资本与技术、审美化约在文化间性关系中，实现三者的协调、平衡、互容才是关键。

其次，要以审美品位重建生产者与消费者的主体间性。这里的主体间性是互为主体的双方间的对话、交流，是一种共同参与，一种主体的分享、共享或一种共同创造。它强调相互间的投射、筹划，相互溶浸，同时它又秉有一种相互批评、相互否定、相互校正、相互调节的批判功能。尽管凭借技术优势，平台构建了主体间的一种可交互性态势，但在多数情况下真正的交互没有发生，即便有对话、交流，也因为品位的差异而没有给生产带来积极影响。在特定的意义上，是间性关系的缺失才导致了不良信息的盛行。因此，以好的审美品位重塑双方的主体间性就十分必要。阿苏利指出："好的品位给人以好的判断力以及根据不同场合做出正确回应的能力。"[②] 在工业化时代，审美品位已然成为社会和经济常态的战场，"审美，绝不再仅仅是若干艺术爱好者投机倒把的活动，也不只是触动消费者的那种无形的说服力，品位的问题涉及整个工业文明的前途和命运"。[③] 对短视频而言，以审美品位重建生产者与消费者的主体间性，就是在平衡好技术和审美需求基础上构建健康、积极、包容、美善的人文主义精神，并使其化约为生产者与消费者的共识，使其共同为短视频的健康谋利。

最后，必须郑重指出，重建上述的"文化间性"和"主体间性"还必须积极培育创作主体、消费主体、运营主体的批判精神。说到底，短视频所张扬的是感性（看）的欲望，"感性泛滥"对图像深度意义的消解以及对人的欲望的透支是主要问题。因此，如何在技术化和视觉化语境中回归理性与沉思才是解决

---

① 舒开智. 审美正义：审美资本主义时代的美学问题. 马克思主义美学研究，2017（第2期）.

② ［法］奥利维耶·阿苏利. 审美资本主义：品味的工业化. 黄琰 译. 上海：华东师范大学出版社，2013：17.

③ ［法］奥利维耶·阿苏利. 审美资本主义：品味的工业化. 黄琰 译. 上海：华东师范大学出版社，2013：09.

问题的根本。尽管短视频本身曾具有一定的叛逆和反思意义，但这种意义在喧嚣的视觉消费语境中迅速消解掉了。凯尔纳说："在媒体奇观时代，生活本身已经被电影化了，我们像制作影视作品那样来构建自己的生活。"[①] 在同质化、伪个性化的语境中无疑又极大地削弱了主体的批判精神。批判在这里不仅是对他者的批判，也是对自我的反思。短视频的健康发展不能只依赖创作、消费与运营三方的协同合作，也要重视三者之间的相互批判，如果没有批判精神，那么势必会造成品位、格调的弱化，给数字技术审美潜能的发挥带来深重的灾难。总之，数字化时代虽赋予了个人更大权力，但也要求个人为他们自己的行动以及他们所创造的世界担负起更大的责任，如果没有这个意识，技术审美文化将难以避免伦理危机。

（作者：柴冬冬）

① [美] 道格拉斯·凯尔纳．媒体奇观：当代美国社会文化透视．史安斌 译．北京：清华大学出版社，2005：06.

第十九章

IP 视频营运

——李子柒 IP 运营的盈利模式研究

网红短视频的成功生产离不开“配方”，更离不开以“配方”为核心的可持续发展的盈利模式。李子柒IP运营的竞争优势源于个性形象的精准设定，明确了内容中正面和负面的配方清单，并根据不同的媒介特点采用特色的视频生产、平台传播和电商运营这三种配方，形成了“跨平台广告分成+电商线上销售”的盈利模式。其在视频配方中充分运用配方式的跨媒介叙事方式，重构田园生活场景和人格化的主角IP，在平台传播配方中根据多维度的媒体矩阵开展产品投放，在电商运营配方中采用唯美古风融合现代语境，赢得了互联网红利。未来李子柒IP发展的问题在于，当短视频市场中的用户出现新的需求时，如何实现配方迭代。

“感谢卿订阅李子柒”，打开淘宝关注李子柒的天猫旗舰店后，用户就会收到开头这一条消息。“不负如来不负卿”，李子柒或许想传达的，不管视频或产品，都不会辜负用户的真诚期望。李子柒是美食类网红短视频的典型代表，从美拍平台起步，通过微博的流量发力，成为知名美食视频博主。李子柒天猫旗舰店于 2018 年 8 月正式上线，主打美食产品销售。李子柒的抖音号粉丝数 3124 万人，新浪微博粉丝数为 2136 万人，快手号粉丝数 445 万人，美拍粉丝数 250 万人，B 站粉丝数 300 万人，天猫平台粉丝数 283 万人[①]。其 Youtube 平台粉丝近 800 万人，视频内容引起了国际网友对中国传统文化的关注，成为文化输出的重要案例。2019 年 12 月自媒体博主“雷斯林”写下的《李子柒怎么就不是文化输出了》引发热议，李子柒成为现象级的网络事件。

李子柒的发展是网红经济火爆和 MCN 发展的缩影。2019 年，曾孵化出张大奕等知名电商网红的 MCN 公司如涵在美国纳斯达克上市，成为“中国网红电商第一股”。同年，国内 MCN 机构超过 6500 家，快手平台播放量超过 2000 亿次，点赞 60 亿次，评论 4 亿条，累计粉丝量 14 亿人，29.5% 的 MCN 机构实现了盈利[②]。2020 年短视频市场规模将突破 797 亿元[③]。

一、问题概述：“李子柒”IP 发展的局面突破

短视频行业中的 MCN 机构是重要的创意阶层。创意经济的核心是以 IP 为

① 备注：观察统计截止至 2019 年 12 月 15 日。

② 快手大数据研究院：《2019 年快手 MCN 发展报告》，2019 年 6 月 26 日。

③ 新浪微博、艾瑞咨询：《2018 年中国网红经济发展洞察报告》，2018 年 6 月 26 日。

核心的内容产业，而IP的价值创造需要通过跨媒介转化来实现，实现“系统转化、场景转化、用户转化”这三种转化[①]。作为创意阶层的重要代表，李子柒IP已经成为“法律版权和商业运营双重意义中人格化特征的形象标识”，通过特色短视频塑造了古风田园美食风格的IP，围绕特色形象进行跨媒介转化，打造了多维度品牌矩阵的商业版图。其投资方微念科技从2016年到2019年间，注册了100多个关于“李子柒”的商标，商品类别涵盖食品、服装鞋帽、染料油脂、啤酒饮料、金融物管、餐饮住宿等[②]。

（一）内容生产的问题：如何升华田园生活的日常审美？

田园牧歌，是一个浪漫的梦，真正具有诗情画意的田园生活，是要付出代价的，不付出代价的田园生活，一丁点都不浪漫，没有诗意[③]。李子柒付出了巨大的“代价”，拍摄了多达5000多条的素材，时间跨度极大，独立制作，同时经受了网络的大规模质疑。不过，李子柒设计的生活视频与我们理想的田园浪漫是高度重合的，不过这种田园浪漫的持续生产已经离不开工业化的大潮了。

中国进入现代化进程后，乡土中国的叙事变少，“破败、古老、落后”成了农村的标签，人对“土”的依恋在弱化。而李子柒的视频则打破了乡村叙事、底层物语的刻板印象——乡下，也可以超越城市，让生活更美好。以李子柒为代表的短视频创作者，提供了读懂乡土中国的年轻化渠道，这是鲜活的、张扬的，有温度又充满生命力的表达；不同于套路新闻稿，不同于场景宏大的宣传片，这种理想生活的呈现更容易被现代人所接受[④]。

---

① 桑子文、金元浦. 网络文学IP的影视转化价值评估模型研究. 清华大学学报（哲学社会科学版），2019年（第2期）.

② 范文茜:《李子柒真的火了！媒体、机构蜂拥而至，背后公司抢注百余商标》，时代周报：http://finance.ifeng. com/c/7sPLCcmd9t2，2019-12-14。

③ 张鸣:《李子柒式田园牧歌的代价》，“鸣人之声”微信公众号：https://mp.weixin.qq.com/s/sesJirRJkZIw2_lL_No3_Q，2019-12-12。

④ 范娜娜. 别急着否定李子柒 也别匆忙定义农耕生活. 中国青年报，2019-12-10.

（二）融入主流的困境：如何衔接社会主义核心价值观?

亲近自然，传播世界各国文化广泛接受的价值理念是李子柒受欢迎的重要原因。自媒体公众号“雷斯林”认为李子柒视频的核心内容是中华民族的伟大创造力和坚韧不拔的精神[①]。李子柒的作品具有浓浓的中国风，三月桃花开，她采来酿成桃花酒；五月琵琶熟，她摘来制成琵琶酥，还有养蚕、缫丝、刺绣、竹艺、木工等，无不具有鲜明的中华传统文化意象，加之视频后期制作采用低沉悠扬的传统曲风，成功塑造了一种诗意的山居生活情境。[②]其作品不是宏大叙事，而是用带有传统文化精神的日常生活去创造中华文化与世界文明对话的情境。

重人文精神，缺叙事技巧，是对外文化输出的通病。李子柒用视频重构田园生活场景，不自觉地传递了“精致的、文明的、可亲的、具有烟火气和人情味的中国形象”。这种方式是对社会主义核心价值观的完美诠释和无缝衔接。

（三）商业生存的难题：如何建立 IP 特色盈利模式?

视频内容如同“艺术产品讲究的是审美与功能，而商业讲究的是标准化生产、流程管理、成本控制、现金流回收”[③]，IP 的发展向来是重资本的商业游戏，通过流量获得视频平台广告分成打造内容爆款。这种反例有可能是“血本无归”——在平台花钱买流量、做广告、上头条，但是效果不尽人意，最后亏损。2018 年短视频 MCN 机构中 21.4% 盈亏平衡，49.1% 尚未盈利[④]。

网上与李子柒类型相似的视频博主有很多，如滇西小哥、野食小哥、森山野纪等。李子柒的盈利模式探索则相对流畅：第一步，生产并投放短视频获得

---

① 雷斯林：《李子柒怎么就不是文化输出了？》，“为你写一个故事”微信公众号：https://mp.weixin.qq.com/s/NWEEIW2ntGbjUpKUJmHf3Q，2019-12-05。

② 钟超．李子柒为何能走红海外．光明日报，2019-12-9.

③ 桑子文、金元浦．互联网 +、文化消费与艺术电商发展研究．山东大学学报（哲学社会科学版），2016（第 5 期）.

④ 快手大数据研究院：《2019 年快手 MCN 发展报告》，2019 年 6 月 26 日。

视频平台流量的支持；第二步，在优质视频形成一定的规模后，登陆其他新媒体平台，增加广告投放，扩大流量规模；第三步，吸引专业的 IP 投资方加入（微念科技的专业推广），弥补推广营销的短板；第四步，在专业团队的包装和推广中，运营电商品牌产品，扩大流量变现的通道。

不得不提的是，以微念科技为典型的非公资本代表了“中国文化产业发展中最有活力的一种市场力量，有着更强的市场敏锐度和更大的竞争活力，成为文化新业态、文化产业国际化的生力军、探路者和创新者”[①]。

（四）文化输出“附加题”：如何讲好中国故事?

李子柒是否代表中国形象？她当然不可能全面、整体地反映中国形象，但全面和整体需要的就是许许多多不同的片段所形成的生动鲜活的立体形象[②]。文化传播的目的是什么？通过中国特色的意见领袖们“带货”、实现商品输出、增加就业、提高国民福祉才是中国参与经济全球化并开展文化传播的核心目的。李子柒的成功在于抓住了用户需求、文化传播规律和内容，对于我们而言，决不能不顾用户需求作单向传播，没有目的或效果地扩大中华文化影响力。

李子柒最重要的特点是实现了经济效益与社会效益的有机统一。白岩松点评说：李子柒在面向世界的传播中，没什么口号，却有让人印象深刻的口味，更赢得了口碑；有人说，“摆拍”“假”，但除了纪录片，电影中的“假”也不妨碍触动人心；过高评价或过低质疑都不一定对，微笑着鼓掌是最好的；如果来自民间并走向世界的网红由一个变成上千个，那中国故事就有得讲了。[③]

李子柒不是通过视频制造“幸福”的假象，而是展示“幸福”的过程。我们不要给她扣上文化输出的高帽子或是强加给她“文化输出”的重任。“假”不

① 魏鹏举．多元资本对于中国现代文化市场体系的建构．清华大学学报（哲学社会科学版），2019（第 2 期）．

② 张颐武．文化传播需要更多李子柒．环球时报，2019 年 12 月第 15 版。

③ 白岩松：《李子柒这样的网红太少了》，央视新闻，2019-12-15：https://weibo.com/tv/v/IkT1asW5x?fid=1034:4449780 173045781.

能成为部分人质疑的借口，不管我们是主观或是非主观地开展文化输出，任何产品都是需要对生活日常审美进行升华，形成用户预设、场景建构和叙事设计。

二、李子柒IP生产配方定位的正面和负面清单

“配方式媒介”理论认为，大众文本的配方程式是一种“能指”和“所指”相对凝定的稳定结构，在类型自身确立时就由那个使得该类型成功的名噪一时的作品所基本奠定，该类型的大众文本就大致沿袭原有的意义指向，成为其规定意义的重复者①。新媒体时代，受大众欢迎的媒介配方是在不断创新的，李子柒定义了优质IP的“配方”，在传统大众媒介配方的传承中加以改进，舍弃了厚重滤镜下的过度美颜式审美，成功用跨媒介叙事形成了工业语境下的田园式系列配方。

李子柒通过配方式的跨媒介叙事“重构”田园生活场景，生产了特色配方的人格化IP。在2019年9月5日福布斯中国发布的最新“中国意见领袖榜”中，李子柒高居生活方式榜榜首，其竞争优势来源于她对个人形象的精准设定，她倾向于把自己打造成卡里斯玛（Charisma）般的意见领袖②。李子柒作为个人化IP，其人设特色鲜明，采摘食材、劈柴添火、上山下田、造桥搭屋等，重点打造“清新脱俗”“无所不能”的仙女形象。短视频市场中内容为王，李子柒在面临MCN机构红海竞争的情况下，打破了同质化，缓解了用户审美疲劳。

一味分析李子柒配方中“放了什么”的正面清单而不分析“没放什么”的负面清单，这会曲解她成功的原因。互联网用户是有底线和标准的，尤其在用户道德底线越来越高、个人喜好/厌恶越来越鲜明的背景下，明确“不放什么”的负面清单才能真正理解李子柒“沉默”背后的取舍。

---

① 何群．大众文本：一种配方式媒介．文艺研究，2008（第6期）．

② 满雪莹．内容型网红的传播策略研究——以李子柒为例．传播力研究，2019（第30期）．

其配方又分为隐性与显性、正面与负面的纵向与横向维度。李子柒IP顶层设计中最重要的是符合社会公德和体现正能量的社会效益配方，这种优质的社会效益配方也是其商业和品牌的长期发展驱动力。比如选题以国家提倡的中华优秀传统文化概念为切入点，符合社会公德，体现正能量。

表19.1　李子柒视频配方中的正面与负面清单

性质	配方	正面清单	负面清单
隐性	1. 社会效益	选题以国家提倡的中华优秀传统文化概念为切入点，符合社会公德，体现正能量。	炫富、假大空、恶俗内容等。
	2. 人际关系	1. 独立、单身女性的状态； 2. 定期拜访淳朴的老年村民。	多元化的朋友圈。
	3. 家庭关系	1. 照顾祖母，尽孝身前，在餐桌前一起用餐； 2. 家庭宠物（橘猫、绵羊、狗等）。	丰盛食物的摆拍，看似“其乐融融”的聚餐合影。
	4. 商业植入	没有商业植入，不做推销。	1. 商品广告； 2. 直播带货。
显性	5. 妆容服饰	1. 面容采用淡妆； 2. 穿着传统手做服装，比如冬天的红色斗篷，夏天的汉服长裙，春秋的棉布外搭等。	浓妆艳抹，性感衣着。
	6. 拍摄技巧	1. 独立拍摄，以人物中景和特写镜头为主； 2. 小清新滤镜，高明度、低饱和度、低对比度。	1. 粗糙的拍摄（大头照）； 2. 大众化的美颜滤镜。
	7. 声音语言	1. 同期声以自然音为主，声音较低； 2. 画外音为琵琶、竹笛、古琴等弹奏的古风歌曲； 3. 采集真实烹饪等生活场景音； 4. 使用四川方言。	1. 夸大其词的讲述； 2. 使用快节奏的流行音乐。
	8. 日常生活	1. 自制美食，不浪费食物； 2. 器具功能真实，如古朴用具，柴火灶台； 3. 田园生活场景切换多，如自家院子、白云远山等。	1. 与视频风格不符的器物； 2. 场景固定不变或模式化，如高楼大厦、午后小资的咖啡店。

资料来源：作者整理、绘制。

三、视频生产配方：唯美匠心田园视频，营造慢生活意境

“世界将其自身缩小成为一滴露水”，而李子柒则将日常生活浓缩为一段段视频。“问渠哪得清如许，为有源头活水来”，李子柒视频成为爆款的原因在于其对细分市场和用户需求的透彻分析。

1.“同”类问题及对应需求。视频市场问题及对应需求：随着 MCN 机构的发展，以内容猎奇、音像聒噪为核心特点的短视频成了争夺用户注意力的主力军。许多“标题党”会对文字和视频进行“断章取义”，脱离生活常态，制造冲突。短视频内容过于碎片化，商业化气息太浓，消耗了用户观赏的新鲜感，缺乏良好的社会效益。因此许多 MCN 机构也在积极改变这种现状，生产一批满足新需求的视频产品——回归传统文化，展现真实生活，升华日常生活，创造良好的社会效益；用逻辑化故事塑造正能量的 IP 人格，通过图像技巧使内容能够与用户产生共情化。

用户特点及对应需求：通过百度指数平台进行“李子柒”关键词搜索后，在 2019 年 11 月统计区间内，用户年龄集中在 20—29 岁，女性用户占主导。这一年龄段的用户特点为工作节奏快速，职业机械；背井离乡，漂泊流浪，不仅没房，甚至连城市户口都没有；城市生活压力大，社交缺失，心灵孤独。所以她们亟须“对症下药”，对应需求有三个：一是通过节奏缓慢的影像治愈生活焦虑感；二是通过场景体验寻找背井离乡后缺失的家庭温情；三是通过唯美田园，呈现钢筋水泥森林中少见的乡土气息，反哺用户对“土”的依恋。

2. 李子柒 IP 的“异”性配方。视频展现的主要形式为田园生活“声声慢”。李子柒以慢生活这一概念为内核，这类视频提醒人们在快节奏生活中，慢下来关心心灵、环境以及传统，找寻到生活的平衡点，从而提高生活质量，提升幸福感[①]。视

① 王硕、张志勇．慢生活 Vlog 传播内容分析——以微博平台 Vlogger 李子柒作品为例．新媒体研究，2019（第 19 期）．

频制作需要制作者有其自身的故事脚本，并取材与用户生活高度重合的日常琐事，以小聚大，形成审美升华。李子柒采用的配方是“此时无声胜有声”的视频解读、传统文化的服装和氛围、日常生活审美设计，并将美食制作、非遗手工艺传承等实用技能作为核心展示。

视频传递的重要观念为家庭至上。相比于大多数背井离乡的人而言，拟态环境和现实生活中的李子柒都是幸运的，在父母去世后仍可以尽孝祖母身前，陪伴祖母吃饭享受天伦之乐。田园耕作时，“晨兴理荒秽，带月荷锄归”，苦中作乐，生活悠闲。李子柒的配方是通过讲着四川方言，与祖母制作、品尝食物等场景实现陪伴，创造团圆的仪式感，实现了用户的共情，缓解城市生活的孤独。

视频致敬的民族信仰为匠人精神。观众欣赏的不仅仅是田园生活，更是李子柒视频背后的匠人精神和文化信仰。李子柒将沉淀千年的笔、墨、纸、砚全

表 19.2 李子柒 IP 的视频生产配方表

视频市场中的“同”类问题			李子柒的“异”性配方	
维度	现状	对应需求	表达技巧	配方案例
产品内容	1. 内容猎奇，音像聒噪； 2. 制造冲突，脱离生活。	1. 回归传统文化。 2. 展现真实生活。 3. 升华日常生活。	1.“此时无声胜有声”的视频解读； 2. 传统文化的服装和氛围； 3. 日常生活审美设计。	1. 讲四川方言，用与祖母品尝食物、制作食物等场景实现陪伴，创造团圆，缓解孤独； 2. 每期视频主题明确；单个视频制作的时间跨度大，部分长达一年； 3. 将美食制作、衣物漂染、手工艺传承等实用技能作为核心展示； 4. 不做外部品牌广告植入。
用户特点	1. 工作节奏快，职业机械； 2. 背井离乡，漂泊流浪，城市压力大； 3. 远离父母，社交缺失，心灵孤独。	1. 需要缓慢节奏。 2. 体验家庭温情。 3. 渴望唯美田园。	1. 尽孝身前，享受天伦之乐； 2. 田园生活耕作，慢生活节奏。	
视频内容	1. 内容碎片化； 2. 商业化太浓； 3. 缺乏知识积淀； 4. 流量明星多。	1. 主角 IP 清晰。 2. 逻辑化故事。 3. 共情化图像。	1. 完整的故事叙述逻辑； 2. 展示技艺传承来实现传统文化的物化和共情。	

资料来源：作者整理、绘制。

部浓缩在了十多分钟的视频里，她查阅了无数的资料，观看了几十部相关纪录片，仔细钻研其中的历史和工序，一遍一遍地揣摩研究，学精学透才将这个包含诚意且富有“匠人精神”的笔墨纸砚呈现在大家面前①。

视频生产的逻辑主线为和谐故事。故事为王，李子柒的每期视频主题明确，围绕美食生产，浸润传统文化，表现出人与自然、社会的和谐。其单个故事叙述的时间跨度大，部分故事长达一年。她通过亲身制作、技艺传承实现了传统文化的物化，普及了日渐消失的生活常识，达成了观众与文化的共情。这种持续的共情在商业化方面则表现为：不做外部品牌广告植入，其视频内容与销售产品保证一致的风格。

四、平台传播配方：传统文化植入跨平台矩阵，达成浏览量裂变

1.“同”类问题及对应需求。传播问题及对应需求：各大新媒体传播平台竞争异常激烈，优质内容和头部 KOL 都是稀缺品。在短视频市场中，收益渠道狭小，流量变现的方式以商业广告为主，KOL 在视频中植入广告，阅读量和转发量越大则潜在收入越大。平台以广告收入为主，与 KOL 进行收入分成，一旦部分 KOL 出现了负面信息，会极大地影响平台的广告收益。因此在国家管理越来越严格的情况下，平台更推崇正能量和主流价值观、内容符合国家法律法规的 KOL，愿意合作孵化符合平台特点的优质 KOL。

用户特点及对应需求：注意力稀缺已是定局，每个用户的 24 小时被完美切割成不同的“时间碎片”，根据不同需求消费不同的产品。在互联网用户画像中，女性是主流消费群体，更愿意参与讨论、分享，容易形成“追星”的规模效应，同时，该群体的道德和审美要求高，容易形成群体价值判断的“道德制高点”。对应的需求有三个：一是用户无法长时间保持注意力，需要更高效的碎

① 郑丽. 日版《小森林》与李子柒短视频的对比研究. 才智，2019（第 28 期）.

片化时间浏览信息；二是用户受话题驱动影响度高，需要平台持续制造话题和提问讨论，促使活跃用户自发生产内容（UGC）；三是用户道德标准高，需要完美无缺的IP人格化形象。

2. 李子柒IP的“异”性配方。传播的重要方式是打造高效媒体矩阵。李子柒针对用户注意力稀缺的特点，充分利用碎片化时间，打造全媒体传播矩阵，包括抖音、微博、快手、美拍、B站等平台。其团队聚焦用户对传统文化的兴趣，充分利用关注“古风”“美食”的文化圈层，建立“柒家人”社群，用轻松、简短、优美的文字分享进行内容传播。社交平台传播与短视频平台传播结合，国内传播渠道与海外传播渠道结合，最大限度地积聚粉丝和流量；利用微博平台转发抽奖，二次传播和口碑传播并用，MCN的助推也是其火爆全网不可或缺的动力[①]。

传播的内容定位是塑造优质IP形象。李子柒在传播中借用优秀传统文化内容，以推广、传承中国优秀的非物质文化遗产来强化IP形象，比如传统漂染文化，桑蚕文化，手擀面和兰州拉面制作，糕点工艺、胭脂眉黛工艺、造纸工艺、制鞋工艺、竹器工艺、木工工艺、蜀绣等。这种非遗元素的配方借势与国家政策高度吻合、与社会主义核心价值观高度匹配，成为独特的IP形象，提高了社会效益。

传播的核心战略是占领道德评价高点。团队基于“琴棋书画样样精通”的传统女性设定，强化当代女性价值诉求的“独立自主、勤劳能干”的女性形象，以古风、美食、仙气、技艺为特色元素，巩固其传播中人设定位，占领女性用户道德评价的高点。

传播的重要策略是注重场景区分投放。其团队根据不同的平台特点进行内容剪辑和针对性投放。投放的视频时长在不同平台有不同层次，如抖音中在1分钟、5分钟以内；新浪微博、B站和腾讯视频平台上在10分钟左右；天猫平台

① 高琴. 李子柒野食系短视频的内容生产和传播策略探析. 河北民族师范学院学报，2019（第3期）.

在 30 秒至 3 分钟不等。

表 19.3　李子柒 IP 的平台传播配方表

<table>
<tr><th colspan="3">平台传播中的“同”类问题</th><th colspan="2">李子柒的“异”性配方</th></tr>
<tr><th>维度</th><th>现状</th><th>对应需求</th><th>表达技巧</th><th>配方案例</th></tr>
<tr><td>传播平台</td><td>1. 竞争激烈，优质内容稀缺；
2. 收益渠道狭小，以广告为主；
3. 负面网红形象影响平台广告收益。</td><td>1. 合作孵化优质 KOL 和内容；
2. 推崇正能量和主流价值观，符合国家法律法规。</td><td rowspan="2">1. 选择国家推广的中华优秀传统文化内容；
2. 根据不同的平台特点进行内容剪辑后针对性投放；
3. 鼓励用户形成社群，增强黏性。</td><td rowspan="2">1. 传播非物质文化遗产；
2. 采用全媒体传播，投放视频时长分布有不同层次；
3. 运营“柒家人”的社群，鼓励 UGC 传播；
4. 不做直播带货、粉丝见面会等内容。</td></tr>
<tr><td>用户特点</td><td>1. 注意力稀缺；
2. 女性是主流群体；
3. 道德和审美要求高；
4. 互动要求更高。</td><td>1. 碎片化时间浏览信息；
2. 受话题驱动影响度高；
3.UGC 内容更活跃。</td></tr>
</table>

资料来源：作者整理、绘制。

五、电商运营配方：古风唯美融合现代语境，赢得互联网红利

1.“同”类问题及对应需求。如表 19.4 所示，电商问题及对应需求：电商主要是围绕产品制作相关视频，而非基于视频理念销售匹配 IP 人格的产品，缺乏持续消费流量；产品为工业化批量生产，忽视人文价值，产品缺乏特色不足以成为爆款。因此电商需要关注用户的精准转化，重视产品创新和用户体验，多维度实现流量变现，加强用户黏性，孵化社会效益和经济效益“齐飞”的爆款文化创意产品。

用户特点及对应需求：用户喜新厌旧程度更高，价格弹性高，对 IP 本身依赖度低；用户对产品质量和外在颜值要求较高，往往基于对 KOL 高度信任，才愿意购买；产品消费中的“情怀”权重变高。因此用户对 KOL 提出了新的需求，在关注的 IP 发展到一定规模后，能够推出满足用户情感需求的商品，

让用户能够带着情怀冲动消费 IP 的品牌商品。同时，用户对 IP 产品质量要求变高。

表 19.4　李子柒 IP 的电商运营配方表

电商运营中的“同”类问题			李子柒的“异”性配方	
维度	现状	对应需求	表达技巧	配方案例
电商特点	1. 缺乏 IP 人格的产品，缺乏持续消费流量； 2. 产品为工业化批量生产，忽视人文价值，缺乏特色不足以成为爆款。	1. 关注用户的精准转化，重视产品创新和用户体验； 2. 多维度实现流量变现，加强用户黏性，孵化爆款产品。	1. 保证引流视频与店铺商品的风格、内容的一致性； 2. 通过传统文化的图文分享加强用户黏性； 3. 商品包装精致考究，借助古风元素，契合李子柒古风美女的人设。	1. “古风风格 + 现代语境”的宣传文案，如“藕像派”； 2. 视频与商品的风格高度统一，注重产品包装的设计感； 3. 价格在用户接受范围之内； 4. 主打迎合用户快节奏生活的即食产品；推出针对女性用户的商品（豆浆、藕粉、花草茶等）。
用户画像	1. 用户价格弹性高，对 IP 本身依赖度低； 2. 用户对产品质量和外在颜值要求较高； 3. 产品消费中的“情怀”权重变高。	1.KOL 能够推出满足用户情感需求的商品，让用户能够带着情怀冲动消费 IP 的品牌商品； 2. 用户对 IP 产品质量要求变高。		

资料来源：作者整理、绘制。

2. 李子柒 IP 的“异”性配方。网红流量变现主要依靠口碑聚集人气，增强用户黏性，最后走电商之路实现变现目的[①]。有学者从索绪尔的结构主义理论层面综合分析李子柒的 79 篇短视频，发现其美食短视频在制作的时候都遵循着一个基本的文本结构：食材采集—清洗食材—食材准备—烹饪过程—成品展示—美食品尝[②]。实际上从产业链角度而言，还应该增加“平台传播—用户转化—产品购买”。

① 韩晓飞．长尾理论视域下内容型网红价值变现研究——以美食博主“李子柒”为例．新媒体研究，2019（第 12 期）．

② 高琴．李子柒野食系短视频的内容生产和传播策略探析．河北民族师范学院学报，2019（第 3 期）．

通过对天猫平台中李子柒旗舰店的数据分析，在售产品 16 款，以即食产品为主。销量最高的是柳州螺蛳粉，月度付款总人数约为 44.9 万人，相对于 283 万人的店铺关注人数，月度转化率约为 16%①。通过对用户的精准转化，李子柒把视频流量转化到天猫、京东等电商平台上，推动用户购买实体产品。2018 年天猫店铺运营至今，螺蛳粉产品销量在淘宝单品搜索中店铺排名第二位。根据统计估算（表 19.5），其月度销售额可达到 3573 余万元。

表 19.5　2019 年 11 月李子柒旗舰店销量统计②

序号	产品	单价（单位：元）	月销量（单位：万）	付款人数（单位：人）	销售额（单位：元）
1	柳州螺蛳粉	39.7	40	21.9 万	15,880,000
2	桂花藕粉	59.7	10	6.2 万	5,970,000
3	红糖姜茶	39.9	9.5	4.3 万	3,790,500
4	紫薯蒸米糕	29.9	7	3.7 万	2,093,000
5	吐司酱	39.9	4.5	2.6 万	1,795,500
6	干拌面	29.9	2.5	1.4 万	747,500
7	杏鲍菇牛肉酱	67.7	2	1 万	1,354,000
8	豆浆速溶粉	49.9	2	9943	998,000
9	火锅底料	54.9	1.5	8094	823,500
10	红豆薏米粉	59.7	1.5	8000	895,500
11	铁观音剁椒酱	39.9	0.4851	4017	193,555
12	牛肉酱	34.5	0.4434	2873	152,973
13	花雕蟹礼盒	149	0.3375	1459	502,875
14	即食擀面皮	15.9	0.3256	1189	51,770
15	长白山人参蜜	89.7	0.2411	1182	216,267

① 备注：默认付款人为关注人且为不同的用户，计算公式为“表 19.5 的付费人数总计 / 店铺关注总人数”。

② 备注：数据源自天猫旗舰店统计，截止到 2019 年 12 月 15 日；月销量在平台显示中为“+”，如“40 万 +”表示“超过 40 万份”，因无法获得精确的数据，因此略去超过的部分，仅统计“XX 万 +”中的整数数额；因退货无法统计，退货销量不计入统计中；因统计区间处于“双十一”“双十二”两个销售旺季，销量有可能存在异常。

续 表

序号	产品	单价（单位：元）	月销量（单位：万）	付款人数（单位：人）	销售额（单位：元）
16	即食燕窝	189	0.1403	534	265,167

资料来源："李子柒"天猫旗舰店统计产品名称、产品单价、月销量、付款人数，销售额根据"单价 × 销量"公式计算得出。

从营销学 4P 理论来看，李子柒旗舰店的运营在定位、产品、价格、营销等四个方面均有独特的配方。

第一，在产品定位方面，根据主导用户中女性需求倾向，推出了红豆薏米粉、姜茶、燕窝等女性滋补食品。燕窝、花雕蟹等礼盒套装满足女性用户间礼物赠送的需求。

第二，从产品内容来看，店铺产品针对现在用户生活节奏快、图方便的特点，推出多款即食食品，比如螺蛳粉、桂花藕粉、豆浆速溶粉、干拌面等。

第三，在产品价格方面，大部分产品的定价在 100 元以内。除了两款礼品价格超过 100 元，其他产品价格均在 50 元左右，皆为用户可接受的价格范围。

第四，在电商营销方面，线上销售渠道包括天猫旗舰店、京东商城、苏宁易购等，店铺设计采用古风唯美主题吸引用户，店铺风格与视频风格高度统一，唯美、治愈、清新；"微淘"界面会定时更新主题内容，主要为食品知识及传统文化的科普，店铺在潜移默化中成为传统文化传播平台，增强了用户黏性。

"嘴上说得好"并没有用，提高用户对产品的忠诚度更要把匠心聚焦在电商产品和视频产品中，不断地对跨媒介产品的配方进行创新，才能真正地传承"百年老店"为代表的中华优秀传统文化。

李子柒 IP 在经济效益与社会效益中实现了优质均衡，这在鱼龙混杂的网红群体中非常难得。未来，出于对成功范式的模仿，MCN 机构也将会孵化大量的"李子柒"，不过最难复制的是李子柒广为人知的"历经沧桑，岁月静好"的生活阅历。值得庆幸的是，李子柒根据不同的媒介特点采用特色配方，形成了

“跨平台广告分成+电商线上销售”的盈利模式。未来李子柒IP发展的问题在于，当短视频市场中的用户出现新需求时，如何实现配方迭代。

李子柒IP的配方对于探索中华优秀传统文化的传承方式具有重要意义，这些特有的配方对大众审美是一种全新的视野升级，文化繁荣的全面发展本质上离不开大众的深度参与。互联网中不乏“喷子”“杠精”对李子柒的恶意贬低，但是我们仍然要对以李子柒为代表的文化现象持有宽容的态度。我们期待多一些优质的“李子柒”，更多一批中华优秀传统文化传承者！

（作者：桑子文　陶亚亚）

第二十章

IP 影视转化

——网络文学的影视转化价值评估模型研究

网络文学IP（知识产权）的价值评估难问题一直存在，目前存在两个误区：一是对于IP价值与IP转化价值没有做出区分，混淆了“价值”与“转化价值”的概念与范围；二是尽管已有若干种价值评估体系，但是这些体系均以IP“转化后评估”为前提，更类似于IP的品牌价值评估，而非交易前的转化价值评估。网络文学IP评估的立足点应在于其跨媒介时的转化价值，而非文学作品的价值。依托经济学中交易成本理论，筛选出市场成本（跨媒介转化时的市场需求）、用户价值（用户购买力）、用户的获取成本（用户重合率和用户转化率）等核心指标，围绕市场需求、用户购买力、用户重合率、用户转化率等IP转化前考虑的核心因素，建立DPCT转化价值模型，以及动态场景的网络文学IP价格宏观评估公式。

创意经济是当前世界文化经济发展的最新趋势之一，创新创意已经成为推进全球经济与文化实践的核心动力，从文化产业走向文化创意产业，是调整经济结构、通过创意改变和提升低端制造业水平的需要。[①] 创意经济的核心是以 IP 为核心的内容产业。

Intellectual Property 简称 IP，指的是“知识产权”，泛指文化产业领域中网络小说、音乐作品、影视动漫、网络游戏等方面内容的版权。网络文学 IP 以小说为原点，在影视、游戏、动漫、音乐、话剧等泛娱乐领域多态呈现，实现了全版权、多渠道运营的产业链，实现文字阅读市场价值最大化。在金融与互联网的助力下，同类题材的影视改编能否带来同样的点击率，IP 的高投入能否带来预期的高回报，IP 剧产量是否意味着内容质量的同步增长，背后蕴藏着 IP 开发的风险以及破坏可持续发展的风险，“影视生态被破坏的风险”[②] 显著增加。

网络文学 IP 已经成为引领影视、游戏、衍生品、主题乐园等文化创意领域的重要上游产业。然而网络文学 IP 的价值评估却是难题，国内学术界大多采取对网文 IP 转换成影视后的版权进行评估的模型，但存在着明显的不足，事后评估对于 IP 转化前的交易价格并没有提出明确的交易模型。其核心问题在于混淆了 IP 价值与 IP 转化价值。IP 价值可以理解为宏观的品牌价值，而 IP 转化价值是实际交易中需要衡量的价值。大量的网文 IP 能否在转化前予以评估，这才是中国电影市场亟须的研究课题。本文试图提出一个理论化的模型来阐释网文 IP 转化前的价值评估。

网络文学 IP 的价值创造需要通过跨媒介转化来实现，实现“系统转化、场

① 金元浦．我国当前文化创意产业发展的新形态、新趋势与新问题．中国人民大学学报，2016（第 4 期）．

② 李正良、赵顺．影视业“IP 热”的冷思考．传媒观察，2016（第 1 期）．

景转化、用户转化”这三种转化。其价值评估是在每一次转化中建立指标体系，系统转化意味着产业链及产业组织转化，场景转化意味着内容生产过程中的跨媒介叙事转化，用户转化意味着多元用户的角色转化。价值与成本是共生的姐妹，这三种转化在形成转化成本的同时也带来了相应的转化价值。

一、交易成本理论：价值评估基于 IP 交易系统因子

IP 的实质就是经创作或再创作后能够迅速带来较大盈利的东西，与资本的生产与再生产有关。[①] 经济学家科斯（Ronald H. Coase）的交易成本理论在解释 IP 的影视转化主题时有着高度吻合。科斯试图解释在市场上为什么会出现一系列的企业参与价格机制的协调，而不是一大群具有专业分工的人分别签署不同的合同，参与价格拟定。[②] 在泛娱乐系统中，IP 是价格机制形成的核心载体，围绕着 IP 成熟的粉丝价值正是 IP 交易中的重要系统因子，对粉丝而言，IP 有价，情感无价。以科斯定理为重要组成的制度经济学认为，产权对于私有者具有重要的激励作用。产权不是万能药，产权的激励作用与经营主体的生存发展并不在同一维度，有了产权并不意味着市场的成熟发展，只能说产权的清晰界定是市场成熟发展的重要前提。私有者利用有形和法律证明的产权推动经济发展，科斯重视的是经营主体，忽视了消费者在供给侧中围绕 IP 进行内容创造的重要作用。消费者利用 IP 衍生的 UGC 内容（文学影视评论、视频等）形成了对产权的二次生产并已经在数字技术的支撑下形成了新的产权（如知乎网和豆瓣的影评），消费者不再是一击即中的魔弹论患者。尽管科斯及其追随者在产权形式的认识上无法覆盖所有时代的产权多元化状态，但是，其对产权为核心的经济制度的理解为我们提供了重要的基石。

---

① 杨新敏．IP 影视：概念与诉求．中国电视，2016（第 3 期）．

② 桑子文、金元浦．互联网 +、文化消费与艺术电商发展研究．山东大学学报，2016（第 5 期）．

二、IP 的影视转化的动态与静态定义

从动态的角度而言，IP 的影视转化是指以 IP 的影视产品转化为核心，通过全版权运营来最大化用户体验并实现 IP 的变现增值，从而营造可持续发展的产业生态。从静态的角度来说，IP 的影视转化是指为满足不同受众的娱乐需求、建立可持续发展的产业生态，以影视生产机构、互联网企业为代表的产业主体围绕具有娱乐与商业价值的优质 IP 为核心，开发出影视作品。网络文学 IP 的影视转化属于其中一种，还包括动漫、游戏、音乐、综艺节目等不同 IP 的影视转化。IP 影视的制作开发通常伴随着小说、娱乐节目、游戏、动漫等不同形式产品的同步开发，能够产生“忠诚度较高的核心用户群体和协同效应，提高 IP 的增值变现能力”。[①]

三、IP 转化价值的 DPCT 模型分析

文学著作权的价值就在于从一种创意到一种媒介的转化，这是从 0 到 1 的转化，接着从影视、游戏的再次转化则是从 1 到 N 的转化。网络文学由于其用户（下文中的用户包括电影观众、网文粉丝等不同类型的受众）的可评估性带来了转化价值评估的可能性。市场需求（Demand）、用户购买力（Purchase Power）、用户重合率（User Coincidence）、用户转化率（User Transformation）是转化前考虑的四个核心因素。购买力是用户可以为一个 IP 付费的基本能力，重合率是现有用户与需转化的媒介使用之间的用户重合程度。转化率是指用户从原 IP 用户和非原 IP 用户转化到新媒介用户的比例，如一方面，《三生三世十里

① 《影视制作》编辑部. 影视节目 IP 挖掘与内容孵化. 影视制作，2015（第 6 期）.

桃花》的网文 IP 粉丝转化为电影用户，另一方面，没有阅读过这部小说的用户通过若干信息渠道了解了这部小说并观看了其改编后的影视作品，后者用户占比越大，其转化的成功率越大。影视公司更加看重的是非原 IP 用户的转化率。

以网文改编为电影的转化价值为例，其四个核心因素的计算如下：

市场需求（D）可以由一定时期内特定类型题材的票房金额来表示。比如玄幻、伦理、盗墓、爱情、侦探、科幻等。比如 2015 年盗墓题材的电影总票房达到近 20 亿元。假设市场需求随着文化消费的增加而达到特定类型偏好的稳定增长。

用户购买力（P）是用户对电影或相关产品的购买能力，可以用人均 GDP 的文化消费比例来作为计算数值，用户的购买力随着年龄的增加和事业的发展呈现稳定增长。

用户重合率（C）表示网文 IP 用户的读者身份与电影观众身份的重合率。重合率越高，代表 IP 电影的受众基数越大。通过这个指标可以理解影视作品在改编中总是有忠于原著的强烈呼声。其数值可以通过市场抽样调查得出。

用户转化率（T）表示网文从原 IP 用户和非原 IP 用户的转化到电影观众的程度，这里的转化是把具有购买力用户的购买意愿最大化。其数值可以通过市场抽样调查得出。

DPCT 模型考量的是某一网文 IP 是否具有电影转化价值，在电影转化方面则是是否具有改编成电影的价值。行业关注的 IP 转化有两点，第一是 IP 是否有转化成影视的价值以及相应的价格测算，第二是网文 IP 如何开发能够实现影视价值的最大化和可持续化。

由 DPCT 模型所衍生出的电影转化价值公式为：

$$V_n=[P_{U_\ell}\times C_n\times U_{\ell_n}+\beta_n\times(U_f\times T_n-\Delta U)\times P_{U_f}]*\alpha_{D_n} \tag{1}$$

其中 n 表示“第 n 次电影转化后”，在首次转化时，n = 0，此后的转化 n = {1，2，3，……n}。每次的转化都会间隔一段时间，由于电影的制作周期，一般都会在一年或以上的时间，此处的转化是指改编电影已经上映并完成票房结算。

V 为转化价值（ Value ），可以理解为投资特定网文 IP 的电影收入。V0 为首次转化的电影价值，V1 为经过一次电影转化后的 IP 转化价值，依次类推。

l 代表的是特定的一部网络文学作品（ Internet Literature ），ℓ_n 代表在被第 n 次电影转化后的网络文学作品。f 是电影（ film ）的缩写，f_n 代表的是第 n 次转化后的电影。

U 是用户（ User ）的缩写。U_ℓ 代表的是网络文学用户数量，U_f 是电影观众的数量。为了统一表述，本文对读者、观众等不同的产品受众均用“用户”来表示。P_{U_ℓ} 和 P_{U_f} 分别代表网络文学用户的购买力和电影用户的购买力。

β_n 系数代表的是电影票房和口碑对第 n 次电影转化带来的变化率，如豆瓣评分、微博话题热度等社交口碑造成了用户的数量变化。当 IP 首次转化 n = 0 时，$\beta_0 = 1$ 。当 $0 < \beta_n < 1$ 时，意味着第 n 次转化的电影口碑较差，引发了用户流失，β_n 越接近 0 时，说明该 IP 转化的电影用户接近于全部流失的状态。当 $\beta_n = 1$ 时，意味着用户没有流失，也没有增加。当 $\beta_n > 1$ 时，表明对第 n 次电影转化的社交口碑较好，引起了用户好感度增加，带来了用户增加。

$U_f \times T_n$ 是指现有的观影人群中能够转化的 IP 电影用户数量，但是这部分数量中与网文用户的数量具有重合部分。

$\Delta U = U_f \cap U_\ell = C_n \times U_{\ell_n}$，$\alpha_{D_n}$ 代表第 n 次电影转化时电影市场对特定网文类型转化的需求指数。

假设用户都具有付费能力，网文用户与电影用户对 IP 的忠诚度不一样，电影用户受到上一轮转化中电影口碑的影响，会有流失或者增加。

电影用户可以分为三种类型 : 存量用户（可以分为两种 : 刚需用户、沉默用户），增量用户（也称潜在用户）。消费者是偏好的集合，从电影产品的消费偏好而言，存量用户的观影偏好可以简单地用观影频次来解释，观影频次越高，则偏好越强，其中刚需用户是指形成固定的电影内容偏好，沉默用户是指有观影行为，但没有形成对电影内容的特定偏好。增量用户是指没有形成观影偏好的用户，没有观影需求、特定时期内观影频次为 0 的用户。

表 20.1　电影市场中的存量用户与增量用户的比较

用户	类型	观影需求		观影频次		需求偏好	类型偏好
		影院	他屏	影院	他屏		
存量用户（Stock User）	刚需用户	有	有	高	有	场景需求强，互动需求强（发表评论、打分和电影社交需求）	对特定类型、明星存在偏好，受口碑影响强，受宣发影响弱
	沉默用户	有	有	低	有	场景需求强，互动需求弱	偏好不固定，受口碑、宣发等因素影响较强
增量用户（Increment User）	冰山上	无	有	无	有	场景需求弱，互动需求弱	有偏好
	冰山下	无	无	无	无	文化消费需求被其他娱乐方式所占据	无偏好

四、动态场景的网文 IP 价格宏观评估公式

在研究过程中，很难获得版权的实际价格，版权价格保密是业内常识。版权行业的保密并不是人为主观地设置行业壁垒，而是版权交易的多元场景决定的。比如对于网文 IP 的价格，第一，针对不同的网文撰写阶段，创意、连载中与完本的价格会有差距，完本的价格会更高。第二，根据不同类型的交易权利，电影改编权、网络剧改编权、游戏改编权等不同类型的权利转化价格会有所差异。第三，根据权利组合的内容，其交易价格会有不同，不同的权利组合会产生价格差异。第四，根据不同的交易主体规模，价格会发生变化，比如阅文集团集聚了大量的 IP，其平台为其增值，与市场中同类 IP 相比，价格更高。第五，根据不同的交易阶段，价格有所差异，比如《步步惊心》的交易价格在经过影视转化后口碑提升，IP 的价格大幅提升，新的权利价格也随之提高。第六，IP 在出口中又面临新的价格评估，根据出口市场的价格来评估 IP 价格。

表 20.2 单一网文 IP 不同场景中的价格动态

序号	场景	场景的等级（1—n）	价格（一般意义）	原因及说明
a	网文撰写的阶段	1. 创意阶段（A 价） 2. 连载中（B 价） 3. 完本（C 价） n. ……	C>B>A	完本过程中集聚的粉丝数量更多，作品的纸质出版会进入更广泛人群的视野。
b	不同类型的权利	1. 电影改编权（A 价） 2. 电视剧改编权（B 价） 3. 网络剧改编权（C 价） 4. 网络大电影改编权（D 价） 5. 话剧改编权（E 价） 6. 页面游戏改编权（F 价） 7. 手游改编权（G 价） n.……	B>A>C>D>E; G>F	根据转化后不同产品的盈利能力，盈利能力越高，权利价格越高，转化产品的价格与相应权利成正比。
c	不同层级的作家作品	1. 一级作者：（A 价） 2. 二级作者：（B 价） 3. 三级作者：（C 价） n. ……	A>B>C	作家的作品改编成功次数越多，价格越高。（也可以以作家参与编剧的能力来衡量）一级作者为影响力最大的，第二级、第三级等的影响力依次递减。作家的作品影响力越大，作品价格越高。
d	权利组合	1. 全版权（A 价） 2. 影视改编权 + 手游改编权（B 价） 3. 影视改编权 + 话剧改编权（C 价） n. ……	A>B>C	交易价格跟各个权利的价格比重有关，一般来说，权利越多，价格越高。
e	特定网文类型交易标的的影视市场波动	1. 玄幻（A 价） 2. 武侠（B 价） 3. 校园青春（C 价） 4. 家庭伦理（D 价） 5. 盗墓（E 价） 6. 后宫（F 价） n. ……	不等	根据特定年份的市场热度，市场热度越高，则价格越高，两者成正比。

续 表

序号	场景	场景的等级（1—n）	价格（一般意义）	原因及说明
f	交易主体规模（按资源丰富程度依次递减）	1. 第一梯队：（A 价） 2. 第二梯队：（B 价） 3. 第三梯队：（C 价） n. …… （游戏公司同理）	A<B<C	交易主体的资源丰富程度和转化能力与交易价格呈反比。第一梯队行业资源最为丰富，第二、第三梯队依次递减。梯队的制作能力和明星资源越多，IP 持有方能够预期未来 IP 增值的可能性越大，越愿意降低交易价格合作。
g	交易激烈程度	1. N 家公司竞标（A 价）	$A_n>A_{n-1}$	竞标主体数量越多，则交易价格越高，两者成正比。
h	转化后影视产品的交易	1. IP 影视独家播放权（A 价） 2. IP 影视非独家播放权（B 价） 3. IP 影视的二次分销权（C 价） n. ……	A>B>C	独家占有程度越高，价格越高，两者成正比。
i	交易阶段（依照权利转化的次数）	1. IP 转化为电影 n 次（A_n 价） 2. IP 转化为电视剧 n 次（B_n 价） 3. IP 转化为游戏 n 次（C_n 价） n.……	$A_n>A_{n-1}$ $B_n>B_{n-1}$ $C_n>C_{n-1}$	按照转化的次数，转化后的 IP 价格会越高，次数与价格成正比。
j	海外版权市场（按照市场级别依次排序）	1. 第一级别：欧美市场（A 价） 2. 第二级别：东南亚市场（B 价） 3. 第三级别：非洲市场（C 价） n. ……	A>B>C	市场规模和购买力越高，版权价格越高，两者成正比。
k	公司并购重组（按照公司拥有的版权规模依次递减）	1. 第一级别的公司：A 价 2. 第二级别的公司：B 价 3. 第三级别的公司：C 价 n. ……	A>B>C	公司拥有的版权规模越大、影响力越大，则其价格越高，两者成正比。

这些多元场景的叠加构成了看似复杂但简单的权重加成，根据加权平均可

以计算出其价格。（在以下两个公式中 P 代表网文 IP 价格，不同于前文中的 P 代表的用户购买力）本文暂时设定了 a—k 个不同的场景，场景内容可以根据实际情况进行增加或删减。W 为权重，W_{a_n} 表示 a_n 系列所占的权重，依次类推。n 的取值并不统一，而是根据不同场景细分下的场景等级来确定，权重主要通过专家打分来确定，也可以通过过往的交易数据来确定。

单一网文 IP 的动态场景价格评估公式为：

$$P = \frac{a_n \times W_{a_n} + b_n \times W_{b_n} + c_n \times W_{c_n} + \cdots}{W_{a_n} + W_{b_n} + W_{c_n} + \cdots} \quad (2)$$

多网文 IP 的捆绑交易是另外一种常见式，令 IPn 为任一网文 IP，n=1,2……n}，W 为任 IPn 所占组合的权重。

根公式（2）可以延伸出多个网文 IP 捆绑交易的动态场景价格评估公式：

$$P' = \frac{P_1 \times W_{IP_1} + P_2 \times W_{IP_2} + P_3 \times W_{IP_3} + \cdots}{W_{IP_1} + W_{IP_2} + W_{IP_3} + \cdots} \quad (3)$$

综上所述，网络文学 IP 评估的立足点在于其跨媒介时的转化价值，而非文学作品的价值，基于这种考虑，本文依托于制度经济学中的交易成本理论，筛选出了核心指标是市场成本（市场需求）、用户价值（用户购买力）、用户的获取成本（用户重合率和用户转化率），围绕这三个指标细分的因素建立了 DPCT 转化价值模型，同时根据交易环节中的影响因素，得出网文 IP 价格的宏观评估是基于动态场景波动的。

（作者：桑子文）

第二十一章

制造体验

——游戏设计的全景揭秘

伴随着游戏产业的发展及社会技术环境的变化，游戏成为日常生活的重要组成部分。把游戏解构为制造体验的引擎，是认识游戏的重要视角。《体验引擎：游戏设计全景揭秘》一书详细分析了游戏作为这种引擎的运行机制，指出它体现出的多种艺术和多种学科的融合魅力，以及追求简洁的可能性与紧密相关的特性。游戏产业的未来发展需要“游戏教育”，而“游戏教育”的开展是未来游戏产业应予以重视的问题。

广义上来说，游戏这种行为，或者说现象，不仅存在于人类社会中，也广泛地可见于动物之间；它不是一种近现代以来的专利，它的出现早于文化和人类文明的确立。游戏不是一种单纯的生理或心理反应，约翰·赫伊津哈（2014）在《游戏的人》中提出，游戏是一种特殊的行为方式，具有某种社会功能，某种特定的意义。

对于游戏的性质和意义，已经有不同研究领域提出了许许多多的理论和假说：有些理论认为游戏是释放过剩生命力的途径，有些认为这是一种“模仿本能”，有些提出游戏只不过是娱乐消遣和放松的需要，还有些则将它视为社会对个体进行约束的社会性演戏，以及发泄破坏性冲动和斗争欲望的替代品，或是弥补个体价值感的填充。

凡此种种，都为我们理解游戏提供了广泛的视角。

近代以来，伴随着数字技术的发展，游戏在形式和内容上的进步令人眼花缭乱。人们早已遗忘了游戏本就是人类文化中的一项重要组成部分，在此之上曾诞生过众多文明生活的形式。电子游戏尤其因为其成瘾性和血腥暴力与色情的内容而饱受诟病。

在新的时代、新的技术背景下，如果重新理解游戏？《体验引擎：游戏设计全景揭秘》一书为我们揭示了一种全新的视角。作者 Tynan Sylvester 是一名经验丰富的游戏开发者，参与过独立游戏及《生化奇兵》系列游戏在内的经典作品的开发。这本书中传达的游戏理念带有很强的技术性和行业性，我们可以从中了解到游戏开发的流程、细节和理念，但这并不是本文写作的重点，重点在于，从作者在行文中融入的对游戏的理解和感悟，为我们系统性地考察游戏的本质和它的艺术价值、文化价值提供了观察维度。

一言以概之，游戏是一种制造体验的引擎，它体现了多种艺术和多种学科的融合，在艺术性和技术性上保持了完美的融合。

一、制造体验的引擎——引擎构成

要理解这个复杂引擎的构成，需要认识几个书中涉及的专业概念。

首先是“机制”。机制就是“引导游戏运行的规则”。举例来说，在象棋中马走日字格，象走田子格就是一种机制；在电子游戏中，按下方向键，游戏角色就会移动，按下鼠标左键，游戏角色就会挥动武器，这也是一种机制。机制通常是由代码实现的，是游戏的底层逻辑。

当机制与玩家产生交互时就会产生“事件”，事件指的是“在游戏过程中发生的某件事情”。沿用上面的举例，象吃掉马，或者马吃掉象，就是一个事件；在电子游戏里游戏角色移动跳跃的过程中，它可能会落入陷阱，发出叫喊，碰到陷阱中的尖刺，血量下降——这是一系列可能发生的完整事件。

“事件必须激发某种‘情感’才有意义”，游戏中的情感是非常细碎且快速变化的，或许你的前一秒还在紧张地准备跳上某个平台，在失败跌落陷阱的时候你的心会感到紧张和沮丧，当你发现下降的血量并不多时，那种沮丧感会大大缓减，同时陷入寻找出口的迷茫，而当你发现跳出陷阱的路线时又会从专注中得到喜悦。

那么具体来说，事件是如何激发玩家的情感的呢？这中间需要有“触发器”作为中介。情感触发器是指“能够激发情感的事物或者意见”。我们有数量非常可观的情感触发器，而且有时它的组成非常复杂，有时它隐藏在潜意识之下。我们来观察几个比较常见的情感触发器，比如说学习。当我们在棋局或者解谜游戏中陷入困局，突然灵光一闪后得到领悟和知识——这将为我们带来可观的满足感和畅快感。这是因为我们学习的欲望、求知求实的欲望得到了满足。让我们观察一下动物的行为：黑猩猩在幼年时期就会使用棍棒类的物体，相互之间追逐游戏；狮子、老虎的幼崽会互相撕咬打斗，但是不会真正伤害到彼此；猴子会在林间相互嬉戏打闹，在树枝间追逐或是倒挂在树上。实际上，黑猩猩是在学习如何使用棍棒之类的工具，而老虎、狮子则可以从嬉闹中习得搏斗的技巧，而猴子的攀爬技能也在这样的游乐中得到了锻炼。人类同样如此，无论是孩童还是大人，都在各种各样的游戏中习得不同的生存技能。这也解释了为什么那些可以引导玩家进行创造的游戏，战斗的游戏——总是不会过时。

除此以外，还有许多不同的情感触发器，包括：挑战、社交、财富、音乐、美术、新技术等。一个简单易懂的例子是，人们会在聚会中玩一些暖场小游戏，这些游戏并不复杂，它的乐趣不在于游戏性或趣味性本身，而在于它为人们提供了社交和交流的渠道。这些小游戏并不需要太复杂的规则，相反，它必须保持一种简单的形式，为人们的交流和互动留出足够的空白。

在机制之外，存在着将机制虚构化、故事化的“虚构层”。如果没有虚构的情节、人物等种种设定，玩家无法和游戏产生深层次的情感连接。《动物森友会》里的小动物只是一堆数据和建模，而不是和你朝夕相伴的可爱村民；射击游戏中的击杀敌人不过是按下鼠标左键，并击中了画面中的某个柱状体，而不是得到了一次激动人心的胜利。虚构层和机制结合在一起，就可以创造出更丰富的含义和更深刻的情感体验，但是二者的完美结合非常困难，甚至时常是冲突的，这将在本文第三部分展开讨论。

游戏中的情感不是单独存在的，它们聚合在一起，连同玩家脑海中的想法和决策构成了核心概念——“体验”。提供给玩家更好的游戏，也就是提供给玩家更丰富深刻的体验，这也意味着需要控制玩家的体验节奏，以及营造一种持续不断的心流——它指的是一种“注意力高度集中的状态”。心流的维系涉及游戏的方方面面，在游戏难度和平衡性的控制上，不能让玩家长时间地陷入困境，也不能总是使他觉得过于简单；在故事情节上，要有张弛节奏；在叙事结构和人物安排上，需要持续不断地吸引玩家的注意力而不能出现太多的真空区。

最后，我们把游戏运行机制做一个简单的整理概括，如图 21.1 所示，首先，游戏设计师设计出机制并在此之上设计出虚构层的含义，当机制与玩家交互就会生产各种各样的事件，事件触发人们心中的触发器，并引发不同的情感，情感同想法、决策等交融在一起，成为一种复杂的体验。

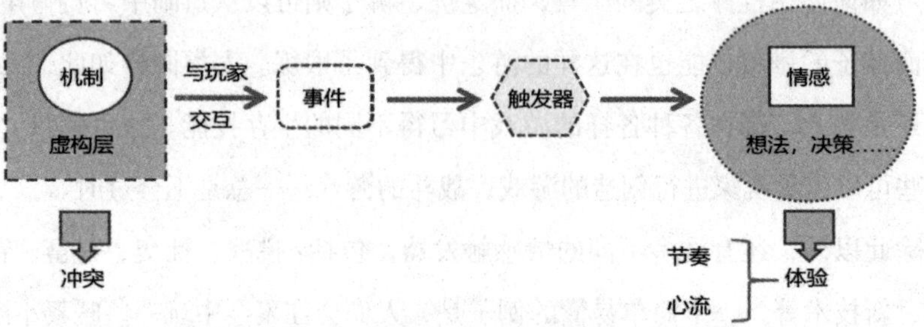

图 21.1　游戏运行机制示意图

这就是游戏作为一种体验引擎的大致运作逻辑。

二、游戏引擎：多种艺术和多种学科的融合

游戏被称为第九艺术。这并不难理解：在视觉上，游戏需要借鉴包括绘画、摄影、电影等在内的多种美学经验。人物外形、场景建构、光影和色调、整体风格的统一，过场动画也经常需要学习电影的构图和运镜。

在听觉上，游戏里不仅有大量背景音乐、主题曲等，还有众多细微的音效和白噪音。游戏中的音乐起到了非常丰富的作用，不仅需要和故事氛围及主题配合，还要能够提供给玩家沉浸式的体验。游戏中运用的音乐的艺术价值并不会比其他地方使用的音乐差，和专业的音乐工作室、音乐大师合作已经成为业界常态，游戏音乐会也并不是一个陌生的词语，许多游戏音乐会都是由专业的交响乐团来演奏的，玩家只要一听到熟悉的音乐响起，就可以立刻回忆起在游戏中经历的故事和感动；举例来说，高品质的游戏中还会区分不同天气、不同鞋子踏在不同材质的地面上发出的声音；不同的情节、不同的游戏角色出现以及不同的时间段也会配有各不相同的背景音乐。总而言之，游戏音乐确实是一门复杂精巧的艺术。

就游戏的故事性来说，凡是小说、电影、电视剧中会涉及的各种写作要素，

包括写作主题、人物设定、世界观设定、叙事结构、故事节奏，等等，都是游戏故事性需要参考的标准。就故事节奏而言，小说中常用的开端、发展、高潮、结尾这些概念在游戏中也应用广泛。当然还有更复杂的节奏曲线，需要富于变化才能抓住玩家的心。

于是，很多人会将游戏和电影，故事相比较，或者认为二者非常接近，但是这样的比喻没有抓住游戏的核心特征——交互。

游戏不像电影或小说，一旦制成，就可以安心地交给观众、读者观看或阅读。游戏是一个精巧的机器，它需要被反复调试、优化。一部电影不必担心可能会有观众错过非常精彩的核心剧情和关键信息点，但游戏不然。不同文化、不同教育背景、不同性格、不同游戏经验的玩家在面对同一个游戏的时候往往会做出非常多截然不同的选择，他可能会不小心错过一个关键的故事线，可能会因为无法理解游戏的意图而困在某一关卡处，还可能做出很多你不想让他做出的事——比如因为有趣就去试图攻击游戏内同一阵营的玩家而导致游戏陷入无解的困局，凡此种种都会使游戏的正常运作遭到破坏。因此，它需要设计人员反复地测试，需要足够多的试验者在游戏正式发售前进行试玩。因为交互是如此重要，在游戏的众多层面，包括美术、数值、决策、剧情、引导，任务设计上，都需要经历复杂的、双向的思考。

同时，游戏的故事展开也不像电影或者小说。游戏的故事性与世界观设定、线索，散落在每个角落。小说中的环境描写，在这里是视觉化、音乐化的呈现；当你来到一个村落时，从这里的人们的对话里与着装风格上、房屋建筑风格中、物品的摆放堆叠里，你就可以隐约读到一个模糊的故事。

交互也给予了玩家很大的自由度，给予了游戏故事多样的空间。因为游戏机制并不会直接地产生事件，是玩家的操作和意志给予了故事另一半的可能性。因而每个人都可以从游戏中获得独一无二的体验。

同时，游戏也体现出多种学科的交融，除去基本的数字技术、电脑编程技术，游戏还包含了许多心理学和社会学的内容。让我们关注一下触发情感的细节，心理学的研究已经向我们证明人类在很多情况下并不能分辨出自己情感的真实缘由，例如著名的危桥效应——一个人因为走在危险的吊桥上而感到心跳加速，此时他在桥上遇到一名异性，将有很大的概率对对方产生好感或爱意，这是因为他将心跳的感情误以为是心动的信号。这种情感错位也被普遍地应用在游戏中，如果希望玩家产生喜悦的感觉，可以播放欢快的音乐，或者明亮的色调，或者只是游戏中非常美丽的异性角色，玩家可能因此而感到身心愉悦，认为是游戏带来了这样的感觉，他认为自己喜欢这个游戏，但是实际上他并不能分辨出是哪个因素带来了这样的体验，并且往往会给出错误的归因。

而关于“沉浸”体验的营造，也涉及这种情绪二因素论。如何让玩家可以同游戏中的角色产生共鸣？主要分为三个步骤：首先是产生心流，使得真实世界从玩家的脑海中剥离，进入一种“忘我”的感觉。其次是唤醒，激活玩家的情绪，使其处于一种亢奋敏感的状态。最后是引入虚构层，虚构层将改造玩家的唤醒状态；如果游戏中你面临生死一线的危局，唤醒状态就会被你识别为恐惧；而如果你正在一个战争的决胜关口，这种唤醒状态则会被识别为英勇和斗志——从而使得玩家和游戏角色应该产生的情绪和状态一致，进入一种沉浸的体验。

三、分析引擎：紧密且精简的庞大机器

现代意义上的电子游戏，或许会给人一种技术取胜的印象。实际不然，技术只是一种手段或者说实现的渠道。它的背后是一台庞大而严密的机器。

怎么理解这样的“庞大而严密”？是有一个好的创意、动人的故事、高水平且有效率的技术团队，或是将这些要素整合在一起？

事实远非如此。上文已经提及，游戏机制和虚构层经常发生冲突。这种冲突体现在游戏永远只能实现真实世界中的部分真实。为什么游戏角色在游戏开头醒来总是失忆？是为了给玩家介绍操作和故事背景以提供契机；为什么有些射击游戏中的子弹永远不会耗尽，击中了敌人的要害也不会立刻使其毙命，或

是即使你中枪倒地，在一定时间后仍然可以从某处复活？这不符合常理，但非常有利于控制游戏的难度和节奏。

虚构层和游戏机制并不总是能很好地融合——当游戏设计者将游戏机制设置为按下鼠标右键，射出子弹，击中目标就可以使对方的生命值下降，但是如果你不希望某个重要的剧情角色被玩家误杀呢？是给予他不死之身，还是撤销玩家在此时的操作权限？这样的修改限制又是否会给玩家带来操作过程中的疑惑和烦躁感？当你的游戏背景是一个没有魔法也没有高科技的普通现实世界时，你就不能将诸如车辆或飞行器的移动速度设计得非常快，但是缺乏这样的速度感又会使得其他一切设想难以实现。

因此，游戏的紧密性还同时体现在游戏的各个环节，环环相扣，牵一发而动全身。《体验引擎：游戏设计全景揭秘》一书提到了一个亲身经历的开发案例：设计师在游戏中设计了一个非常关键的敌人，玩家和它的终极对决将是游戏最精彩的部分。但是此时设计师发现，只要玩家服用大量的速度药水，就可以使人物速度变得飞快，敌人无法击中玩家，玩家可以轻易地一边绕圈一边慢慢杀死敌人。这不仅让画面变得滑稽可笑，还让游戏中的高潮体验被破坏。那么应该如何解决呢？速度药水作为大量任务的奖励，如果将它去除，用金币取而代之，就可能因为玩家可拥有的金币过多，游戏物品过于易获取而出现难度大幅度降低的可能；如果将该剧情去除，就会给故事和情节设计上带来非常大的麻烦；如果选择将敌人的移动速度加快，那么没有发现这种作弊式的通关方法的玩家会觉得过于困难，同时也会给美术开发带来额外的负担。

这些都是游戏的紧密关联性所体现的地方，你需要将它视为一个整体，仔细反复地推敲。有时候你可能觉得发现了解决问题的办法，但是在几天之后发现，这个改动又给整个游戏带来了起初难以预计到的新困难。

那么，为什么说这是一台精简的机器？难道不是游戏的剧情越多，可以进行的操作越多，游戏中的人物角色越多，游戏会变得更好玩吗？

并非如此。相反，游戏机制要追求的是精简而优雅。什么叫优雅？优雅意味着用最小化的玩家理解成本和开发成本，来实现最大化的游戏效果和情感体验。因为玩家的头脑是有限的，太过庞杂困难的内容会使得绝大部分玩家望而却步，同时也要考虑到游戏开发的成本。

一个好的游戏意味着可以通过简单的交互机制催生出各种复杂的事件和体验。围棋的机制多么简单，移动棋子，吃掉棋子，但是可以创造出无数精彩的棋局和激动人心的对战。射击类游戏也是，仅仅需要简单的移动、查看和射击就可以构建出一个令人兴奋、充满策略和合作友谊的对战，并不是片面地追求“少”或者“多”，而是期望通过“少”来抵达“多”。

同时，在阅读中，我们会有这样一种感觉，游戏在自由和限制之间拉扯。一方面，希望给予玩家足够程度的自由，或是一种自由的“错觉”，你可以在游戏里经历具有个人色彩的独一无二的故事，可以做出充分体现个人价值观和意志的选择，但是同时，游戏也要限制玩家。要在暗处引导玩家、训练玩家。或是将二者结合在一起，从不自由中创造出最大程度的自由，我想这就是游戏最大的魅力所在。

四、游戏教育：产业“出圈”的重要推手

关于将游戏认识为一种体验引擎的分析，以及在它身上发掘出的多种艺术和学科的融合，上文已经有了足够多的解释，在最后我想谈一点个人感受。

首先是一种对游戏的错觉，一种对技术的盲目崇拜。实际上率先将新技术运用于游戏中的尝试很容易经历失败，因为此时技术还不成熟，甚至运用或者开发此种技术就会占掉很多别的可能资源的利用。电子游戏的技术特质或许会迷惑很多人对游戏本质的理解，我想关于体验的创造和复杂的设计魅力才是游戏区别于其他娱乐产品的地方，也是它最核心的力量。

其次是对游戏的主观价值的判断。电子游戏经历了非常长的一段时间的污名化，它和血腥暴力、成瘾堕落联系在一起。如今游戏在国内越来越普遍地受到认可和正名，涌现出一批优秀的本土工作室和设计师，电竞行业也如火如荼，

但是游戏的去罪化和科普活动还只处在起点。

怎么样才能真正地发展国内的游戏产业？怎么样才能开发出优秀的游戏作品？特别是在国内对于游戏版号加以限制，中小型游戏工作室的生存空间备受打击的当下。

我想我们需要一种游戏教育。最好的教育就是切身地去体验一款游戏，看看一款优秀的游戏是什么样的，真正的好游戏绝不是以上瘾和让你掏出更多的钱为目标。同时这种教育还需要给予大众足够多的游戏经验，学习关于游戏的基本操作常识和理念。

这样的教育确实正在进行之中，主要是通过许多游戏的普遍化流行来实现的。特别是从移动智能设备的普及以及手机端移动游戏的流行开始，游戏跨越了原本的小众圈层和年龄圈层，到达了更多人——不仅是因为它降低了设备门槛，也因为手游本身的多样风格，相对轻量化的设计和游戏难度。

最近流行的游戏《动物森友会》也达到了非常好的出圈效果。特别是，这是一款主机游戏，需要首先购买游戏机才能玩这款游戏。于是许多原本意义上的“圈外人”也为了体验这款游戏而购入游戏主机，实现了主机受众的扩大化。主机游戏未来在国内的发展前景是一个角度，另一个值得我们思考的是，游戏要怎样实现更多的突破圈层？从“动森”的流行里我们可以学到哪些？首先是，低门槛、受众广的游戏容易吸引更多的非核心受众，以及国内对于游戏社交性质的高要求，最后是突破多种兴趣圈层的爱好者也为这种流行提供了可能性。这一类爱好者具有广泛的兴趣光谱，并且在社交网络中善于并乐于传播，特别是，他们拥有“消费与生产一体”的身份。在消费文化产品的同时，也在积极地生产出符合本群体和相同价值取向群体的二次创作产品。这些特征汇总在一起，由此为概念或产品的的所谓“出圈”提供了可能性。

在此期待未来能够看到更多享受高质量作品的快乐玩家，以及为作品所感动、激励，加入游戏行业的有志者。

（作者：郭青）

第二十二章

赛博空间

——移居赛博进行时：方式、方程与方向

赛博空间（Cyberspace）是“控制论”（Cybernetics）和空间（Space）两个词汇的结合，越来越普遍指代数字化信息时代互联网中的生活和交往空间。在《赛博空间的奥德赛》中，作者穆尔敏锐地指出人类正在经历向赛博空间的“移居”，这个过程既是赛博空间向人类发起的挑战，也是人类主动选择的伟大冒险。首先，赛博空间及赛博人有其特殊的存在方式，这关系到赛博空间完全异质于现实空间的“后地理”“后历史”的本体论问题以及赛博公民的身份学问题；其次，向赛博空间的移居至少意味着人类将被两种程式所宰制，即数字与超文本的统治；最后，向赛博空间的移居提示着一个终极方向，即“超人文主义”理想的实现，但这一方向又将以传统人文价值的失落为代价，如何在二者之间做出抉择，是人类正在面临的重要拷问。

赛博（Cyber）的词源为希腊词汇 Kybernets，意为引导者、管理者，与 government 同源，现行的释义为“网络的、与计算机有关的”；赛博空间（Cyberspace）是“控制论”（Cybernetics）和空间（Space）两个词汇的结合，其作为一个联合名词，首见于加拿大作家威廉·吉布森在其 1985 年出版的科幻小说《神经漫游者》中，该小说构想了 20 世纪 90 年代的电脑网络世界，“赛博空间”这个词汇也越来越普遍地指代数字化信息时代互联网中的生活和交往空间。《奥德赛》占据《荷马史诗》的半部篇章，描述了奥德修斯在特洛伊沦陷后，返回伊萨卡岛上的王国、与妻子珀涅罗珀团聚的情节，叙事中最引人入胜的部分是奥德修斯的十年漂泊和惊人历险——这是一个英雄主义的故事，其隐喻是未知的风险、奇异的诱惑、坚韧的勇气和期待中的团聚。人类在面对赛博空间时，正如奥德修斯面对那片强大而神秘的海域，坚定与犹疑共存、加速与徘徊并置，作者之所以采用这一隐喻，正如他自己阐释的那样，人类的总体命运总是与奥德修斯的命运如出一辙。伊始于灵长类动物的进化，人类一次又一次地进行着未知的穿越之旅，而就在此刻，人类开启了向着赛博空间的进军：或许总有风浪来干扰行进的路径，终点也被重重雾霭遮蔽，但“奥德赛”本身就承载着一种伟大的希冀，或许在作者心中是存在一方“理想的彼岸”的，在他的笔下，这绝非一次悲观的旅程。

具体而言，在本书中，作者试图回答了赛博空间究竟是什么的问题，并在探讨赛博空间各种显现方式的基础上，考察赛博空间给世界、人类生活和文化带来的改变——他将赛博空间与人类社会的碰撞描述为人类的“移居赛博空间”，同时指出，“移居赛博空间”与“赛博空间对日常生活的殖民化”是携手并行的[①]——这

---

① ［荷］约斯·德·穆尔．赛博空间的奥德赛：走向虚拟本体论与人类学．麦永雄 译．桂林：广西师大出版社，2007：2.

一系列改变甚至可能构成某种颠覆，最终将构成“对我们灵与肉的渗透”[1]，面对诸种可能性与风险，人类应以怎样的态度迎接赛博空间发起的挑战，是我们每个人都应该去思考的重大课题，因为其关系着人类的终极利益。

一、存在方式：时空与身份之辨

（一）赛博空间的历史地理学

作者从“时间”和“空间”两个底层概念着手分析，撬动了对于这场奥德赛的审视的第一个机关。正如作者的敏锐感知，“空间”与“时间”是我们在日常生活中用得滚瓜烂熟的概念，然而，要是追问它们究竟是什么意思，我们常常会无言以对，赛博空间更是呈现为一种根本上不同于我们所身处的现实世界的物理形态，被异质的时空伦理牢牢统摄着。对赛博空间地理学和历史学性质的追问，关系到我们对赛博空间本质的理解。

在综述了牛顿、康德、莱布尼茨、海德格尔等先哲的时空本体论观念之后，作者如此归纳道：

“此在使事物与行动‘空间化’：它把事物与行动聚集到一起，并且使它们互为情境，此在由此解释和发现了近与远。……空间既不是客观的，也不是主观的，而是显现于我们‘在这个世界中的存在’的行动中。”（穆尔，2007：10）

“在这种诠释中，时间意味着此在所预期的可能性（而对于有限的人类生命而言，这总是意味着预期最终的可能性：死亡）。……归根结底，现在就是事物与人物的正在呈现，是此在在其空间与时间的交织关系中的遇合。”（穆尔，2007：30）

① ［荷］约斯·德·穆尔．赛博空间的奥德赛：走向虚拟本体论与人类学．麦永雄 译．桂林：广西师大出版社，2007：8.

尽管作者并未提出自己的确凿时空本体论见解，但不难窥见其人类学视角的理论倾向，他也并未将事实上早已与人类主体密不可分的时空概念视作纯粹客观的先在，而是在强调人类体验和探索的基础上理解时空本体，并以此为基底阐释赛博空间。

借时空本体论进入主题之后，虽然作者也将赛博空间描述为一个“令人惊愕的庞大网络”，称其有着“无数现存的和可能的村庄、市郊和贫民窟”，但他同时也指出以现实中存在的实体为凭据，去理解和构想赛博空间的不当之处，例如将赛博网络比喻为“电子超级高速公路”，这么做尽管便于人们快速理解赛博空间的某些特质，但同时也掩盖了赛博空间的“后地理”“后历史”的本质，正如二维世界的公民难以运用自己所在世界的符号构想出真正的三维世界，三维世界的我们也难以凭借我们所知的喻体实现对赛博空间充分而清晰的描述。乍听起来，这种说法俨然陷入一种不可知论的论调，赛博空间难为人知的神秘特性甚至可能造成人们的恐惧，但作者这种观点或许本就是为了调和当下许多人对于赛博技术信心在握的盲目乐观。且，无须因此就全然悲观，因为作者主张将赛博空间作为一种“创制可能的世界的本体论机器”来加以理解，这也就意味着，虽然本体难以被抽象描述，但人类可以在探索中逐步获知那些与人类相关的具体的“可能性”，对其加以判断，甚至在实践中学习。当然，判断或实践过程必须是谨慎且经过反复论证的。

作者进一步阐释，超越我们日常生活发生于其中的地理空间或历史时间，作为后地理、后历史本体的赛博空间不是孤立存在的，而是创造出与我们日常生活几乎所有方面的杂交关系。这一点，想必每个当代人都深有体会，一方面，人类正在一寸寸地移居赛博空间，另一方面，赛博空间早在潜移默化中对现实生活展开了深入殖民。除去一些老生常谈的话题，最近发生的一桩较为有趣的案例是 RSF 组织在高自由度的沙盒游戏《我的世界（Minecraft）》中建造了一座“未经审查的图书馆”，这座赛博建筑物不仅有着不逊色于真实建筑物的精巧设计和宏伟外观，而且其收录了数百本在现实中“被禁止的著作”，这个案例一方面恰如其分地佐证了赛博与现实的深度交汇，另一方面也巧妙地揭示出赛博空间与现实的“缝隙”，既是赛博空间强大潜能的充分展示，也构成了一次对未及的权力的挑衅。

（二）赛博公民的身份学

赛博空间后地理、后历史的本质解答了赛博空间的本体问题，接下来的重要议题是——人类在赛博空间中是以何种方式存在的？

首先，探讨赛博空间的身份议题，自然绕不过人类精神与肉体的关系问题，不仅仅限于作者的论述，诸多探讨赛博空间的研究都提到，赛博空间中的身份可以不再“具身”，即不再需要依托于身体，一些乐观的说法认为这是将赛博公民从“肉体的牢狱”中解放了出来，具有自由与解放的内涵。作者并未否认这一点，但他同时也准确地指出了身体对于现存形式的人类（强调“现存”是因为未来人类可能完全抛弃身体）而言的不可磨灭的意义，或许可以被描述为——“身体”会在人类的精神上打上深刻的烙印，“没有肉体的思考和意识实际上是不可能的”。这么说是因为，个体的思想很大程度上是基于肉体的体验和经历形成的，具有不同肉身的人对一件事物的看法、评价和关切可能截然不同，因此，“身体是构成我们身份认同的主要部分”，进而形成了我们身份认同的相对稳定的“港湾”[①]。这也就意味着，一个现实人在移居赛博空间时很难完全摆脱自己的原生身份。

但赛博人又绝非稳定现实人的数字复刻。现代以来，传统的共同体式微，与共同体联结日渐松散的个人的身份核心也发生了弥散，换言之，个人和文化身份不再像曾经那样牢固，而是充满了多样性、重叠性并不断流动，一个个体可能同时拥有多种身份，也可能今天有着与昨天不同的自我身份认同。作者指出，在这种身份认同的转型过程中，信息与传播技术扮演了至关重要的角色，赛博空间则是这种身份重组的重要发生场域。一方面，互联网给了人们“身份嬉戏”的机会，从而使我们有可能将自己从原有的政治身份（性别、种族等）

① ［荷］约斯·德·穆尔．赛博空间的奥德赛：走向虚拟本体论与人类学．麦永雄 译．桂林：广西师大出版社，2007：166.

中解放出来，或者可以去“表演”一个理想中的自我形象——这当然有着充分的积极含义，但这无疑也意味着“我”的不稳定，甚至引发“自我主体存在与否”的揪心疑问。在这里，作者揭示出两种互相排斥的对立立场，一种是将主体视为不变的实体，另一种是后现代对于存在于无意识的肉体性和意识主体的“消解”，人类很难在二者之间做出选择，因为无论哪种都是“毫无结果”的。但就文本分析，作者的天平依然有所倾向，他援引利科的观点为赛博空间中的身份“消解”趋势进行辩护，指出身份原本就并非一种恒定的事实，即便在日常生活中，我们也总是“正在建构”。另一方面，赛博空间的媒介叙事也在不断塑造着身份认同，这导致了身份建构的“不和谐”——没有一个完整统一的故事足以完全表现赛博公民碎片一般的存在，这种激进的身份消解依然是两面性的，这或许是某种“病态”，或许不是，作者的观点更偏向乐观，认为“发展多种人格是面对信息社会的社会文化生活的变化做出的一种正常而健康的回应”①。或许人们现在该考虑的是——如何去适应现行的身份改变。

同时，赛博身份还有一条重要贡献，是作者未在论述中提及的，即赛博空间中看似碎片化的身份认同并非仅仅导向身份的消解，也常常借由共同情感和兴趣联结实现“趣缘共同体”和自我身份的重构，尽管这种共同体有时是脆弱的，但其的确对“我是谁”这个问题做出了新的、有效的回答。

二、预设方程：数字统治与超文本

（一）数字世界观及方法论

赛博空间是以数字技术和信息技术建构而成的后地理、后历史所在，发展

① ［荷］约斯·德·穆尔. 赛博空间的奥德赛：走向虚拟本体论与人类学. 麦永雄 译. 桂林：广西师大出版社，2007：187.

至今，它早已不单纯是一个静待人们“使用”的工具系统，而成了人们的栖居空间和迁徙定位。根据麦克卢汉所言称的“媒介即讯息”，某一特定时期的传播方式会影响人们的理解现实的方式与逻辑，与之相应，赛博空间的数字逻辑正在将人类的思维、行为、交流规范为某种特定的类型，进而引起事物模式变化和尺度变化，向整个文化传递讯息。直白而言，赛博空间正在彻底改变人们的生活，重塑人们的世界观和行动方法论。与赛博空间相匹配的、数字统治下的世界观被作者命名为“信息论的世界观”，他如此阐释道：

“首先，‘信息论的世界观’的表述说明了可以在字面意义上把物质世界视为一种信息处理机器……第二种含义……的前提是可编程性假定，信息论世界观的解释不再意味着人类要借助原子元素与规律，而是意味着能够编写电脑程序，从而对需要解释的对象加以模拟。”

“……这就导向了可以称之为信息论世界观的第三种含义，……信息科学可以视为模态科学，其关涉的重点不是什么是现实的问题，而是现实如何可能的问题。从根本上说，模态科学——与现代艺术之间形成了一种有趣的对应关系——已不再是以模仿自然为目标，而是要创造新的自然。”（穆尔，2007：120）

作者在此实质上再次强调了其对赛博空间“创制可能的世界的本体论机器”的认定，这既是一种总结，也是一种预示，因为人类向赛博空间的移居正在路上，赛博空间内的确正在生成新的自然，诸多“高楼大厦”已被建立，未来还将出现更多未知的形态。或许人类向赛博空间的跑步前进只需要一两个契机——此次突发疫情带来的生活方式的迅猛转变就是有力的佐证，从日常购物到生产和教育，从休闲娱乐到“云”出行观展，疫情迫使我们不得不从“地上”移居“云上”。这种转变或许在一开始是令人极为不适应的，但现实是不少人已经逐渐适应了这种转变，人类社会也在这种新的规则下运转了起来，可以预见，尽管人类不会在一夜之间彻底完成向赛博空间的移居，但数字统治力的不断强化已是不可逆转的大势，赛博规则将在人类社会的地图上不断叠加它的烙印。譬如在这次疫情结束之后，人们或许会后知后觉地发现，一些曾经的生活方式已经被彻底改变了。

（二）文化数字化趋势下的超文本

数字化向人类社会的全面扩张不仅带来了世界观和实践方法的改变，同时也带来了“文化数字化”。在作者的论述中，文化数字化并非简单地指信息技术影响了电影和文学等标准文化形式，而是形成了一种关涉各种艺术乃至整个文化的发展态势——几乎在所有艺术形式中，电脑对传统艺术作品的生产、流通和消费都具有重要的意义，甚至在作者写下《赛博空间的奥德赛》十几年后的今天，电脑（人工智能）本身已经成为独立生产“艺术作品”的原创工作者，其才华几乎不逊色于杰出的人类。

作者将数字艺术构成法则的产物称为“超文本”，易言之即具有高能的多媒体性的文本，在超文本的世界中，参与者得以在静观、聆听、阅读、沉浸等综合感官体验当中不断体验穿越和颠覆。如同波德里亚、德波等学者敏锐发现的那样，作者也强调了类似的观点：后现代超文本并非对所有感官要素一视同仁，文字正在让位给声音与图像，我们正在经历由书写文化向视觉文化的转型。但作者也通过反向思维进一步阐释了另一个观点，即超文本也可以视作文本对电视的最终复仇，因为图像与声音是从属于书写文本的规则特征的——不过在我看来，这种阐释在铺天盖地的图像与景观冲击下，无论如何都显得苍白，即便超文本依然保留书写的特征，那种联系也十分孱弱，更谈不上影像的“臣服”，在从影像到影像的不断跃迁中，有一件事是确凿无疑的，那便是我们正在经历书写文化的断裂，进而引发的严重后果，是大众线性文字逻辑思考能力的滑坡。

除了多媒体性，作者还论述了超文本的两个关键特征，即互动性和虚拟性。这两个特征对当下的读者而言已不再陌生，较为有意义的是作者对互动性的创见。首先，他充分肯定了超文本互动性的价值，指出互动性数字艺术品有实现“新小说及新浪潮作家和导演梦寐以求的理想”的潜能，此处的“理想”指的是，将观众们从“好莱坞式”的预设叙事程式当中解放出来，并激励他们成为“积极的参与者”——以游戏为代表的赛博文本突出展现了这一潜质。进而，他对赛博的互动性文本破坏了作者的原创权力和艺术灵韵等观点提出了有力反击：一方面，互动性的文本对原创作者提出了新的要求，使艺术创造变成了一种“元行为”，对艺术家的抽象能力和空间穿透能力要求极高，换言之，互动性文本并不意味着带来“艺术格调的降低”；另一方面，在真正采用互动性传媒的情况下，观众通过多方面干预，创造出的是一种新型的“灵韵”，这种摹本不仅仅是某个原作的复制品，而且也是一种独一无二的创造，任何摹本在观众独立个体的参与下都成为一种“原作”，这种意义令人感到惊喜。

三、前进方向：技术与人文之间

在论述的尾声部分，作者向读者提示了一种可能的前进方向，即人类以抛弃人类身体为代价向赛博空间的彻底移居——这正是“超人文主义”的理想——日新月异的技术已经明示我们这种构想并非纯粹的妄言。但在此处，传统的人文主义价值与超人文主义理想发生了激烈冲突，无须怀疑这两种理念都尊重人类价值，其终极目的是为了人类整体可以向“善”发展，但它们的实现路径大相径庭，其关键差异在于，超人文主义不像传统的人文主义那样“把诸如生物学生命寿限这样的局限性当作是‘自然的’因而是‘好的’东西来加以接受”[①]，他们认为科技进步并非一种威胁，而是使世界更适宜生存并拓展我们疆界的一种方式——这种观点在传统人文主义者眼中自然是离经叛道的，超人文主义者也因而被批判为更加虚无主义，且威胁了人文主义，诸如理性与主体自主性的核心理念。在这个议题上，如前述议题一致，作者并不显得那么保守，他用了不少篇幅替超人文主义辩驳并阐释其正面价值：

① ［荷］约斯·德·穆尔．赛博空间的奥德赛：走向虚拟本体论与人类学．麦永雄 译．桂林：广西师大出版社，2007：239.

“按照莫拉维克的观点，人类思维的这种轮回的性质，使得人具有潜在的永恒性，也就是说，通过创造出人类思维的诸多备份，即便人造身体已遭受毁坏，我们的意识也不会消亡。……我们无器官的身体会比有器官的身体能更好地适应其他星球的生存条件，况且，我们还能通过（无线）电脑网络超速传输我们的思维，然后将之下载到另一个目标身体中。我们还能另行自我复制……这些复制人将很快地获得一种独立的生命历史。”

“在这种转型过程中，我们无疑将会丧失人类的某些特性。而这恰恰吻合了超人文主义者最终的企盼——创造一种后人类的生活模式。从这个意义上说，超人文主义并不是仅仅超越了人文主义，它还超越了人类本身。”

作者描述的这种“未来”既令人战栗，又令人迷惘；既令人振奋，又令人恐惧。作者也反复提醒，不应将这种构想仅仅当成一种科幻设定文本来随意处置，必须慎之又慎地仔细思考并保持警醒。

所幸人类还没有走到必须做出抉择的关键时刻，我们尚有时间去更新体验和深入思考。或许有二个前置议题需要被考虑：

一是“意义”问题。即便我们假设技术早晚能实现超人文主义的构想，但有什么理由促使我们一定要这样做呢？当人类没有了身体，我们的感知系统也会经历彻底的颠覆，那么我们宝贵的情感和人性还能始终如一吗？正如作者的提问——“当你和所有你认识的人不复存在时，人类种族的持续存在的问题真的还会使你感兴趣吗？”以及“生命的绵延不绝以致永恒，难道不会导向同一性的永恒回归，导致无根由的厌倦吗？”以及我的提问——当身体的享受与痛苦都不再存在，“死亡”对于人类而言还会是一桩困难的决定吗？

二是“权力”问题。如果赛博空间和技术“身体”不能真正实现众生平等的乌托邦，那么留存和复制哪些意识、永久删除哪些意识，就成了一个选择问题、一个需要设立优先级的问题，而那些被彻底删除意识，也将永远无权拥有“墓碑”——这似乎有些可悲，但同时又似乎只是传统人文主义保守观点的无谓低语。

在这个终极议题上，作者在乐观与悲观之间犹疑，读者也深受这种节奏的影响——或许是因为奥德赛本身就是既喜又悲、前路未知的伟大冒险，人类已经在类似的冒险中行进了数百万年，确无道理此刻开始畏缩不前。人类强大，强大在拥有智慧和韧性去努力把握奥德赛的进程，在审判降临之前为体验新的生命形式进行一定的准备；人类弱小，弱小在人类意志或许并不能转移生命形式进化的历程。

（作者：刘子晗）

第二十三章

个性化推荐

——微信“看一看”内容推荐平台引发的文化管理思考

微信“看一看”是基于算法推荐技术的个性化内容推荐平台，运营模式上以“社交推荐＋算法推荐”为主。微信“看一看”提升了推荐内容的质量与多样性，在一定程度上改善了“信息茧房”和“过滤气泡”问题，具有更全面的理性维度，弥补了推荐算法中的价值理性缺失。但是，微信“看一看”也存在着社交推荐模式难以复制，侵犯个人隐私，未能从根本上克服“信息茧房”与“过滤气泡”的局限等问题。破解这些问题，需要从提升全社会的媒介素养、加强平台监管、倡导人文精神等层面对微信“看一看”的理性发展予以引导。

随着算法推荐技术在信息时代的广泛应用，个性化内容推荐平台为人们精准提供定制信息，在高效快捷的同时也引发了一些问题。"看一看"作为微信推出的个性化内容推荐平台，创新性地将社交推荐与算法推荐两种模式优化、融合，是一次全新的探索与尝试。

一、个性化内容推荐平台的现状与问题

（一）个性化内容推荐平台简介

随着计算机与互联网的使用和普及，信息对人类社会的影响力不断提升，信息量、信息处理速度、信息传播速度呈几何级数的增长态势，使信息超过了个人所能接受、处理或有效利用的范围，造成了"信息过载（Information Overload）"问题。为此，基于算法的个性化内容推荐平台应运而生，成为信息时代人们获取信息的重要渠道。

个性化内容推荐平台以推荐系统为基础，利用数据来预测系统用户潜在的喜好和兴趣，然后将个性化推荐对象的清单推送给用户。当用户在该平台浏览信息时，系统将获得用户的基本信息、浏览记录、互动行为等数据，并在此基础上运用算法来进行信息的调取、过滤、聚合与分发，从而实现向用户推送"定制化信息"的功能，满足用户在信息爆炸时代下浏览信息的个性化需求。

（二）国内个性化内容推荐平台现状

据 2017 年 6 月易观数据发布的《中国移动互联网网民行为分析》显示，

2016年中国信息市场出现算法推送方式超越人工推送的现象，并呈现占比提高、增速加快的趋势。[①] 在如今国内众多的个性化内容推荐平台中，今日头条具有领先的技术优势，以算法推荐技术为其核心竞争力，形成了“千人千面”的内容推荐，获得极强的用户黏性，占据了较高的市场份额，成为个性化内容推荐平台的典型代表。与之相似的还有ZAKER新闻客户端等。而在个性化内容推荐平台越发呈现出与算法融合的发展趋势下，作为“国民超级App”的社交软件微信则创新性地推出了自己的个性化内容推荐平台——“看一看”。

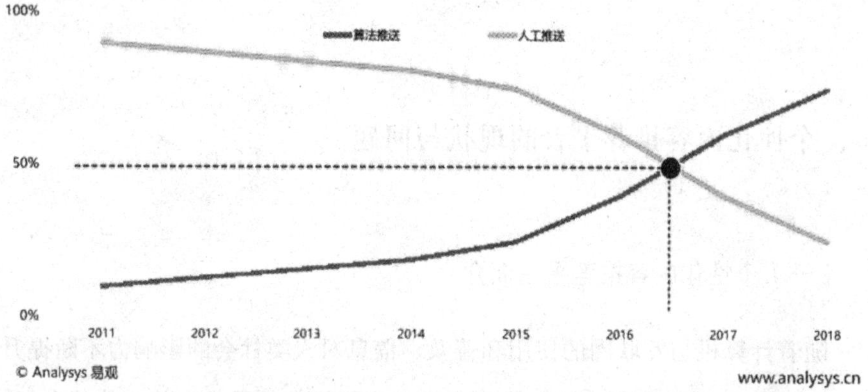

图 23.1 资讯信息分发市场内容推送百分比

（三）个性化内容推荐平台存在的问题

1.“过滤气泡”与“信息茧房”

“过滤气泡”最早由伊莱·帕里泽（Eli Pariser）提出，指人们在网上所处的信息世界其实是由推荐算法作为一种个性化的过滤器而为用户构造出的个人化的独特环境。由于推荐算法的广泛使用，这种由被过滤的信息所组成的体系甚至在一定程度上被用户认作客观事实。帕里泽曾言：“互联网向我们展示了它

① 易观数据．中国移动互联网网民行为分析．（2017-06-06）[2019-11-06]．https://www.analysys.cn/article/analysis/detail/1000785.

认为我们想看到的世界，但不一定是我们需要看到的世界。"[①] 例如，当算法推荐系统根据大数据判断出的用户思想倾向来推荐某事件的相关新闻时，常会"投其所好"——向用户呈现接近其所持立场的新闻信息，过滤掉那些与其观点相悖的信息，让用户误以为所获取的内容即是真相，使其活在一个个"过滤气泡"之中。

"信息茧房"是凯斯·桑斯坦（Cass R. Sunstein）在《信息乌托邦：众人如何生产知识》一书中提出的概念，指信息传播中，因公众自身的信息需求并非全方位的，公众只注意自己选择的东西和使自己愉悦的通讯领域，久而久之，会将自身桎梏于像蚕茧一般的"茧房"中。[②] 信息世界是广泛而交互的，置身于不同信息之下，涉猎不同领域、倾听各种声音，是人类实现自我完善和不断提升的重要途径。然而，当个性化推荐系统广泛运用于信息平台时，用户所获得的"私人定制"信息则以个性化的名义背离了信息世界的多元化信息传播方式，使用户在一定程度上自我设限。用户长期浏览系统个性化推荐的信息，逐渐将自己包裹在经算法精确过滤后的单一化信息体系之中，最终陷入了"信息茧房"效应。

当人们在"过滤气泡"所营造出的世界中不断获取由推荐算法量身定制的信息，就会持续强化自我意识，陷入"信息茧房"；同时，由于"信息茧房"的存在，用户不断固化自身的思想意识领域，从而进一步加强了推荐算法对信息的过滤作用，加剧了"过滤气泡"效应。

2. 缺乏价值理性引导

价值观是基于人的一定的思维感官而做出的认知、理解、判断或抉择，是人认定事物、辨定是非的一种思维取向。价值观建立在对价值认知的基础之上，而价值认知来源于对现实社会的认知。当今时代，网上浏览信息是人们通过思维感官对世界的重要认知过程，势必会影响用户的价值认知，进而对用户的价值观产生影响。而与此同时，价值观又在思维层面影响人们对客体的认知判断，

---

① Bianca Bosker（Mar.7, 2011）. Facebook, Google Giving Us Information Junk Food, Eli Pariser Warns.Retrieved Jan.19, 2018 fromThe Huffington Post, https://www.huffingtonpost.com/2011/03/07/eli-pariser-facebook-google-ted_n_832198.html.

② 梁锋．信息茧房．新闻前哨，2013（第1期）．

使人们产生富有价值意义的理性思考和决策。

马克思·韦伯（Max Weber）通过理性二分法将理性分解为价值（合）理性和工具（合）理性两个思想维度，并赋予其解释社会现象的功能。[①] 个性化推荐系统为用户匹配了一套符合其兴趣和观念的信息流体系，充分体现了推荐算法的工具理性。然而，工具理性并不具备判断价值观正确与否的能力——由于价值理性的缺失，推荐算法只能机械性地根据用户的历史行为数据来为其推荐信息。如今社会上充斥着许多低级庸俗的趣味，而这种趣味往往具有较强的娱乐性，一旦用户表现出对该类信息的喜好倾向，系统的推荐算法就将不断为其推送同类型的信息，这将影响和固化用户的价值观，导致恶性循环的形成，严重危害社会风气，最终使人迷失正确的价值追求。

二、微信“看一看”模式分析

（一）“看一看”的推出

2018 年 12 月 21 日，微信 7.0.0 版本上线，在更新说明中告知用户“可以在‘看一看’里浏览朋友认为好看的文章”。由此，“看一看”被正式推出，共划分为“好看”与“精选”两栏；微信推文底部右下角的“点赞”亦正式变更为“好看”。用户若对一篇文章点击“好看”，即可一键将其分享至“看一看”中；与此同时，用户还可直接在“看一看”的“好看”一栏浏览好友点击“好看”的文章。

2019 年 3 月 14 日，原本位于推文底部右下角的“好看”变更为“在看”，“看一看”Tab 栏的“好看”变更为“朋友在看”。

2019 年 4 月至 5 月，微信陆续对 Android 与 IOS 用户开放 7.0.4 版本，在

① ［德］马克思·韦伯．经济与社会．北京：商务印书馆，1997：57.

“看一看”中新添加了个人中心，用户可在此处设置“不看他（她）”，即不看指定好友的“在看”内容；还可设置“不让他（她）看”，即不让指定好友查看自己的“在看”内容。“看一看”终于演变为如今的形态。

（二）“看一看”的内容推荐模式

1. 基本模式：社交推荐 + 算法推荐

“看一看”作为微信的个性化内容推荐平台，分为“朋友在看”与“精选”两栏，而这两栏的内容推荐机制事实上是基于不同的原理。“朋友在看”以社交推荐的形式为主，所推荐的内容主要为朋友点击“在看”或多数朋友看过的推送文章；“精选”则主要以算法推荐为主，基于智能算法来向用户进行内容的个性化推荐。

2. 社交推荐为一大亮点

毋庸置疑，“朋友在看”一栏的社交推荐型信息流是“看一看”有别于其他算法推荐型信息流的一大突出亮点。社交推荐与算法推荐存在本质的不同，因为用户所看到的推荐内容不再与算法相关，而纯粹是好友推荐的结果。美国社会心理学家库尔特·卢因（Kurt Lewin）曾提出“把关人”理论，对应当今盛行个性化算法推荐的时代，可发现机器事实上充当了新时代的内容把关人。因而“看一看”的社交推荐模式基于人（微信好友）来对内容信息进行把关，在本质上其实是人作为“把关人”的回归，具有鲜明的启示意义与实践价值。

3. 算法推荐的创新之处

在如今众多基于 YouTube DNN、DeepFM 等模型的内容推荐情境中，相较于头部内容越来越受欢迎的趋势，许多优质的“长尾内容”如运营新闻专题、冷门类目精品等则常由于缺乏相关行为特征而难以获得及时的曝光与高效的投放。针对当前这一越发严重的“马太效应”，微信内部研发团队人员 Yudan Liu 等人在 Look-alike 算法的基础上提出了一种全新的 RALM（Real-time Attention based Look-alike Model）模型。该模型是目前已知的第一个将 Look-alike 算法用于实时资讯推荐系统的模型，它创新性地通过 User Representation Learning 表达种子用户的兴趣状态，通过 Look-alike learning 学习种子用户群体信息及目标用户与种子用户群体的相似性，从而实现了实时且高效的受众用户扩展和内容触达（模型框架如图 23.2 所示）。[①]RALM 模型实现了实时的用户扩展，无须对每条资讯（Item）重新建立模型，即可让资讯第一时间抵达受众；改善了内容推荐的现状，使用户阅读的质量与广度显著上升。其现已成功部署入"看一看"的内容推荐系统。

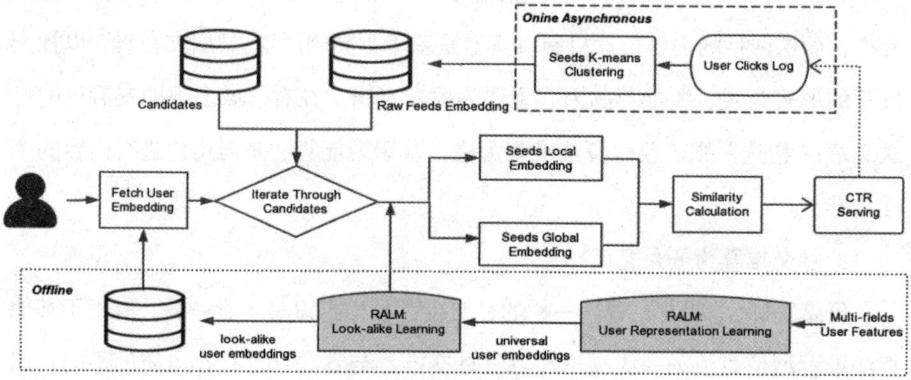

图 23.2 RALM 模型架构图

"看一看"新引入了社交推荐模式，使"把关人"之位重归于人；对算法模型进行突破，使更多优质的"长尾内容"及时、高效地触达用户——二者各有优势，彼此互补，皆是为解决"过滤气泡"与"信息茧房"问题而进行的创新探索。

（三）"看一看"的用户使用情况

2019 年 4 月，清博大数据发布了一项数据分析报告，对 2018 年 3 月—2019 年 3 月清博指数 TOP1000 微信公众号的相关数据情况进行了统计分析，清晰地呈现了近一年微信用户使用微信公众号情况的变化趋势。[②]

① Liu Y, Ge K, Zhang X, et al. Real-time Attention Based Look-alike Model for Recommender System[J]. 2019.

② 清博大数据. 从"点赞"到"好看"再到"在看"，微信公号到底变了什么 .（2019-04-12）[2019-11-06]. http://home.gsdata.cn/news-report/articles/2685.html.

1. 阅读量变化情况

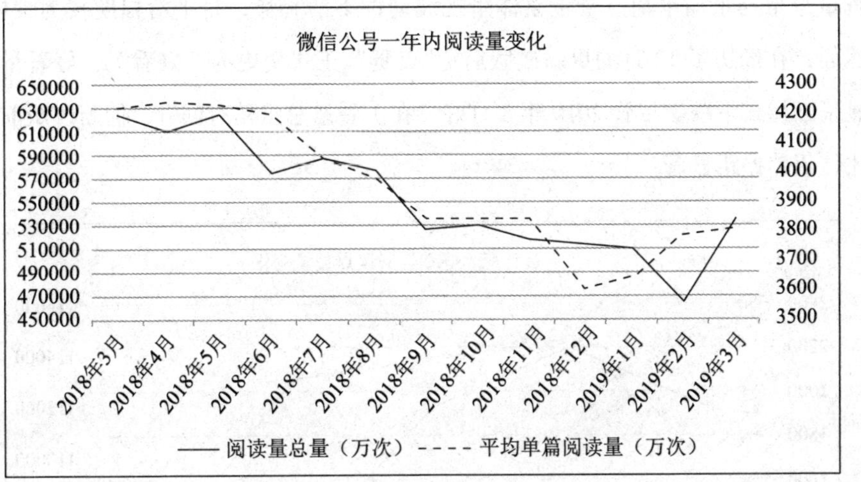

图 23.3　微信公众号一年内阅读量变化

由图 23.3 可知，2018 年 3 月—2019 年 3 月清博指数 TOP1000 微信公众号阅读量总量与平均单篇阅读量整体皆呈先降后升趋势，阅读总量于 2019 年 2 月达到最低点，而后开始上涨；平均单篇阅读量于 2018 年 12 月达到最低点，此后逐渐上涨。

2. 点赞 / 好看 / 在看量变化情况

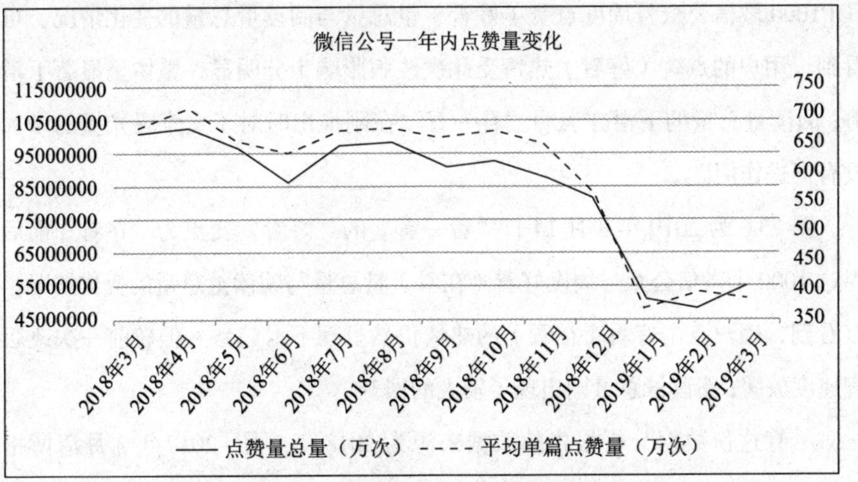

图 23.4　微信公众号一年内点赞量变化

由图 23.4 可知，2018 年 3 月—2019 年 3 月这 1000 个微信公众号的月度点赞量总量与平均单篇点赞量整体呈现波动性下滑趋势，且下滑幅度较为缓慢。然而，在经历了 12 月的更新改版后（“点赞”正式变更为“好看”），好看量明显呈断崖式下跌。尽管 2019 年 3 月好（在）看量总量稍有回升，但与改版前相比，仍然差距显著。

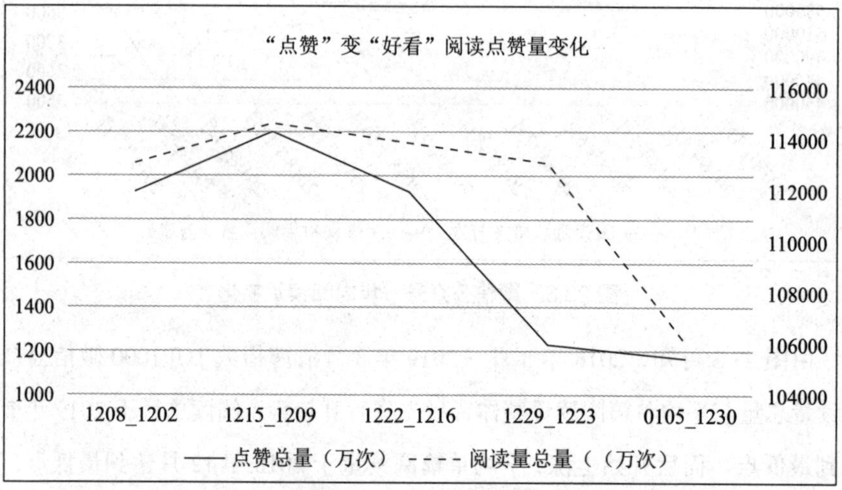

图 23.5 “点赞”变“好看”阅读量、点赞量变化

图 23.5 为 2018 年 12 月 21 日“看一看”正式推出前后两周清博指数 TOP1000 微信公众号周度点赞（好看）量总量与阅读量总量的变化情况。可以看到，用户的点赞（好看）热情受此次改版影响十分明显，整体呈显著下滑趋势；阅读量总量的下滑亦表明“看一看”在刚推出时对于文章曝光量的增加并没有促进作用。

图 23.6 为 2019 年 3 月 14 日“看一看”的“好看”变更为“在看”前后两周这 1000 个微信公众号周度好看（在看）量总量与阅读量总量的变化情况。可以看到，用户点击好看（在看）的热情仍然呈现下滑趋势，但较前一次改版而言速度放缓；阅读量总量则出现了较大的回升。

尽管这份数据分析报告的数据来源为 2018 年 3 月 –2019 年 3 月清博指数 TOP1000 微信公众号，但仍然可以从中观测到“看一看”多次改版前后用户的

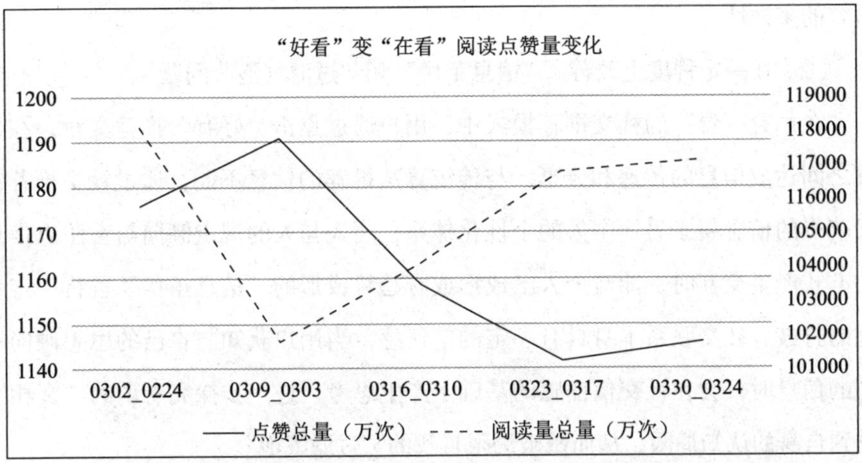

图 23.6 “好看”变“在看”阅读量、点赞量变化

总体使用情况变化趋势。一方面，从用户阅读量在“看一看”多次改版的关键时间节点处的变化情况可以看出，“看一看”对于微信公众号阅读量的提升具有推动作用，且效果呈现越发显著之势；另一方面，“点赞”到“好看”的转变并未使“看一看”受到用户的广泛欢迎，甚至明显抑制了用户的使用积极性，而“好看”到“在看”的改版也并未对此产生实质性的改善。

（四）“看一看”的进步性与局限性

1.“看一看”的进步性

（1）提升了推荐内容的质量与多样性

“看一看”中的算法推荐模式通过运用 RALM 模型，突破了传统的算法推荐机制对部分优质信息的过滤和信息窄化问题。同时，“看一看”的社交推荐模式使其具有部分传统人工推荐机制的优势，改善了内容推荐的现状，使用户阅读的质量与广度显著提升。一方面，优质的“长尾内容”在缺乏相关热点行为特征的情况下依然能通过实时的用户扩展被推送给用户，推荐内容的质量得到提高；另一方面，“看一看”通过算法和社交同时拓展的方式，打破了推荐算法对于信息的个性化推荐局限，增加了多维度、多领域的信息来源，提升了推荐内容的多样性。

（2）在一定程度上改善了“信息茧房”和“过滤气泡”问题

在“看一看”的社交推荐模式中，用户通过点击“好看”推荐文章，在好友之间达成信息的传递和分享。与传统算法推荐的信息不同，通过社交推荐模式获得的信息属于另一个人的个性化体系，当人与人的观点倾向与看法以信息的方式产生交互时，能对个人已成形或有趋势成形的“信息茧房”进行一定程度的打破。社交联系本身具有一定的信任感，当用户获知与自己的思想倾向不同的信息时，会在社交信任感的基础上产生思考，进一步探究所谓的“真相”，看到自身的认知局限，从而戳破局限自我的“过滤气泡”。

（3）具有更全面的理性维度，部分弥补了推荐算法中的价值理性缺失

“看一看”的算法推荐模式所采用的RALM模型与传统推荐算法相比，具有更高效、更精准的用户扩展和内容触达，体现了对更高层次的工具理性的追求。“看一看”的社交推荐模式则基于强社交关系，实现了用户之间信息内容的交互，进而推动了用户价值观的交互。用户点击“在看”时，将基于自己价值判断的信息传递而出，在某种意义上实现了自身价值观的分享；用户浏览好友点击“在看”的内容时，能够获得来源于他人价值判断的信息，从而接触到与自己有所异同的价值观倾向。“看一看”对于社交推荐模式的结合使其获得了纯算法推荐所不具备的价值理性，使用户有机会实现价值判断与价值选择的自我审视。

2.“看一看”的局限性

（1）“看一看”的社交推荐模式具有难以复制性

2019年1月9日，微信官方工作号微信派发布《2018微信数据报告》，报告显示2018年微信月活跃用户达到了10.82亿人，通讯录朋友人均比三年前多了110%。[①] 基于这样一个极为庞大的用户群体，微信事实上已成为难以替代的

① 微信派．2018微信数据报告．（2019-01-09）[2019-11-07]. https://support.weixin.qq.com/cgi-bin/mmsupport-bin/getopendays.

"国民超级 App"。"看一看"的社交推荐模式以用户与好友之间双向的信息交流欲望为实现前提，而这种双向的交流欲望正是建立于社交联系的信任感基础上，即建立在熟人社交的基础上——因为如果用户之间没有一定的熟悉程度，这种双向的交流欲望不仅难以有产生的可能，亦难以实现持续性地维系。纵观国内应用市场，目前唯有微信建有如此紧密且稳定的社交关系网络。因此，"看一看"社交推荐模式过于特殊的应用场景使其具有较强的难以复制性。

（2）个人隐私被侵犯的可能性使"看一看"的用户参与度较低

在一项基于 UTAUT 模型对微信用户"看一看"功能使用意愿影响因素的研究中，研究结果表明，一般隐私倾向对用户"看一看"功能使用意愿具有显著负向影响[①]。该研究事实上对微信用户点赞 / 好看 / 在看的使用行为变化趋势提供了较为明晰的解释。在 2018 年 12 月"看一看"被正式推出前，微信用户对于推送文章进行点赞是一个相对私密的行为，仅微信用户本人及微信公众号后台知晓这一行为的发生。而在"看一看"被正式推出后，用户点击"好看"这一行为已然具有了公开性；即便后来"好看"变更为"在看"，该行为的性质却无产生实质性的转变。于用户而言，由于担心在使用"看一看"的过程中自身隐私会有受到侵犯的可能性，因而用户基于"看一看"模式进行内容分享的积极性无法被有效激发，甚至处于被抑制的状态，用户的参与度亦无法达到理想预期。

（3）"看一看"未能从根本上打破桎梏、克服"信息茧房"与"过滤气泡"的局限

1973 年，美国社会学家马克·格兰诺维特（Mark Granovetter）在所发表的文章《弱联系的力量》中提出，个人的人际关系可以分为强关系与弱关系；且相较于弱关系，强关系下个人的社会网络同质性较强。微信具有鲜明的线上与线下社交网络融合的特征，用户与其绝大多数的好友在现实生活中存在联系，

---

① 华再冉. 基于 UTAUT 模型的微信用户"看一看"功能使用意愿影响因素探究. 南京大学，2019.

这使以“强关系”为主的新型线上社交关系网得以建立。对于“看一看”的用户而言，由于微信平台本身具有以“强关系”维系的显著特征，即用户与其好友群体之间已然存在较强的同质性倾向，这在一定程度上导致了他们所掌握的信息与价值观倾向的趋同。因此，“看一看”尽管使“信息茧房”与“过滤气泡”问题有所改善，但并未从根本上将其打破。换言之，微信的强关系社交网络是“看一看”功能实现的重要前提，但也从根本上造成了“看一看”的局限。

三、基于“看一看”的未来文化管理展望

（一）倡导用户个人培养信息聚合意识，提升自身媒介素养

面对当今越发严重的“信息过载”问题，基于算法的个性化推荐系统应运而生，成为信息时代人们筛选和过滤信息的重要手段。然而，在满足于个性化推荐带来的便捷与愉悦的同时，我们应时刻警惕其以“个人本位”名义悄然为我们构建的“信息茧房”与“过滤气泡”。对此，基于当前的主流个性化推荐系统特征，未来文化管理者应积极倡导用户对其所浏览的内容进行动态化管理，有意识地多去浏览平日不关注的内容与栏目，寻找自己的“个性化”、他人的“个性化”与大众的“共性化”之间的关系，培养信息聚合意识，使算法切实为自身所用；还应倡导用户主动利用多种信息渠道以加强信息来源的多样性，形成对不同媒介的客观认识，弱化对单一信息渠道的片面信赖，切实提升个人媒介素养。

（二）引导内容推荐平台加强内容监管与推荐机制建设，提升自身公信力

当今时代，浏览信息流资讯是用户接受信息的主流方式。然而，据腾讯科技旗下数据分析机构企鹅智酷的《2018 中国媒体消费趋势报告》显示，在用户对于个性化推荐的负向反馈中，用户对于所推内容质量的诟病已取代算法不准

成了首要问题[①]——优质的推荐内容已然成为如今个性化推荐取得良好效果的重要保证。因此，对于内容监管，平台在运用相关算法高效管理的同时，而应定期人工审查推荐内容的准确性、多样性、价值观倾向等情况，增强对内容的“把关”意识，提升自身公信力，切实营造良好的内容生态。

另一方面，推荐机制是内容推荐平台的“主心骨”，也是影响推荐效果的根本所在。在算法推荐方面，平台可以积极借鉴“看一看”所采用的 RALM 模型，切实提升用户的阅读广度与精度；此外，我们亦应肯定“看一看”社交推荐模式的通过分享与交流打破个人信息茧房的这一良好出发点，对其现有局限加以突破，扩大应用场景，以真正解决“信息茧房”与“过滤气泡”等现实问题。

（三）坚守终极价值，关注人性思考

未来文化管理应坚守终极价值，关注对人性的启发与思考。马克思曾提出“人以一种全面的方式，作为一个完整的人，占有其全面的本质”[②]，认为实现人的全面自由发展是人类的终极价值诉求。一方面，个性化内容推荐平台的开发和运营应以实现人的全面自由发展作为开发和使用算法推荐技术的前提条件，避免因盲目追求经济利益而忽视推荐算法对人类实现终极价值构成的阻碍。与此同时，在追求人的全面自由发展的过程中，价值理性和工具理性应是同生共存的。价值理性为工具理性提供精神动力和方向指引，工具理性则为价值理性提供现实支撑。[③]唯有实现工具理性与价值理性的有机统一才能保证人类发展的全面性与自由性，实现终极价值的坚守。因此，未来文化管理应坚守终极价值，将如何促进人的终极价值实现置于思考一切问题的中心，在尊重个人价值观的基础上关注人类发展的自我需求，关注人性的感知与思考，使人在开放、发展

---

① 企鹅智酷．2018 中国媒体消费趋势报告．（2018-05-22）．https://tech.qq.com/a/20180522/022616.htm#p=26.

② 马克思，恩格斯．马克思恩格斯全集（第 42 卷）．北京：人民出版社，1963：123.

③ 何芸．在大数据时代坚守文化生产的终极价值．生产力研究，2016（第 8 期）．

的环境和平台中真正实现自由独立与全面发展。

当今时代，个性化内容推荐平台运用推荐算法所带来的“过滤气泡”“信息茧房”及价值理性丧失等问题日益突出，对用户发展需求的满足与价值观的培养造成了极其不利的影响。微信“看一看”作为一个创新性的个性化内容推荐平台，结合了社交推荐与算法推荐两种模式，对上述问题做出了一定的突破和改善，是一次富有生命力的勇敢尝试。然而，“看一看”过于特殊的应用场景、仍待改良的形式设计及根本上的局限使其仍未取得理想的效果。针对个性化推荐算法带来的诸多问题，未来的文化管理者应积极倡导用户个人培养信息聚合意识，提升自身媒介素养；引导内容推荐平台加强内容监管与推荐机制建设，提升平台公信力；坚守终极价值，关注对人性的启发与思考。

（作者：孙冉冉　熊佳欣）

第二十四章

网络播映

——从经济学视角看疫情对电影业的影响及应对

疫情导致中国电影业损失惨重。电影有七种正外部效应，政府应大力给予财政补助、税收优惠和金融扶持。补助应注意公平和效率问题，规避补助的低效和不公。在生产环节之外可针对消费环节给予补助，给观众发放国产片电子消费券。虽有八种有竞争力的替代产品，但影院电影具备独特竞争优势。影院新片网络首播商业模式落地难度大，扩窗发行有内在的经济逻辑，价格歧视可以使片方利益最大化。影院新片应借鉴替代产品的优势。

新冠肺炎疫情期间，电影产业损失惨重。电影院关门，剧组停工。按照2020年票房增长速度和2019年持平，疫情持续三个月计算，不计其他营收，仅电影票房损失165亿—170亿元，而且2020年将成为院线制改革近20年来国内总票房第一次下降的年份。当前疫情对全球的电影产业也产生了一定的影响，此状况对中国电影的海外输出也是不利的。行业和政府应当怎样应对这种影响？线上首播发行模式是否可持续？补助政策怎样更科学？执行中需要注意哪些问题？从几个经济学概念出发，可以获得几点有益的启示。

一、相关的经济学概念以及在电影产业中的应用

电影产业是艺术经济，在一般的经济学理论和概念之外，有一些概念对电影产业尤为重要，可以给产业实践以适当的理论指导。

（一）外部性与政府补助

外部性，指在社会经济活动中，一个经济主体（国家、企业或个人）的行为直接影响到另一个相应的经济主体，却没有给予相应支付或得到相应补偿，就出现了外部性，亦称外部效应或溢出效应。外部性可能是正面的，例如教育业在教育机构和受教育者的交易之外，促进国家文明进步；也可能是负面的，例如化工企业导致的环境污染。外部性概念最早由经济学家马歇尔和庇古提出并完善的。

当这些外部效应存在时，经济决策中所依据的价格就是扭曲的，依据失真的价格信号所做出的经济活动决策，会误导社会资源配置，达不到帕累托效率

准则所要求的最佳状态。为了提高资源配置的效率，促进社会福利最大化，政府部门应当采取措施来纠正外部效应。比如，对污染环境的企业征收重税，对教育机构进行大幅补贴。

电影产业具有明显的外部性。宣扬暴力和色情的电影，可能会诱人犯罪、败坏社会风气。宣扬敌对国家意识形态的电影，可能会导致本国政权被和平演变。此类电影在片方和观众的交易之外所产生的外部效应是负面的。但电影产业的正外部效应也很明显：其一，弘扬本国意识形态的电影，可以促进国家民族认同，对内凝聚共识；其二，宣扬主旋律和正能量的电影，可以促进良风美俗，优化社会文化环境，促进社会进步，提高国民素质；其三，高品质的本国电影，可以在国际上提升本国的文化软实力，促进国家之间的经贸合作；其四，电影产业集群所在的城市，可以提升城市软实力；其五，以传统文化为题材的电影，可以促进本国文化遗产的传承和弘扬；其六，电影技术类企业的技术创新与知识外溢，会促进影像相关产业（医疗影像等）的技术进步；其七，影院消费可以促进相邻区域的餐饮和购物消费。基于以上七类正面的外部效应，政府部门应该对电影产业进行补助和税费减免。

从会计统计看，企业取得的政府及其有关部门的财政补助、补贴、贷款贴息，以及其他各类财政专项资金，都属于政府补助金。就电影而言，政府补助已经成为一个国际惯例，比如法国、韩国、俄罗斯的国家补助，都对提升本国电影的专业水准起到了积极的作用。

（二）效率、公平与“庇古税”方案

为了提高资源配置的效率，政府在交易双方之外，另外征收税费或另外提供补助，这种纠正外部性的方法就是“庇古税”方案。“庇古税”方案固然好，但在执行中也可能出现一些问题：执行中的公平难题、补助导致的企业创新能力下降和道德风险问题、补助方式和对象的选择等。

根据公开的2017年度数据和经济学者的研究，2017年我国政府向企业发放的补贴规模超过4000亿元。金融、钢铁行业已处于发展过度甚至产能过剩的

阶段，本应对补贴资金依赖程度最低，但占据了最多的政府补贴资源；而亟须政府补贴支持的计算机、通信和装备制造等高技术行业，获得的政府补贴资源却还未达到平均水平。

这些事实凸显了政府补助的公平问题。政府不是万能的，难以掌握所有市场信息；政府是有偏好的，官员是有道德风险的；所以其补助政策难以避免地会出现不科学、不公平的结果。

补贴还会引发效率问题。2008 年至 2017 年，中兴通讯累计获得政府补贴和退税 218 亿元，而其十年的净利润才 160 亿元。同时在芯片等主业研发方面缺乏核心竞争力。2018 年中美贸易战中，中兴向美国缴纳 14 亿美元巨额罚款。巨额的补贴让中兴失去了技术创新的动力，没有培育出核心竞争力。这是补贴引发的效率损失。事实上，补贴还可能制造经营不善却苟延残喘的僵尸企业；或者导致该行业产能过剩，如光伏行业；或者导致花式骗补、权力寻租问题，如新能源汽车产业。这些事实背后，都是补贴导致的社会资源配置的效率损失。

在产业政策科学且执行到位的情况下，补贴有利于纠正外部性，提升资源配置的效率。但由于“庇古税”方案的执行需要理性人和信息对称；而人是有道德风险的，精确计算外部成本和收益是困难的；所以该方案实际上难以保证科学性。征税和补助的价值需要两方面辩证地看。

就电影而言，虽外部效应明显，但到底补助多少？给哪家？可实施的标准是模糊的。一部主旋律电影对国家、民族和社会有外部效应，但这种效应难以量化评估。这就导致发放补助的政府和争取补助的企业之间，存在权力寻租、暗箱操作和骗补的隐患。在企业之外，政府的补助还可以给消费者，就像家电下乡补贴政策：财政对农民购买家电下乡产品给予补贴。该政策补贴流程设计既科学合理，又简便易行，确保了补贴资金（每个家电产品几十元到数百元）及时拨付给农民。家电下乡政策不是对生产，而是对消费环节的补贴。该政策利民、利企、利国。与家电下乡补贴政策相比，政府给电影企业的补助政策不透明、不公平，效率存疑。一般来讲，制片环节补助给国企的多，给民营的少，而且交易成本较高；放映环节的补助更为透明，针对建成后影院的银幕数量进行补助，相对公平。

（三）替代产品与扩窗发行

替代产品，指可以等同于或者基本上等同于另一商品使用价值的产品，它以另一商品的相关商品形式出现，影响另一商品的需求变动。

就影院电影而言，直接的替代产品有八类：线上电影（影院电影的线上版本）、网络大电影（低成本的仅供网络播放的大电影）、网络剧、网络综艺、游戏、网络小说、短视频、网络直播等。随着娱乐方式的多元化和观众休闲方式的个性化，影院电影正面临着越来越强大的替代产品的竞争。在这些替代产品中，网络大电影品质良莠不齐，优势在于某些网站提供了影院新片缺乏的边缘化娱乐体验，而且观影便利。网络剧的优势在于，集数多，娱乐体验可延长，审美体验区别于影院新片，在追星方面可提供差异化体验。网络综艺的优势在于，娱乐体验更直接，与青年观众的生活对接更紧密。游戏的优势在于，娱乐更直接，有成瘾机制，爽感更多。网络小说的优势在于，大部分免费，娱乐体验差异化，对硬件要求不高。短视频的优势在于，仅需要碎片化时间，更草根、更新鲜刺激，在5G背景下发展空间巨大。网络直播的优势在于，门槛低、互动性强，追星效果直接，网红明星对粉丝的黏性强，变现迅速。线上电影的优势在于，若是新片则比影院花费少但视听效果弱，若是老片则花费更少或者免费。

与这八类替代产品相比，影院观影的优势在于，更刺激的沉浸式视听娱乐体验，较高的艺术品质，更便利的社交，可第一时间消费以获得即时存在感和大众话题，可打包进行餐饮和购物消费以节约时间成本。对比可知，即使有八类替代产品，影院新片观影还是可以提供给消费者差异化的高端消费体验，现阶段其他产品不可取代。

电影是准公共产品、版权产品，具有共同消费的经济学特征，复制产品的成本可忽略不计。基于这个特征，电影产业发展出了扩窗发行这一惯例：新片先发行（售卖）到影院窗口放映0.5—3个月，接着发行到付费电视频道或视频网站，然后再以碟片的形式进行发行，最后再发行到免费电视频道或视频网站的免费栏目。国内由于网络发达且有盗版问题，碟片电影消费基本消失，在某些国家还存在碟片发行这一环节。由于在时间上前后错开，这样的扩窗发行可以凭借从高到低的阶梯化的差异化价格（价格歧视），将电影售卖给对消费时间和价格有不同偏好的不同层次的观众，以最大程度地获得利润。扩窗发行是电影产业应对替代产品激烈竞争的有效手段。

二、疫情导致的电影业问题及应对

疫情对电影业的影响以及行业和政府的应对，涉及的理论问题主要有两点：其一，《囧妈》选择线上首播，需要研究的是这种影院电影直接线上发行的商业模式是否可持续？是否科学？影院电影要怎样变革，才能应对替代产品的竞争？其二，电影产业损失惨重，作为外部效应突出的产业，政府应当给予补助，需要研究的是怎么补助？以什么方式、什么标准来补助？

（一）影院新片在线首播商业模式分析

电影《囧妈》开创了中国电影史上春节档大片在线首播的先河，大年初一在今日头条 App 上线并免费播放，因此还遭到各大院线的批评。这一商业行为背后的逻辑是:《囧妈》的出品方欢喜传媒与横店影视在 2019 年 11 月签过一份 24 亿元票房的对赌协议——横店支付 6 亿元给欢喜传媒，并承担 1.5 亿元宣发费用，横店保底完成大中华地区《囧妈》24 亿元票房。在之前的网络预售中，《囧妈》的成绩不理想。根据猫眼数据显示，截至 2020 年 1 月 22 日晚间官宣撤档。《唐人街探案 3》的预售票房最高，2.78 亿元;《姜子牙》第二位，5486 万元;《囧妈》第三位，为 5370 万元。即使没有疫情，《囧妈》要完成对赌要求的 24 亿元票房，难度也不小。如果等到疫情结束后，与更多积压的大片同台竞争，结果会更差。为了将双方的损失降到最低，欢喜传媒终止了与横店影视的保底发行协议，同时把该电影发行权交给“字节跳动”，作为交换，后者将向欢喜传媒最少支付6.3亿元。《囧妈》的操作，受到诸多院线公司抵制和批评。但是，神操作的《囧妈》的的确确收获了一波流量。《囧妈》在字节系四大平台（抖音、西瓜视频、今日头条、抖音火山版）及智能电视鲜时光上面的总播放量、总观看人次非常可观。

接下来介绍一下“生猛”的“字节跳动”。“字节跳动”2017年的营收为160亿元，2018年500亿元，2019年约有1000亿元。该公司在2019年的融资中，估值达到760亿美元，成为全球最大的独角兽企业。2019年，“字节跳动”在数字广告的基础上，又在直播、搜索、知识付费、电商、游戏联运等业务上持续探索，扩大收入来源。旗下拥有App：今日头条、抖音、火山小视频、西瓜视频、悟空问答等。据“字节跳动”披露的最新数据，2020年1月，抖音日活已突破4亿次。以大用户量和丰富的信息传递为基础，抖音已构建起了“信息流广告+开屏广告+KOL营销+品牌挑战赛+电商”的多元流量变现形式。这些营收和日活数据，足以震惊所有传统电影公司。“字节跳动”的商业模式建立在网络的正反馈效应之上，其扩张空间不是传统电影商业模式可以比拟的。其实，“字节跳动”在更早之前已经在电影、剧集、综艺领域开始布局。旗下的西瓜视频也已经开始和优酷、爱奇艺、腾讯三家展开了长视频领域的竞争，靠着今日头条的算法推荐有效地挖掘了流量红利，直追三大视频巨头。“字节跳动”本身则参与了国庆档电影《我和我的祖国》，并成为了《唐人街探案3》《熊出没·狂野大陆》两部春节档电影的出品方。

《囧妈》的引流拉新效果明显。从App Store的排名来看，头条系的多款播放App都进入了免费App排行榜的前十名，西瓜视频更是力压快手，登顶第一名。可以说，“字节跳动”基本完成了自己的商业目标：通过《囧妈》获得引流、获得用户。

“字节跳动”的操作成功了，业界在思考：影院新片直接在线首播是否会成为新的商业模式？我们的答案是：难。这一商业模式的盈利方式主要有三类：广告加免费观看、付费观看、少量的头部大片免费以引流获客。鉴于影院新片在票房成绩上的马太效应越来越明显，可分为头部影片和腰部及尾部中小片两类影院新片进行分析：

首先，头部大片很少会步《囧妈》后尘，直接在线首播发行，因为这不符合电影经济的规律。之前已经论及了扩窗发行惯例，其背后的经济原理是通过价格歧视，在有不同需求偏好的观众群身上分别攫取最大利益。

价格歧视（price discrimination）是指对同一商品针对不同需求群体差别定价，并无贬义。市场交易中，之所以会有价格歧视，是因为不同群体的需求层次不同，消费者剩余不同：低收入者时间成本低，追求经济实惠；高收入者时间成本高，追求消费品位。高端消费者必然会选择在第一时间去影院看视听效果和社交效果更好的大片，也愿意付出高价。就像日程紧张的商务旅客，不会提前一个月购买打折的经济舱。电影发行商也知道怎样通过高定价从这类高端消费者身上获得最大利益。就头部大片而言，在影院发行完成之后，再去售卖给电视台和网络窗口，以较便宜的价格将缩水版的电影体验售卖给对价格更敏感、对时间不敏感的观众群体，更为合适。同时，影院的放映是一个大广告，对电影随后的扩窗发行，有重大的营销作用。此外，偶尔消化一部头部影片尚可，但若要同时去吸收几部头部影片，应该没有几个公司能够拿出头部影片公司的心理价位，即便可以，如此操作得到的效益也不可能理想。所以头部影片舍院线而上网首播，应该难以成为常态，只是疫情发生后的非常时期的偶发情况。

其次，对腰部和尾部的中片和小片而言，在线首播发行，也许可以是部分影片可以选择的一种新的商业模式。因为在每年500多部中外院线首映新片中，部分中小影片即使在院线首映，也难以获得影院首映的红利，视听效果和社交效应不足，只能几日游。2019年中国网络视频用户已达7.25亿人，爱奇艺和腾讯视频的付费用户都已突破1亿人。视频网站可以为在线首播的优秀中小片提供较为可观的收入。不过，中小片在线首播模式的成熟需要时间，因为即使是在线电影消费，也要争抢观众稀缺的注意力，也有马太效应，品质不佳的中小片放到网上首播，效果也不一定好。

从美国同行的经验看，流媒体和电影院线之间的竞争，已经进入流媒体自制电影，并影响院线发行的阶段。奈飞公司作为全球领先的互联网娱乐服务公司，在190多个国家拥有超过1.5亿的付费会员。从2012年发行原创内容开始截至2019年年底，奈飞原创影视项目已经突破1000部大关。奈飞的电影作品直接在网站上提供点播，跳过了电影院放映、影碟发行等传统的扩窗发行模式。在2019年，奈飞公司一共投入了150亿美元制作各种原创电影和电视剧。在2020年的奥斯卡提名中，奈飞一跃成为史上第一次提名最多的制片公司，获得了2020年奥斯卡奖的24项大奖提名，超过了业内任何一家好莱坞影视公司。作为全世界最大的原创影视视频网站，奈飞开创了“自制影视作品+付费会员”的商业模式，获得巨大成功。在奈飞的刺激下，好几家互联网公司、好莱坞巨头正在模仿奈飞的模式，推出付费视频服务。当然，奈飞的做法也遭到美国主流发行和放映商的抵制。奈飞自制的《罗马》和《爱尔兰人》不得不通过小范围影院上映，获得院线电影才有角逐奥斯卡奖的资格。美国多数电影仍遵循先院线后扩窗发行的模式。

中国2020年的情况和美国不同，龙头企业爱奇艺的自制电影是网大的代表，其品质无法和奈飞的自制电影相比。背后的原因是虽然爱奇艺的付费用户也过亿，但其用户付费水平低，收入远不及奈飞，奈飞动辄投资几亿元的院线级别大片，不是爱奇艺能够自制的。2019财年，爱奇艺总营业收入达到290亿元人民币（约合42亿美元），同比增长16%；全年内容成本为222亿元，同比增长6%；自制内容资产为43.55亿元，同比增加16.6%。爱奇艺的营收和内容投资额度远低于奈飞。在经历了充满边缘和山寨气息的网大爆发阶段之后，爱奇艺网减少产量，努力提高品质。但即使如此，自制电影要达到院线级别，还是有很大差距。很有可能的是，不断提升品质的爱奇艺自制电影，会较快达到中小院线电影的水准。在这种情况下，后者放弃院线，直接在线首播发行，不失为一种较好的选择。当这类影片增多时，所谓新片在线首播新商业模式，也就落地了。但在国内观众对网大的“鄙视链”的压力之下，究竟有多少院线电影会自降身价直接转网，需要很长时间来观察。

即使短期内线上首播商业模式不会成熟，但疫情期间线上娱乐消费蓬勃发展，对影院电影的竞争优势不可不察。后者可以从线上的替代产品中得到一些有益的启示：

一方面，网络小说、游戏、短视频和直播的消费者都会有行为经济学所聚焦的非理性消费，支付远高于卖方提供的价值的高价格，用于打赏、送礼物、充值、购买装备。这背后的心理机制是成瘾机制、迷恋明星机制、攀比或炫耀消费心理，注重“心理账”而非“经济账”，极低交易成本导致的冲动消费等。电影若仅以观影购票而论，现阶段难以为非理性消费提供便捷的变现渠道（不代表未来不可以），但电影明星本身是可以为非理性消费提供变现渠道的，比如广告、代言、出场费。中国电影产业的统计指标中没有与艺人收入有关的这一项，是一个问题。

另一方面，网络小说、游戏、短视频和直播的道德水准一般来讲低于影院电影，但对消费者的娱乐需求的理解和把握高于电影，在制造新奇刺激和爽点来满足消费者的逃避式娱乐需求方面优于电影。相反，那些全民爆款电影反倒在娱乐段位上有接近这四类替代产品的地方，比如《战狼 2》中激烈的暴力对战场景、以少胜多制造的爽感，就接近网络小说和游戏。沿着这个方向思考，可以给影院电影的主创们提供更多的启示。

（作者：刘藩）

后 记

数字与创意的融会，构成了当代中国文化产业发展的核心动力。高新数字技术的广泛运用，创意驱动下文化内容与形式的转化与更新，在多个层面影响和推动着文化产业的前沿探索，并有效改善和提升了文化产业的内容供给。就世界文化产业的发展趋势来看，数字与创意的高度融合，将成为文化产业发展的必然走向，也有助于推动文化产业转型升级和拓展产业发展空间。

《数字和创意的融会：文化产业的前沿突进与高质量发展》一书是集体完成的，部分章节是国家社科基金重大项目“文化产业伦理研究”的研究成果。本书由金元浦主编，作者包括金元浦、魏鹏举、范玉刚、何群、高宏存、朱宁嘉、刘藩、柴冬冬、桑子文、高梦雪、郭青、刘子晗、孙冉冉、熊佳欣等，他/她们来自中国人民大学、中央财经大学、中共中央党校（国家行政学院）、上海交通大学、中国艺术研究院、杭州师范大学、同济大学、深圳大学等高校或研究机构，在文化产业领域具有大量的研究和实践经验。本书的编撰得到他们的大力支持，特别是意娜、王林生、胡娜、柴冬冬、桑子文等，在此我向他们表示衷心的感谢。

虽然我与他们有着师生之份，却是学术探讨的同仁、搭档、朋友。他们是研究团队的中坚，后来居上的的精英，前途远大，生机勃勃。我羡慕，但我也很高兴看到长江后浪推前浪，一代新人换旧人，这是规律。那年秋日赴太湖，感喟山之绰绰，湖之阔阔，遂有长短句《满江红·太湖随吟》：

迭代风华，秋来也，朗晴却稀。海澜急，见苇丛阵列，雁起苍碧。浩荡吐纳万千流，七十二峰峰峰立。东坡语，吞灭三州界，涛天际。

西子去，河汉清，陶朱走，泛舟蠡。汇汤汤九派，四海清一。今命太液变秋酿，明朝吟醉千家诗。指前路，敢吩咐湖水，与天齐？

指前路，看青春小子，雅彩靓女，浩荡气韵与天齐。

本书能够顺利出版得益于中国工人出版社的邀请，同时，葛忠雨老师、傅娉老师、宋杨老师辛苦且高效的工作促成了此书与读者见面，在此对中国工人出版社各位同仁的贡献与智慧一并致谢。

金元浦

2021 年初春于北京海淀三灯阁